TEXTS AND STUDIES

CONTRIBUTIONS TO

BIBLICAL AND PATRISTIC LITERATURE

EDITED BY

J. ARMITAGE ROBINSON B.D.

FELLOW OF CHRIST'S COLLEGE CAMBRIDGE

NORRISIAN PROFESSOR OF DIVINITY

VOL. II.

No. 3. APOCRYPHA ANECDOTA

APOCRYPHA ANECDOTA

A COLLECTION OF THIRTEEN
APOCRYPHAL BOOKS AND FRAGMENTS

NOW FIRST EDITED FROM MANUSCRIPTS

BY

MONTAGUE RHODES JAMES M.A.

FELLOW DEAN AND DIVINITY LECTURER OF KING'S COLLEGE
ASSISTANT DIRECTOR OF THE FITZWILLIAM MUSEUM

Wipf & Stock
PUBLISHERS
Eugene, Oregon

Wipf and Stock Publishers
199 W 8th Ave, Suite 3
Eugene, OR 97401

Apocrypha Anecdota
A Collection of Thirteen Apocryphal Books and Fragments
By James, Montague Rhodes
ISBN: 1-59244-891-7
Publication date 9/29/2004
Previously published by Cambridge, 1893

ETONAE

STVDIORVM FAVTRICI

PRAE CETERIS DILECTAE

PREFACE.

THIS collection of documents represents the result of three years' gleaning in English and foreign libraries, carried on by no means continuously, and extending over no very wide field. Oxford, London, Cheltenham, Paris and Trèves have furnished all the material, and even under these conditions more has been collected than appears here. The moral of these remarks is plain: if a not very systematic research adds as many as thirteen new documents to the apocryphal literature, how much more may be waiting in very accessible places for future explorers! If any such explorer chooses to digress into the field of Oriental and of Slavonic literature, there are not less than fifty books and fragments which he will find ready to his hand and worthy of his editorial pains.

But it seems that no one cares very much to investigate apocryphal books: though, if professed theologians are pressed on the point, they allow unanimously that it is extremely important that investigations should be made in this field. I can forgive them in a measure for not undertaking the task themselves, for I am very well content to do things which not everyone else is doing at the same time: but I cannot altogether sympathise with the contempt that is rather freely showered upon the literature as a whole. It is plain to be seen that most of the books are very badly written, some of them very savage and horrible, all of them most obviously unhistorical. But ought we not to be alive to the interest which they possess as being the products of human minds? To me there is real pathos in the crude attempts of these ignorant or perverted souls to tell their friends or their disciples what—to be feared or hoped for—lies in the unseen future, or on the other side of the grave. But if the pathos is obscured to many readers by the crude fancy or the barbarous language, not many will deny that these books possess considerable historical value. The high-road will serve us well enough if we want to visit our cathedral cities: but in order to get an idea of the popular architecture of a district we must often digress into obscure and devious by-paths. The apocryphal books stand in the relation of by-paths—not always clean or pleasant—to the broad and well-trodden high-roads of orthodox patristic literature. If a future historian wants to realise vividly what were the beliefs of many large classes of ordinary Christians in our time, he will derive great help, I doubt not, from the 'Sunday Stories' of the last thirty years: and not less information can be gathered from the apocryphal books as to the popular beliefs of average Christians in far earlier times. These remarks will be recognised as truisms: it is time to say something about the individual items of which this collection is composed, in order to direct the attention of possible readers to salient points of interest. The Latin *Visio Pauli* is a completer form than any yet known of a book in which, after an interval of a century, the apocalyptic branch of literature reappeared, to be continued without any considerable break down to the time of Dante. The 'Sunday Story' of the early Christians is thoroughly well illustrated by the *Acts of Xanthippe and Polyxena:* which also yields us, as I think, some new knowledge of the early and important lost *Acts of Paul.* The *Story of Zosimus* is an important contribution to the mythology of the Lost Ten Tribes and of the Earthly Paradise. Incidentally it testifies to the popularity of that puzzling book the *Protevangelium* of James.

The *Apocalypse of the Virgin* touches a lower level, alike in subject and treatment. It may have acted as a deterrent from vice in some cases, and if it did I think it must have satisfied the highest ideals of its author. The *Apocalypse of Sedrach* has a certain pathos and a certain literary interest of its own. The writer's view of life is a sad one: 'life,' he says, 'is very full of labour, and there is no time to repent.' It is interesting to find that at a date so late as his the 4th Book of Esdras was still existing in Greek.

The eight fragments which follow this last document are of a more venerable antiquity. The *Description of Antichrist* from Trèves may just possibly be a fragment of the *Apocalypse of Peter:* if it is not, it comes from a hitherto unimagined Latin version of the *Testament of the Lord.* The *Apocalypse of Adam* has excited a good deal of interest in its time: the fragment here published restores to us a small portion of the Greek text. The *Book of Enoch* is more famous: the British Museum now yields proof which seems satisfactory that the whole book existed in Latin down to a comparatively late date. The *Translation of Philip* ought to possess some value for students of the spurious Gospels as well as for those interested in the spurious Acts. The four fragments from a Cheltenham MS. which end the book include what I believe to be a part of the *Assumption of Moses,* as well as three striking supplements to the books of Judges and 1 Samuel, which shew no trace of Christian origin, and are quite probably not later than the first century A.D. It is curious to compare the Song of David, which is the last item in this collection, with the modern treatment of the same theme in Browning's 'Saul.'

Two more documents there are which at one time I had thought of including in this collection: to the amateur in hagiology they would be interesting, but they are neither of them really important, so far as I can judge; for even to the enthusiast not everything need be important because it is uncanonical.

One is the *Life of John the Baptist* by his disciple Eurippus, which occurs very commonly in menologies. I have not been able to discover that it contains much early matter, but it is certainly under obligations to the *Protevangelium.* The other is an account of the *Exploits* (ἀνδραγαθήματα) *of the Three Holy Children,* also a common tract. The Basilian Menology contains an abstract of the latter part of it, and so do the printed Greek Menaea. It represents the Three Children and Daniel as having been beheaded by Atticus, a successor of Nebuchadnezzar; and narrates their temporary resurrection at the time of the Crucifixion. It contains one plain reference—almost the only one known to me—to the *Rest of the Words of Baruch:* but it is on the whole late and rhetorical, and is couched in the homiletic form.

I have been obliged to append a few *Additional Notes* on points which were cleared up after the introductions to the various documents had been written. The Greek and Latin *Indices* are not intended to be exhaustive; they only include the more remarkable words and phrases.

The Editor of this series has deserved here as elsewhere my best thanks for his patient supervision of my proofs: and so, too, have those who are in charge of the various libraries whence my material has been drawn.

M. R. J.

KING'S COLLEGE,
May 19, 1893.

CONTENTS.

	PAGE
On the Latin Version of the Visio Pauli	1
Visio Pauli	11
Introduction to the Acts of Xanthippe and Polyxena	43
Acta Xanthippae et Polyxenae	58
On the Story of Zosimus	86
Narratio Zosimi	96
On the Apocalypse of the Virgin	109
Apocalypsis Mariae Virginis	114
On the Apocalypse of Sedrach	127
Apocalypsis Sedrach	130
A Fragment of the Apocalypse of Adam in Greek	138
A Fragment of the Book of Enoch in Latin	146
A Description of Antichrist in Latin	151
On supplements to the Acts of Philip	158
Translatio Philippi	161
Four Apocryphal Fragments in Latin	164
1. The Prayer of Moses	166
2. The Vision of Kenaz	174
3. The Lamentation of Seila the daughter of Jephthah	180
4. The Song of David	183
Additional Notes	186
Indices	
Indices to the Visio Pauli	189
Indices to the remaining documents	193
General Index to the Introductions and Notes	200

ON THE LATIN VERSION OF THE VISIO PAULI.

In my edition of the Testament of Abraham (*Texts and Studies*, ii. 2, p. 21 etc.) I have given some particulars of the document here printed, and a few extracts from it. These particulars are to be here repeated and supplemented.

The materials hitherto accessible for the study of the Apocalypse of Paul are the following:

(*a*) The original Greek, edited by Tischendorf in *Apocalypses Apocryphae* 34—69, from two MSS., one at Milan, the other at Munich. The latter is of cent. xiii, and is the archetype of the former.

(*b*) The Syriac version, translated by the Rev. Justin Perkins, an American missionary, from a MS. at Urûmiah, and published in the *Journal of the American Oriental Society* (1864, vol. viii.), and in the *Journal of Sacred Literature* (i. p. 372): it was also translated into German by Zingerle in Heidenheim's *Vierteljahrsschrift* iv. 139—183, from Cod. Vat. Syr. 180.

(*c*) Abbreviated Latin versions published by Hermann Brandes (*Visio S. Pauli*, Halle, 1885). The existence of a Latin Apocalypse of Paul had been noted by Grabe (*Spicil. SS. Patr.* i. 84) from a Merton MS. Brandes prints two recensions from Vienna MSS., and describes three more forms of the book in Latin. He further prints an old German version, and gives particulars of French, English, Danish and Slavonic forms of the legend, of which several have been printed. But as all save the Slavonic are directly dependent upon the Latin Versions, it seems unnecessary to follow Brandes through this part of his investigations, interesting as they are. His tract is a most important contribution to the literature of the subject.

To these materials is now added what I would call the complete Latin Version of the book. It exists, so far as I am aware, in but one MS. This is a volume now in the *Bibliothèque Nationale* at Paris (*Nouv. acq. Lat.* 1631). It is one of the volumes stolen by Libri from the Public Library at Orleans, sold by him to Lord Ashburnham, and subsequently repurchased by the Paris Library. M. Delisle's description of the MS. (*Cat. des MSS. des fonds Libri et Barrois*, 1888, p. 108) may be abridged here.

The volume consists of two parts united at an early date, as it seems; and, like most of the MSS. at Orleans, it must have come from the Abbey of Fleury on the Loire.

Part I (ff. 1—26) is of cent. viii., and is written in double columns.

ff. 1, 2 contain the end of a Lectionary, entitled *Liber ecclesiasticus*, written apparently by a scribe Gauzlenus.

ff. 3—25 *a* contain the *Visio Pauli.*

f. 25 *b* has a "*computus Grecorum sive Latinorum de concordia mensuum*" (sic).

f. 26 *b* some later prayers.

These leaves formed quires xvii, xviii, xviiii, xx of a larger volume. They are numbered in Roman figures.

Part II (ff. 27—173), of cent. x, in single lines, contains the *Breviarium Alarici,* and a portion of a glossary.

The leaves containing the Vision of Paul have in some cases suffered slightly at the upper corners. A corrector, possibly contemporary, has gone carefully through the text. Except where the sense is affected I have not deemed it necessary to notice his corrections (which are mainly orthographical) in detail; and I have throughout preserved the spelling of the original scribe Gauzlin with its extremely erratic aspirates. Contractions, which are freely employed, I have expanded without comment; such emendations as the sense requires I have incorporated in the text and noted in the *Apparatus Criticus.* My transcript of the text was made in Sept. 1890.

It is not my purpose in the present edition of the text to give any commentary upon the origins of the book or its sources: that I must reserve for a future discussion. But it seems necessary to provide the reader with a short statement of the relations subsisting between the Greek, Latin, and Syriac recensions in which we possess the work: and I think the result undoubtedly goes to show that the Latin version now published is on the whole the completest of the three forms.

I also add a table which shows the relation of the three recensions printed by Brandes to the fuller Latin. In one or two places (e.g. p. 14, l. 35) these help in the emendation of the text.

I add four indices, which will speak for themselves: with respect to the orthographical Index, I cannot be sure that it contains all the forms which may be interesting to students of later Latin; but it probably contains the most important ones.

Among the MSS. of the *Visio Pauli* named by Brandes (pp. 211—23), there are three which merit further examination on account of their age: but none seems to contain a full text. They are:

S. Gall. Stiftsbibliothek, *cod.* 682, ix^th cent., 8°, pp. 193—204.

S. Gall. Stadtbibliothek, *cod.* 317, ix^th cent., ff. 56—68.

Vatican, *cod. Palat.* ix—x^th cent., 8°, f. 126 *b*.

Nos. 1 and 3 begin with a description of a tree with 1000 branches filled with fruit (§ 22, p. 22), and both seem to end with the punishment of those who dishonoured their parents (which does not occur in the original document). No. 2 begins with the exodus of the righteous soul (§ 14, p. 16) and ends with the thanksgiving of the lost for the respite granted to them (§ 43, p. 36, l. 23).

TABLE I.

[Items italicised are such as appear in one or other of the versions of the book.]

<table>
<tr><th>GR.</th><th colspan="2">SYR.</th><th>LAT.</th></tr>
<tr><td></td><td>A
(Perkins.)</td><td>B
(Zingerle.)</td><td></td></tr>
<tr><td>SECT. 1, 2. Heading.
History of the discovery of the book.</td><td>Preface by the Syr. translator.</td><td>No preface.</td><td>Heading from 2 Cor. xii.
History of the discovery of the book.</td></tr>
<tr><td>3. The Apocalypse begins: Exhortation to Repentance.</td><td>3. as Gr.</td><td></td><td>3. As Gr.</td></tr>
<tr><td>4. Appeal of the Sun against man, and God's answer.</td><td>4. ,,</td><td></td><td>4. ,,</td></tr>
<tr><td>5. Appeal of the Moon and Stars.</td><td>5. ,,</td><td></td><td>5. ,,</td></tr>
<tr><td>6. Appeal of the Sea.</td><td>6. ,,</td><td></td><td>6. ,,</td></tr>
<tr><td></td><td colspan="2">Appeal of the Rivers, and of the Earth.</td><td>Appeal of the Waters, and of the Earth.</td></tr>
<tr><td></td><td>A</td><td>B</td><td></td></tr>
<tr><td>7. (a) Exhortation to Repentance.
(b) Appearance of the Angels before God at sunset.</td><td>7. As Gr.</td><td>Omits 7 (b)—10.</td><td>7. As Gr.</td></tr>
<tr><td>8. The Angels of the pious.</td><td>8. Omitted.</td><td></td><td>8. Partly omitted.</td></tr>
<tr><td>9. The Angels of the ascetics.</td><td>9. As Gr.</td><td></td><td>9. As Gr.</td></tr>
<tr><td>10. The Angels of the wicked.</td><td>10. ,,</td><td></td><td>10. ,,</td></tr>
<tr><td>11. Paul is taken by an Angel and sees the Angels who are sent to the death beds of the wicked.</td><td>11. ,,</td><td>11. As Gr.</td><td>11. ,,</td></tr>
<tr><td>12. He sees the Angels who are sent to the death beds of the good.</td><td colspan="2">12. As Gr.</td><td>12. As Gr.</td></tr>
</table>

GR.	SYR.	LAT.
	A B	
13. *He sees the world, and a fiery cloud (the sin of the world).*	13. As Gr.	13. As Gr.
14. *The death bed of a good man: the reception of his soul, and its destiny.*	14. ,,	14. ,,
15, 16. *The death and judgment of a wicked man.*	15, 16. ,,	15, 16 ,,
17, 18. *The trial of another wicked soul, and its condemnation.*	17, 18. ,, [Apparently the soul is identical with that in §§ 15, 16.]	17, 18 ,,
19. *Paul is taken to the city of the just. Their names inscribed on golden pillars.*	19. As Gr.	19. ,,
20. *He meets Enoch.*	20. ,, And Elias.	20. ,, and 'sol' (=Elias).
21. *He hears unspeakable words.*	21. Omitted.	21. As Gr.
The river Oceanus: the land of the meek.	As Gr.	
22. *The trees of that land: the ἀχέρουσα λίμνη.*	22. Shortened. The married persons who are righteous.	22. Fuller than Gr. The married righteous.
23. *The city: the four rivers, of honey, milk, oil and wine.*	23. Paul crosses the lake to the city in a gold ship, with 3000 angels. The city has (A) seven (B) twelve walls: The names of the rivers are given.	23. As Syr. Twelve walls. The names of the rivers given.
24. *The fruitless trees, and the proud outside the city.*	24. As Gr.	24. As Gr.

GR.	SYR.	LAT.
25. *Paul meets the prophets.*	25. He meets Isaiah, Jeremiah, Ezekiel, Moses, and all the Prophets.	25. At the river of honey he meets Isa., Jer., Ezek., Amos, Micah, Zech., and all the prophets.
26. *At the river of milk he sees the souls of the Innocents.*	26. As Gr.	26. As Gr.
27. *He meets the patriarchs.*	27. ,,	27. At the river of wine he meets Abraham, Isaac, Jacob, Lot, Job and others.
28. *At the river of oil he meets the souls of those devoted to God.*	28. ,,	28. As Gr.
29. *The altar in the city: David.*	29. The walls: thrones and crowns for the simple: rest as Gr.	29. As Syr.
30. *Interpretation of Alleluia.*	30. As Gr.	30. As Gr.
31. *He leaves the New Jerusalem: the river Oceanus: a river of fire: souls plunged in it to various depths.* Adulterers.	31. As Gr.: the land of promise mentioned. A river of fiery coals. Those plunged in it up to the knees are talkers in Church, and so forth.	31. As Syr. Two classes of sinners are added, (1) those neither hot nor cold, the indifferent, (2) those plunged up to the eyebrows, who are the traitors.
32. *The River of fire:* thieves and slanderers in it: *the river has no bottom.*	32. Those who did not trust in God are in the river: its depth is dwelt upon.	32. As Syr.
33. *Paul weeps, and is admonished.*	33. As Gr.	33. As Gr.
34. *Torment of a wicked priest.*	34. ,,	34. ,,
35. *Of a wicked bishop.*	35. ,,	35. ,,
36. *Of a wicked deacon.*	36. ,, Also, of a wicked reader. Fire and worms, the torment of those who trusted in riches.	36. ,, As Syr. But substitutes usurers.
37. *Of talkers in Church.*	37. As Gr.	37. As Gr.
38. *Of sorcerers.*	38. ,, Darkness: the torment of patriarchs, bishops, etc.	38. ,, The torment of adulterers.

GR.	SYR.	LAT.
39. *Of those incontinent before marriage.*	39. AB omit.	39. As Gr. Of oppressors, of the breakers of the fast, of adulterers, and of impure.
40. *Of infanticides.*	40. AB omit.	40. As Gr. but fuller. Hypocritical ascetics: Paul weeps, and is admonished.
41. *The well: in it are unbelievers.*	41. As Gr.	41. As Gr.
42. *Weeping and gnashing of teeth: deniers of the resurrection.*	42. AB omit.	42. ,, The great cold is dwelt upon.
43. *Paul weeps:* Gabriel *and angels descend. Dialogue of Gabriel with the sinners.*	43. Michael for Gabriel.	43. Michael.
44. *The Son descends and grants the respite of Sunday.*	44. A omits the latter half of this section.	44. As Gr.
45. *Paul is taken to Paradise. The forbidden tree, the four rivers, the tree of life.*	45. AB omit.	45. ,,
46. *The Virgin greets Paul.*	46. AB omit.	46. As Gr.: but fuller.
47. *The three patriarchs:* a gap in the text: then *the twelve patriarchs: Joseph's speech.*	47. AB omit.	47. As Gr.: no gap.
48. *Moses meets Paul.*	48. As Gr.	48. As Gr.
49. *The twelve prophets: Isaiah, Jeremiah and Ezekiel.*	49. As Gr. Lot and Job are added.	49. As Syr. The speeches of Lot and Job are fuller.
50. *Noah.*	50. As Gr.	50. As Gr. Fuller than either Gr. or Syr.
51. Enoch and *Elijah:* ends abruptly with the words 'send rain upon the earth.'	51. Elijah and Elisha: Paul is led out by the angel. Story of the discovery of the book (Gr. Lat. § 1).	51. Elijah and Elisha: end as in Gr.

TABLE II (*a*).

BRANDES'S RECENSION I.

Page		Full Latin.
65.	Introductory sentence	
l. 5.	Oceanus	= § 31, p. 18
l. 10.	[Interpolation: names of rivers of hell. Fiery dragon named Parthemon*]	
l. 21.	Fiery river	= p. 18
66, l. 11.	Abyss	= § 32, p. 19
l. 19.	Paul's weeping	= § 33
l. 23.	Punishment of usurers	= §§ 37, 39, pp. 20, 21
l. 29.	Punishment of those who broke the fast	= § 39, p. 22
l. 33.	Punishment of the impure	= § 40, p. 23
67, l. 3.	The well	= § 41, pp. 23, 24
l. 8.	[Interpolation: the *limbus patrum*]	
l. 17.	Unbaptized heathen	= § 41, p. 24
l. 21.	Prayer of the lost The respite of Sunday granted	= §§ 43, 44, pp. 24—26
l. 32, to p. 68, l. 13	[Conclusion, and exhortation to avoid the pains of hell]	
68, l. 14.	Begins abruptly, condemnation of the wicked soul	= § 17, p. 10, l. 17
68, l. 18.	Paul taken to the land of the just: the gate and the pillars	= § 19, p. 11
l. 28.	Enoch	= § 20, p. 11
l. 38.	Elias	,,
69, l. 5.	Prohibition to reveal what he sees	= § 21, p. 12
l. 8.	Oceanus	,,
l. 12.	River and trees of the land of life	= § 22, p. 12
l. 19.	The city: its walls, towers and four rivers	= § 23, p. 14
l. 28.	The fruitless trees, and the souls of the proud	= § 24, pp. 14, 15
70, l. 12.	The river of honey: the prophets	= § 25, p. 15
l. 20.	The river of milk: the innocents	= § 26, p. 15
l. 24.	The river of wine: Abraham, Isaac, Jacob, Lot, Job	= § 27, p. 16
l. 30.	Those who devote themselves to God	= § 28, p. 16
l. 34.	The thrones of the humble	= § 29, pp. 16, 17
71, ll. 2—13.	The altar: David	= § 29, p. 17

* The fiery dragon's name, which appears in various copies and versions as Bachimach, Parthemon, Partimor, Patinot, is doubtless Behemoth.

On p. 95 is printed a further section on Hell-torments, apparently found continuously following on to what has just been analysed. It occupies about a page and a half, and contains:

Visit to Oceanus	= § 31, p. 18
Fiery river	,,
Abyss	= § 32, p. 19
Paul's weeping	= § 33, p. 19
Torment of an evil priest	= § 34, p. 19
96. ,, ,, bishop	= § 35, p. 20
,, ,, deacon	= § 36, p. 20
,, ,, reader	,,
,, usurers	= § 37, p. 20
,, talkers in church	= § 37, p. 21

TABLE II (*b*).

BRANDES'S RECENSION II.

PAGE	FULL LATIN.
75, l. 1—p. 76, l. 16. [Introduction: *Dies dominicus dies est electus*, etc.	
The fiery trees of hell	
The wheel	
The river	
The bridge]	
l. 16. The souls in the river	= § 31, pp. 18, 19
,, Torment of usurers	= § 37, p. 20
77, l. 2. Of impure, and infanticides	= § 40, p. 23
l. 13. Of oppressors of orphans	= § 39, p. 21
l. 15. Of breakers of the fast	= § 39, p. 22
l. 18. Of an evil bishop	= § 35, p. 20
l. 24. Paul's weeping	= § 40, p. 23
l. 26. The well	= § 41, pp. 23, 24
78, l. 8. The worms	= § 42, p. 24 and § 32, p. 19
ll. 12—20. Exodus of a wicked soul	= §§ 16, 17, pp. 8—10
l. 22. Of a just soul	= § 14, p. 6
l. 30. Prayer of the lost	= § 43, p. 24
79. Christ grants them rest on Sundays (there are two short interpolations)	= p. 26
l. 29 and 80, 1—4. (The number of the pains of hell)	

The Old German recension (Brandes, pp. 83—88) has parts of §§ 31, 39, 40, 15, 14, 43, with many interpolations.

Pointed brackets < > indicate my own supplements; the MS. being either injured or faulty in these places.

INCIPIT VISIO SANCTI PAVLI APOSTOLI.

Veniam autem ad uisiones et reuelaciones domini; scio hominem in Christo ante annos quatuordecim, siue in corpore nescio siue extra corpus nescio, deus scit—raptum huiusmodi usque ad tercium caelum: et scio huiusmodi hominem, siue in corpore siue extra corpus nescio, deus scit; quoniam raptus est in paradisum et audiuit archana uerba que non licet hominibus loqui: pro huiusmodi gloriabor, pro me autem nihil gloriabor nisi in infirmitatibus meis.

1 Quo tempore palam facta est? Consule Theudosio Augusto minore et Cynegio, tunc[1] habitante quodam[2] honorato Tharso, in domum quę fuerat sancti Pauli, angelus per noctem apparens reuelauit ei dicens ut[3] fundamenta domus dissolueret[4] et quod inuenisset palam faceret; haec autem fantasmata esse putauit. 2 Tercio autem ueniens angelus flagellauit eum et coegit eum ut dissolueret fundamentum. Et fodiens inuenit locellum marmoreum in lateribus scriptum: ibi erat reuelacio sancti Pauli, et gallicolę eius in quibus ambulabat docens uerbum dei. Hic autem uerebatur apperire locellum ipsum, et obtulit eum iudici: accepto eo iudex, secundum eo quod erat signatum plumbo, misit imperatori Theudosio, timens nequid aliud[5] esset: quod acceptum imperator reserauit et inuenit reuelacionem sancti Pauli: exemplar <eius> misit ad Ierosoli<ma>, et autenticam re<tinuit> apud se.

3 Qui dum in <cor>pore essem <in> quo[6] raptus sum usque ad tercium celum, et factum est uerbum domini <ad> me dicens: Loquere populo huic: Vsque quo delinquetis[7] et apponitis peccatum super peccatum, et temptatis dominum qui uos fecit?

[1] consol et theudosio aug min̄ est. quinegio hunc habitante [2] quidam [3] et [4] dissolue [5] aliū est [6] qua [7] delinquentes

Vos estis filii dei, opera diaboli facientes in fiducia Christi propter impedimenta mundi. Memoramini ergo et cognoscite quia omnis creatura seruiens deo, humanum autem genus solum peccat. Imperat autem omni facture, et plus quam omnis natura peccat. 4 Multum[1] etenim sol quidem, luminare magnum, interpellauit dominum, dicens: Domine deus omnipotens, ego prospicio super impietates et iniusticias hominum: permitte me et faciam eis, <quę> sunt uirtutes meae, ut cognoscant quia tu es solus deus. Et facta est uox ad eum dicens: Haec omnia noui; oculus enim meus uidet et auris audit, sed paciencia mea sustinet eos dum ad usque conuertentes peniteantur. Sin uero non reuertuntur ad me omnes ego iudicabo. 5 Nonnunquam enim luna et stelle interpellauerunt dominum dicentes: Domine deus omnipotens, nobis dedisti potestatem noctis: usque quo respiciemus super impietates et fornicaciones et homicidia quas faciunt filii hominum? permitte nobis ut faciamus in eis, quae sunt uirtutes nostrae, ut cognoscant[2] quia tu es deus solus. Et facta est uox ad eos dicens: Ego omnia agnosco haec, et oculus meus prospicit et auris audit, sed paciencia mea sustinet eos dum ad usque conuertantur et peniteant. Sin uero non reuertuntur ad me, ego eos iudicabo. 6 Et frequenter etiam mare exclamauit dicens: Domine deus omnipotens, intaminauerunt homines sanctum nomen tuum in me; permitte me exurgam et cooperiam omnem siluam et arbusta et omnem mundum, donec deleam omnes filios hominum a facie tua, ut cognoscant quoniam tu es deus solus. Et facta est iterum uox et dixit: Noui omnia; oculus enim meus uidet cuncta et auris audit, sed paciencia mea sustinet eos[3] dum ad usque conuertantur et peniteant. Sin uero non reuertuntur, ego eos iudicabo. Nonnunquam et aquae interpellauerunt aduersus filios hominum dicentes: Domine deus omnipotens, fili hominum contaminauerunt omnes sanctum nomen tuum. Et facta est uox dicens: Ego agnosco omnia priusquam fierent, oculus enim meus uidet et auris[4] audit omnia, sed paciencia mea sustinet eos dum ad usque conuertantur. Sin minus[5], ego iudicab<o>. Frequenter etiam

ū
[1] Multas [2] cognoscamus [3] h'os [4] aures [5] siminus

et terra exclamauit ad dominum aduersus filios hominum dicens: Domine deus omnipotens, ego super omnem creaturam tuam noceor supportans[1] fornicationes adulteria homicidia furta periuria magia maleficia hominum et omnia mala quae faciunt, ita ut pater exurgat in filium et filius super patrem, alienigena super alienigenam, ut coinquinet unusquisque mulierem proximi sui. Pater ascendit super cubile filii sui, et filius similiter ascendit stratum patris sui: et in his omnibus malis coinquinauerunt sanctum[2] locum tuum qui offerant hostiam nomini tuo. Propterea ego noceor super omnem creaturam, nolens et mihi pre<bere> uirtutem meam et fruct<us> meos filiis hominum. Permitte mihi et contera<m> uirtutem fructuum <m>eorum. Et facta est uox et dixit: Ego omnia noui, et non est qui possit abscondere se a peccato suo. Impietates autem eorum ego agnosco: sed mea sanctitas patitur eos dum adusque conuertantur et peniteant. Sin uero non reuertantur ad me, ego eos iudicabo. 7 Videte, filii hominum; subdita creatura deo est; humanum autem genus solum peccat.

Propterea ergo, filii hominum, benedicite dominum deum inc<es>sabiliter omnibus horis et omnibus diebus; magis autem cum hocciderit sol: hac[3] enim ho<ra> omnes angeli proficiscuntur ad dominum <ado>rare eum et offerre opera hominum que operatur unusquisque <ho>mo‸a mane usque ad uesperam, siue bona siue mala. Et est quidam angelus qui procedit gaudens de homine quem inhabitat. Cum ergo occiderit sol prima hora noctis, in eadem hora angelus uniuscuiusque populi et uniuscuiusque uiri et mulieris[4], qui protegunt[5] et conseruant eos, quia imago dei est homo; similiter etiam et hora matutina quae est duodecima noctis, omnes occurrunt deo angeli uirorum et mulierum adorare deum et offerre omnem operam quam operatus est unusquisque homo siue bona siue mala. Omni autem die ac nocte racionem omnium actorum[6] humani generis offerunt angeli deo. Vobis ergo dico, filii hominum, benedicite dominum deum indeficienter omnibus diebus uite uestrae.

8 Statuta ergo hora omnes angeli quicumque gaudens simul in unum procedunt ante deum, ut hoccurrant adorare in hora

[1] in portunos Fornicationes [2] secdm̄ [3] haec [4] mulieres
[5] protegent [6] omí úauct*orum*

constituta. Et ecce subito facta est[1] hora occursio, et angeli uenerunt adorare in conspectu dei, et spiritus processit[2] in occursum eis: et facta est uox et dixit: Vnde aduenistis nostri angeli referentes pondera nuncii? 9 Responderunt et dixerunt: Nos uenimus ab illis qui abrenunciauerunt mundo huic propter nomen sanctum tuum, oberrantes peregrini et in spelunca petrarum et flentes omnibus horis quibus[3] inabitant terram et esurientes et sicientes propter nomen tuum, accinctos lumbis[4], abentes in manibus incensa cordis eorum, et orantes et benedicentes omnibus horis, angustiantes et domantes semedipsos prae ceteris qui abitant in terra flentes et lugentes. Et nos quidem angeli eorum conlugemus eos: quo ergo tibi placuerit iube nos ire et ministrare, ne et alii fecerint sed inopes pr<ae> ceteris qui sunt in terra. Et facta est uox dei ad eos dicens: Scitote quoniam uobis hinc nunc constituetur mea gratia, et meum adiutorium, qui est filius meus dilectissimus, aderit eis gubernans eos omni hora; etiam administrans eis nunquam derelinquid eos, quoniam locus eorum habitacio eius est. 10 His ergo angelis recedentibus ecce angeli alii uenerunt adorare in conspectu honoris[5] in occursionem, qui flebant; et spiritus dei processit in occursum eis; et facta est uox dei et dixit: Vnde aduenistis nostri angeli portantes pondera ministri nunciorum mundi? Respondentes dixerunt in conspectu dei: Nos aduenimus ab illis qui inuocauerunt nomen tuum et inpedimenta mundi fecerunt eos miseros, adinuenientes occasiones multas omni hora, unam quidem orationem puram non facientes neque ex toto corde omni tempore uitae suae; quid ergo necesse est a<desse> hominibus peccator<ibus>? Et facta est uox dei <ad eos>: Necesse est ministr<etis> eis quoadusque conue<rtantur> et peniteant: sin uero <non> reuertantur ad me, ego illos iudicabo.

Cognoscite ergo, filii hominum, quia quecunque operantur a uobis, haec angeli *re*ferunt[6] deo, siue bona, siue mala.

11 Et respondens angelus dixit mihi: Sequere me, et ostendam tibi locum iustorum[7] ubi ducuntur cum defuncti fuerint,

[1] *fors.* + statuta [2] proecessit solū [3] qui [4] lumbos *sec. manu* [5] honores
[6] re- *secunda manu* [7] so...

et post hec adsumens te in abyssum ostendam tibi animas peccatorum, in qualem locum[1] ducuntur cum defuncti fuerint. Et profectus sum retro post angelum, et duxit me in celum, et respexi[2] firmamentum, et uidi ibidem potestatem, et erat ibi obliuio que fallit[3] et deducit[3] ad se[4] corda hominum, et spiritus detraccionis et spiritus <fornication>is et spiritus furoris et spiritus audacie, et ibi erant principes maliciarum: hec uidi sub firmamento caeli: et iterum respexi et ui<di> angelos sine misericordia, nullam habentes pietatem, quorum[5] uultus plenus erat furore et dentes eorum extra os eminentes[6]; oculi eorum fulgebant ut stella matutina orientis[7], et de capillis capitis eorum scintille ignis exiebant, siue de ore eorum. Et interrogaui[8] angelum dicens: Qui sunt isti, domine? Et respondens angelus dixit mihi: Hii sunt qui destinantur ad animas impiorum in ora necessitatis, qui non crediderunt dominum habere se adiutorem nec sperauerunt in eum. 12 Et respexi in altum et uidi alios angelos quorum[5] uultus fulgebat ut sol, succinctis[9] lumbis zonis aureis, abentes palmas in manibus eorum[10], et signum dei, induti uestimenta quod scriptum erat nomen filii dei, repleti[11] autem omni mansuetudine et misericordia; et interrogaui angelum et dixi: Qui sunt isti, domine, in tanta pulcritudine et misericordia? Et respondens angelus dixit mihi: Hii sunt angeli iusticiae qui mittuntur adducere animas iustorum in ora necessitatis, qui crediderunt dominum se habere adiutorem. Et dixi ei: Necessario iusti et peccatores occurrunt testes cum mortui fuerunt? Et respondens angelus dixit mihi: Vna est uia per quam omnes transeunt ad deum, sed iusti habentes secum sanctum adiutorem non conturbantur euntes a<p[10]>parere in conspectu dei.

13 Et dixi angelo: Volebam uidere animas iustorum et peccatorum exeuntes de mundo. Et respondens angelus dixit mihi: Respice deorsum in terra. Et respexi de celo in terra, et uidi totum mundum, et erat quasi nihil in conspectu meo: et uidi filios hominum quasi nihil essent, et deficientes,

[1] loco (v above) [2] respexit [3] -et [4] a.... (ad se above) [5] corum [6] inminentes [7] orientes [8] -it [9] succensis (i..ctis above) [10] *secunda manu* [11] repleta *prima manu.*

et miratus sum et dixi angelo: Haec est magnitudo hominum? Et respondens angelus dixit mihi: Haec est, et hi sunt qui noceant a mane usque ad uesperam. Et respexi et uidi nubem magnam igne spansam[1] per omnem mundum, et dixi angelo: Quid est hoc, domine? Et dixit mihi: Haec <est> iniusticia obmixta a principibus peccatorum.

14 Ego uero cum hoc audissem suspirans fleui, et dixi angelo: Volebam expectare animas iustorum et peccatorum, et uidere quo scemate[2] exeunt de corpore. Et respondens angelus dixit mihi: Iterum aspice in terram. Et respexi et uidi omnem mundum, et erant homines quasi nihil et deficientes: et inspexi et uidi q<uen>dam hominem moritur<um>, et dixit mihi angelus: Hu<nc> quem uides iustus est. Et <ite>rum aspexi et uidi om<nia> opera eius quecunque fecerat propter nomen dei, et omnia studia eius quorum memini<t> et[3] quorum non memini<t>, omnia steterunt in conspectum eius in hora necessitatis[4]; et uidi iustum profecisse[5] et inuenisse refectionem et fiduciam, et ante quam exiret de mundo asteterunt sancti angeli simul et impii: et uidi eos omnes, set impii non inuenerunt locum habitacionis in eum, sancti autem dominati sunt anime eius, gubernantes eam quo usque exiret[6] de corpore: et comouerunt animam dicentes: Anima, cognosce corpus tuum unde existi, necesse est enim te reuertere in eodem corpore in die resurrec<tion>is, ut recipias promissa omnibus iustis. Sus<cipi>entes ergo animam de <co>rpore, statim osculati sunt <eam> quasi cotidie sibi no<t>am, dicentes ei: Viriliter age, fecisti enim uoluntatem dei constituta in terra. Et uenit ei in occursum angelus qui obseruabat eam singulis diebus, et dixit ei: Viriliter age, anima; ego enim gaudeo in te, quia fecisti uoluntatem dei in terris: ego enim referebam ad deum omnia opera tua qualiter se abent[7]. Similiter etiam et spiritus in occursum processit ei et dixit: Anima, ne uerearis neque turberis quousque ueneris in locum quem non noueras umquam, sed ero tibi adiutor: inueni[8] enim in te locum refectionis in tempore quo habitaui in te dum essem in terra. Et spiritus

sparsam / s / e s
[1] spansam [2] scismate [3] eo [4] necessitatibus [5] proficiscae
t / h
[6] exire [7] abet [8] inuenio

eius confirmauit eam et angelus eius suscepit eam <et> deduxit in celo: et ait angelus: Vbi curris[1], anima, et audes ingredi celum? expecta et uideamus si est aliquid nostrum in te: et ecce nihil inuenimus in te. Video etiam adiutorium diuinum et angelum tuum, et spiritus congaudens est tibi quoniam fecisti uoluntatem dei in terris. Et deduxerunt eam dum adusque adoraret in conspectu dei. Cumque dessinuissent statim Michael et omnis exercitus angelorum concidentes adhorauerunt scabellum pedum eius et ostia eius si<mul>[2] anime dicentes: Hic est deus omnium uester[3], qui fecit ad imaginem et similitudinem suam. Recurrit[4] autem angelus et indicauit dicens: Deus, memo<ra>re laborum eius: haec est enim anima cuius tibi, domine, operam referebam, faciens secundum iudicium tuum. Et spiritus similiter ait: Ego sum spiritus uiuificacionis adspirans in eam; habui enim in eam refeccionem in tempore quo habitaui[5] in eam faciens secundum iudicium tuum. Et facta est uox dei et dixit: Quemadmodum haec me non contristauit, nec ego eam non contristabo; sicut enim[6] miserta est, et ego[7] miserebor. Tradatur ergo[8] Michaelo angelo testamenti, et perducat eam in paradiso exultacionis, ut et ipsa fiat co<h>eres cum omnibus sanctis. Et audiui[9] uoces post haec milia milium angelorum et archangelorum et cherubin et uiginti quatuor seniorum[10] ymnos dicencium et glorificantium dominum et clamantium: Iustus es, domine, et iusta iudicia tua, et non est personarum acceptio apud te, sed retribues[11] unicuique secundum tuum iudicium. Et respondens angelus dixit mihi: Credidisti et cognouisti quoniam <que>cunque fecerit unusquisq<ue> vestrum uidet ad oram[12] necessitatis suae? Et dixi: Ita[13], domine.

15 Et ait mihi: Iterum aspice deorsum in terram et expecta animam impii exeuntem de corpore, que inritauit[14] dominum die hac[15] nocte dicens: Nichil aliut noui in hoc mundo, manduco et bibo et fruor que sunt in mundo. Quis enim est qui descendit ad inferos et ascendens denunciauit nobis quia est

[1] curr$\overset{i}{u}$s [2] s^{l} [3] $\overset{r}{u}$ [4] -et [5] h^{in}abitaui [6] +mei *ins. corrector* [7] +sui *ins. corrector* [8] Tradit*ur* ei [9] audiuit [10] seniores [11] -ens [12] adore*t* [13] dixit ite [14] in rit$\bar{u}$r [15] *sc.* ac

iudicium illic? Et iterum respexi et uidi omnem contemptum peccatoris et omnia que egit, et in unum asteterunt ante eum in hora necessitatis: et factum est ei in illa ora qua minabatur de corpore eius ad iudicium, et dixi: Melius erat ei si non fuisset natus. Et post haec uenerunt simul sancti angeli et maligni et anima peccatoris, et sancti angeli locum non inuenerunt in ea. Maligni autem angeli comminati sunt ipsius; qui cum educerent eam de corpore commonuerunt eam angeli tercio, dicentes: O misera anima, prospice carnem tuam unde existi: necesse est enim te reuertere in carne tua in diem resurreccionis, ut recipias peccatis tuis condignum, et impietatum tuarum. 16 Et <cum> produxissent, praecessit eam consuetus angelus, et ait ad illam: O misera anima, ego sum angelus aderens tibi, referens cotidie ad dominum opera tua maligna quecunque egisti per noctem uel diem: et si fuissem meae potestatis, nec una quidem die ministrassem tibi, sed nichil orum ualui[1] facere: misericors est et iudex iustus, et ipse precepit nobis ut non cessemus ministrare anime[2] quousque peniteamini: tu autem perdidisti tempus penitenciae. Ego tibi quidem alienus factus sum, et tu mihi. Pergamus ergo ad iudicem iustum; non te dimittam <ante>quam ab odierna die scio quia alienus tibi factus sum. Et spiritus confundebat eum et angelus conturbabat. Cum ergo peruenissent ad potestatem, cum iam ingredi celum abiret, labor impositus est ei super alium laborem; <error et> [3]obliuio et susurracio obuiauerunt eam, et spiritus fornicacionis et relique potestates[4], et dicebant ei: Vbi perges, misera anima, et audes[4] praecurrere in celo? sustine, ut uideamus si abemus in te peculiaria nostra, quia non uidemus tibi sanctum adiutorem. Et post haec audiui uoces in excelso celorum dicentes: Offerte miseram animam deo, ut cognoscat quia est deus ut contempsit. Cum ergo ingressa esset coelum, uiderunt eam omnes angeli milia miliorum exclamauerunt una uoce omnes dicentes: Ve tibi, misera anima, pro operibus tuis que fecisti in terra; quid[5] responsum datura es deo cum accesseris adorare eum? Respondit angelus qui erat cum ea et dixit: Flete mecum, mei dilectissimi, requiem enim non inueni in hac anima. Et responderunt

[1] ualuit [2] anime ę [3] $\overset{r}{\text{uio}}$ *erasum* [4] -is [5] $\overset{id}{\text{que}}$

ei angeli et dixerunt: Auferatur talis anima de medio nostrorum: ex quo enim ingressa est, putor eius transiuit ad <nos> angelos. Et post haec ob<la>ta est ut adoraret in conspectu dei, et monstrauit ei angelus dominum deum qui eam fecit secundum imaginem et similitudinem suam. Angelus autem eius praecucurrit dicens: Domine deus omnipotens, ego sum angelus anime istius cuius tibi opera offerebam die ac nocte, non faciens secundum tuum iudicium. Et spiritus similiter ait: Ego sum spiritus qui inhabitabam in eam ex quo facta est, in se autem noui, et non est secuta meam uoluntatem: iudica eam, domine, secundum tuum iudicium. Et facta est uox dei ad eam et dixit: Vbi est fructus tuus quem fecisti pro his quibus accepisti bonis dignum? numquid[1] posui distanciam inter te et iustum unius diei? nunquid[2] non f<a>ciebam oriri[3] solem super te <si>cut et super iustum? Illa autem conticuit, non habens[4] quod responderet: et facta est uox iterum dicens: Iustum iudicium dei, et non est personarum acceptio aput deum, quicunque enim fecerit misericordiam eius ipse miserebitur, et quicunque non misertus fuerit, neque ei miserebitur deus. Tradatur ergo angelo Tartarucho qui prepositus est penis, et mitat eum in tenebris exterioribus ubi est fletus et stridor dencium, et sit ibi usque in diem magnum iudicii. Et post haec audiui uocem angelorum et archangelorum dicencium: Iustus es, domine, et iustum iudicium tuum.

17 Et iterum uidi, et ecce anima que adducebatur a duobus angelis flens et dicens: Miserere mei, deus iustus, deus iudex; hodie enim septem dies habeo ex quo exiui de corpore meo, et tradita sum duobus angelis istis et perduxerunt me ad ea loca que[5] nunquam uideram. Et ait ei deus iustus iudex: Quid fecisti? tu enim misericordiam nunquam fecisti, propterea tradita es talibus angelis qui non abent misericordiam, et quia[6] non fecisti[7] rectum, ideo neque tecum pie gesserunt[8] in hora necessitatis tuae. Confitere[9] ergo peccata tua que commisisti in seculo constituta. Et respondit et dixit: Domine, non peccaui. Et iratus est in furore dominus deus iustus dicente

[1] qui [2] nonquid [3] orire [4] conticuet non habet [5] quem
[6] que [7] fecis [8] pia egesserunt [9] constari

ea Non peccaui, quoniam est mentita; et dixit deus: Adhuc reputas in seculum permanere? si hunus quisque uestrum illic peccans caelat et abscondit peccatum suum proximo suo; hic uero non absconditur quicquam: cum enim uenerint adorare anime in conspectu troni et opera bona unius cuiusque et peccata eius manifestatur. Et haec audiens conticuit anima, non habens responsionem. Et audiui dominum deum iustum iudicem iterum dicentem: Veni, angele anime huius, et sta in medium. Et uenit angelus anime peccatricis habens in manibus cirographum, et dixit: Aec sunt, domine, in manibus meis[1] omnia peccata anime istius a iuuentute eius usquae in odiernum diem, hab annis ·x· natiuitatis eius: et si iubes, domine, et narro hactos eius ex quo caepit annorum ·xv·. Et dixit dominus deus iustus iudex: <Tibi> dico, angelae, non te ex<pec>to racionem ex quo ce<pit> ·xv· esse annorum, sed expone peccata eius ante annos ·v· quam moriretur et ante quam huc ueniret. Et iterum dixit deus iudex iustus: Per me enim ipsum iuro et per sanctos angelos meos uirtutemquae meam[2], quoniam si penituisset ante ·v· annum quam moriretur, propter unius anni conuersacionem obliuio[3] nunc fieret omnium que peccauit retro malorum, et indulgenciam et remissa peccatorum haberet: nunc uero pereat. Et respondit angelus anime peccatricis et dixit: Iube, domine, angelum illum exiber<e> animas illas. 18 Et illa ead<em> <h>ora exibite sunt anime in medio et cognouit eas anima peccatoris; et dixit dominus ad animam peccatoris: Tibi dico, anima, operam tuam confiteri quam gesseris in his quas uides animas cum essent in mundo. Et respondens dixit: Domine, nondum completum est annum ex quo hanc interfeci[4] et sanguinem eius fudi in[5] terra, et cum alia fornicatus sum: non solum autem hoc, sed et nocui[6] eam ualde substollere[7] facultatem eius. Et dixit dominus deus iudex iustus: Aut nesciebas quia qui uim alio facit, si prior mortuus fuerit qui uim sustinuit, seruatur in hunc[8] locum usque quo moriatur nocens, et tunc assistunt utrique in conspectu iudicis, et nunc unusquisque recepit secundum que fecerit. Et audiui uocem dicentis[9]: Anima ista in manibus Tartari tradatur, et duci[10] deorsum ad

[1] omis̄ [2] mearum [3] obliuione [4] interfecit [5] fodi intra
[6] noui [7] substolle [8] in hib hic [9] dicentes [10] educe

inferos debet: ducat eam in carcere inferiorum, et mittatur in tormentis et relinquatur illic ad magnum iudicii diem. Et iterum audiui milia milium angelorum ẏmnum dicencium domino et clamancium: Iustus es, domine, et iusta iudicia tua.

19 Respondit angelus et dixit mihi: Cognouisti aec omnia? et dixi: Ita, domine. Et dixit mihi: Iterum sequere me, et adsumens te hostendam tibi loca iustorum. Et secutus sum angelum[1] et substullit me usque ad[2] tercium celum et statuit me ad ganuam porte: et intendens uidi, et erat porta aurea, et due columnae aureae plene desuper literis aureis; et conuertit[3] se iterum angelus ad me et dixit: Beatus es si ingressus fueris in his portis, eo quod non concedatur ingredi nisi solis qui habent bonitatem et innocenciam corporum. Et in omnibus[4] interrogaui[5] angelum et dixi: Domine, dic mihi cuius rei gratiam posite sunt aec litere super tabulas istas? Respondit angelus et dixit mihi: Haec sunt nomina iustorum ministrancium deo ex toto corde qui habitant terram. Et iterum dixi: Domine, ergo nomina eorum[6] et uultus eorum et similitudo ministrancium deo est in caelo, et noti sunt angelis: sciunt enim qui sunt ministri dei ex toto corde priusquam exeant de mundo.

20 Et cum ingressus fuissem interiora portae[7] paradisi, exiuit in hoccursum[8] mihi homo senior cuius uultus fulgebat <ut> sol; et complexsus me <dixit:> Aue, Paule, dilecti<ssi>me deo. Et hosculatus est me ilare uultu. Fle<bat>, et dixi ei: Frater, quare ploras? Et iterum suspirans et plorans dixit: Nocemur[9] enim ab hominibus[10] et contristant nos ualde; multa sunt enim bona que praeparauit dominus et magna repromissio est eius, set multi non percipiunt ea. Et interrogaui[11] angelum et dixi: Quis est hic, domine? Et dixit mihi: Hic[12] est Enoc scriba iusticiae. Et ingressus sum <in> interiori loci illius, et statim uidi solem[13] et ueniens salutauit me ilarens et gaudens. Cumque uidisset, au<er>tit se et fleuit et dixit mihi: Paule, utinam <tu> recipias labores tuos <quos fec>eris in genere humano. Mihi quidem[14] uidi magna et multa bona quae prae-

[1] angelorum [2] a [3] -et [4] ? in omnibus, et [5] -it [6] *aliquid omissum per homœoteleuton* [7] porta [8] hocc: h mihi [9] Vocemur (? uexamur) [10] omnibus [11] -it [12] Haec [13] *sc.* Heliam [14] quidaē

parauit deus omnibus iustis, et magnae repromissiones sunt dei, sed plures non percipiunt ea; sed et per multos labores uix unus et unus ingreditur in ea loca.

21 Et respondit angelus et dixit mihi: Quecunque hic nunc[1] ostendo tibi, et quecunque audieris, ne indices ea omni in terris. Et duxit me et ostendit mihi et audiui[2] illuc uerba que non licet omini loqui: et iterum dixit: Adhuc enim sequere me, et monstrabo tibi que hennarrare palam et referre debeas.

Et deposuit me de tercio celo, et induxit me in secundo caelo, et iterum duxit me in firmamento, et de firmamento duxit super ganuas celi; erat inicium eius fundamenti super flumen quod inrigat omnem terram. Et interrogaui angelum et dixi: Domine, quis est hic fluuius aque? Et dixit mihi: Hic[3] est oceanus. Et subito[4] exiui de celo et intellexi quia lumen caeli est quod lucet omni[5] terre. Illic autem terra clarior argento septiaes. Et dixi: Domine, quis est hic locus? et dixit mihi: Haec est terra repromissionis. Adhuc non audisti quod scriptum est: Beati mansueti quoniam ipsi haereditabunt terram? Anime ergo iustorum cum exierint de corpore, in hunc locum interim dimittuntur. Et dixi angelo: Ergo terra haec[6] manifestabitur ante tempus? Respondit angelus et dixit mihi: Quando uenit Christus quem tu praedicas ut regnet, tunc sentencia dei dissoluitur terra prima et aec terra repromissionis tunc hostendetur, et erit sicut ros aut nebula, et tunc manifestabitur dominus Ihesus Christus rex etternus et cum omnes sanctos suos ueniet habitare in eam et regnabit super illos mille annos et manducabunt de bonis quae[7] nunc ostendam tibi.

22 Et circumspexi terram illam, et uidi flumen currentem lac et mel, et erant al litus fluminis ipsius arbores plantate plene fructibus; una quaeque[8] autem arbor erat adferens fructus ·XII· in anno uarios et diuersos fructos abentes: et uidi creaturam loci illius et omnem facturam dei, et uidi ibi palmas cubitorum ·XX·, alias autem cubitorum ·X·; terra autem illa clar<ior> argento septies. Et e<rant> arbores plene fruct<ibus> ar radice usque ad sum<mos> ordines ·X· miliorum[9]

[1] h nunc [2] -it [3] hec [4] subdito [5] omnem [6] hac [7] quasi
[8] quoque [9] miliar

fru<ctuum> palmarum super ·x· milia fructos; uineae autem uitis habebant ·x· milia arbusta. In singulis autem uitibus erant ·x· milia milia butriones et in miliorum his singuli butr<io>nes; singulae[1] autem arb<ores> ille adferebant mil<ia> fructuum. Et dixi[2] angelo: Quare una queque arb<or> milia fructuum adferet? Respondens angelus dixit mihi: Quoniam dominus deus ab<un>dans fluenter prestat dona[3] condignis[4], quia et il<li> proprio uoto adflicx<erunt>[5] semetipsos cons<titu>ti in mundo omnia <fa>cientes propter nomen sanctum <eius>. Et iterum dixi angelo: Domine, haec sunt sole repromissiones[6] quas promittit sanctissimus dominus deus? Et respondens dixit mihi: Non: sunt enim his maiora septies. Ego autem dico tibi quia cum iusti exierint de corpore, uidebunt repromissiones et bona quae praeparauit eis deus. Adhuc iterum suspirabunt et plorabunt dicentes: Vt quid uerbum emisimus[7] de ore nostro ad inritandum proximum uel una die? Ego uero interrogaui et dixi iterum: Si aec sunt tantum promissa dei? Et respondens angelus dixit mihi: Haec que nunc uides nuptorum[8] sunt et seruancium castitatem nuptiarum continencium se. Virginibus autem et esurientibus et sicientibus iusticiam et adfligentibus se propter nomen domini dabit deus maiora his septies, quae[1] nunc ostendam tibi.

Et post haec adsumpsit me ex loco illo <ubi> aec uidi, et ecce flumen et[9] aqae eius erant aque candide ualde desuper lac, et dixi angelo: Quid[6] est hoc? et dixit[1] mihi: Hic[10] est aceriosus[11] lacus ubi est ciuitas Christi, sed non omnis homo permittetur ingredi in ciuitatem illam; hoc est enim iter quod ducit ad deum[12], et si quis est fornicator et impius, et conversus penituerit et fecerit fructum dignum[13] penitenciae, primum quidem cum exierit[14] de corpore, ducitur et adorat[15] deum et inde iussu domini traditur Michaelo angelo et baptizat eum in aceriosium lacum; sic inducit[16] eum in ciuitatem Christi iusta[17] eos qui nihil peccauerunt. Ego autem admiratus sum et benedixi dominum deum in omnibus que uidi.

23 Et responsit angelus et dixit[1] mihi: Sequere me, et

[1] -i [2] -it [3] presta do [4] -es [5] -erunt *secunda manu* [6] -is
[7] -emus [8] -iorum [9] flumina [10] haec [11] *sc.* Ἀχερούσιος
[12] ad eum [13] lignum [14] -int [15] adora [16] -et [17] *sc.* iuxta

inducam te in ciuitatem Christi. Et erat stans super aceriosium lacum, et misit <me> in nauem auream, et angeli quasi tria milia ymnum ante me dicentes erant donec peruenirem usque[1] ad ciuitatem Christi. Inhabitantes autem ciuitatem Christi gauisi ualde super me euntem ad eos, et ingressus uidi[2] ciuitatem Christi et erat tota aurea, et duodecim muri circuibant eam, et ·XII· pirgi[3] interiores[4], et singuli muri abebant inter se singula stadia in circuitu: et dixi angelo: Domine, quanto est[5] stadium hunum? Respondit angelus et dixit mihi: Tantum est quantum inter dominum deum et homines qui sunt in terris, quia sola est enim magna ciuitas Christi. Et ·XII· porte erant in circuitu <ci>uitatis pulcritudi<ne> magna, et quatuor f<lu>mina qui circuibant <eam>. Erat autem flumen mellis et <flu>men lactis et flumen uini <et> flumen olei. <Et> dixi ange<lo>: Que sunt flumina haec c<ir>cuiencia ciuitatem histam? Et ait mihi: Haec sunt IIII^{or} flumina que decurrunt sufficienter his qui sunt in ac terra repro<mis>sionis quorum nomina sunt, flumen mellis dicitur Fison et flumen lactis Eufrat<es> et flumen oleÿ Gion et flumen uini Tigris: quales ergo in seculo constituti <sunt> non sunt usi[6] potestatem[7] arum rerum, sed esurie<runt> ab his et adflixerunt se propter dominum deum. Ideo ingredientibus his in ha<n>c ciuitatem, trib<uet> eis hec dominus supernum super omnem modum.

24 Ego uero ingrediens porta uidi arbores magnas et altas ualde ante ianuas ciuitatis non habentes fructum nisi folia tantum; et uidi paucos uiros dispersos in medio arborum, et plorabant ualde cum uiderent aliquem ingredi in ciuitatem. Et arbores ille penitebant pro ipsis umiliantes semetipsos et inclinantes et rursus se erigebant. <Et> ego uidi et fleui[2] cum eis et interrogaui[2] angelum et dixi[2]: Domine, qui sunt isti qui non sunt admissi ingredi in ciuitatem Christi? Et dixit mihi: Hi sunt qui abrenunciauerunt studenter die hac[8] nocte geiuniis, set cor superbum abuerunt prae ceteros homines, semetipsos glorificantes et laudantes et nichilum facientes proximis. Alios enim salutabant amichabiliter, aliis uero nec

[1] perueniremus que [2] -it [3] pigre [4] -is [5] es [6] uisi
[7] -um [8] *sc.* ac

aue di<c>ebant et quidem[1] cui uolebant aperiebant et si quid faciebant aliquid proximo modicum inflati erant. Et dixi: Domine, quid ergo? superbia eorum proibuit eos ingredi in ciuitatem Christi? Et respondens angelus dixit mihi: Radix omnium malorum est superbia. Nunquid meliores sunt filio dei qui[2] ad Iudeos cum multa humilitate uenit? Et interrogaui[3] eum et dixi: Quid est ergo quod arbores humiliant se et iterum eriguntur? Et respondit angelus et dixit mihi: Tempus omne quod exegerunt[4] isti in terris deseruihentes deo propter confusionem et obprobria hominum ad tempus erubescentes umiliauerunt se, sed non sunt contristati neque penituerunt ut recederent a superbia sua que erat in eis. Hoc est quod arbores humiliant se et iterum eriguntur. Et interrogaui et dixi: Cuius rei gratia admissi sunt in ganuas ciuitatis? Respondit angelus et dixit mihi: Propter multam bonitatem dei, et quoniam hic est ingressus homnium sanctorum eius ingrediencium in ac ciuitate: propterea derelicti sunt in hooc loco, ut quando ingreditur cum sanctis suis rex aeternus Christus, introeunte[5] eo homnes iusti petant[6] pro his et tunc cum illis ingrediantur[7] in ciuitate; set tamen non ualet aliquis eorum habere fiduciam qualem[8] illi qui humiliauerunt se seruientes domino deo in omni uita sua.

25 Ego autem incedebam docente me angelo, et tulit me a<d> flumen mellis, et uidi illic Aesaÿam et Geremiam et Aezehiel et Ammos et Ḿicheam et Zachaream, profetas minores et maiores, <et> salutauerunt me in ciuitate. Dixi angelo: Que est uia haec? et dixit[9] mihi: Haec est uia prophetarum: omnis qui contristauerit animam suam et non facit propriam uoluntatem suam propter deum, cum exierit de mundo et ductus fuerit ad dominum deum et adorauerit eum, tunc iussu dei traditur Michaelo, et inducit eum in ciuitate in locum[10] hunc prophetarum, et salutant eum sicut amicum et proximum suum quoniam fecit uoluntatem dei.

26 Iterum duxit me ubi erat fluuius lactis, et uidi omnes infantes in illo loco quos hoccisit rex Aerodes propter nomen Christi, et salutauerunt me; et dixit mihi angelus: Omnes

[1] quidaem [2] que [3] -it [4] -ig- [5] introente [6] petunt [7] -untur
[8] quale [9] -i [10] -o

qui seruiunt castitatem cum puritate, cum exierint de corpore, postquam adorant dominum deum traduntur Michaelo et aducuntur ad infantes et salutant eos dicentes quia Fratres nostri sunt et amici et membra; in ipsis aereditabunt promissa dei.

27 Iterum adsumpsit me et tulit me ad aquilonem ciuitatis et duxit me ubi erat flumen uini, et uidi illic Abraam, Hisaac et Iacob, Lot et Iop et alios sanctos: <et> salutauerunt me: et interrogaui et dixi: Quis est hic locus, domine? Respondit angelus et dixit mihi: Omnes qui susceptores peregrinorum sunt, cum exierint de mundo, adorant primum dominum deum, et tra<d>untur Michaelo et per hanc uiam inducuntur in ciuitatem, et omnes iusti salutant eum sicut filium et fratrem et dicunt ei: Quoniam seruasti humanitatem et susceptionem peregrinorum, ueni aereditatem abe in ciuitatem domini dei nostri: unusquisque iustus secundum proprium hactum recipiet in ciuitate bona dei.

28 Et iterum tulit me iusta[1] flumen olei ab oriente[2] ciuitatis. Et uidi illic uiros exultantes et psalmos dicentes et dixi: Qui sunt isti, domine? et ait angelus mihi: Histi sunt qui deuouerunt se deo ex toto corde, et non abentes in se superbiam. Omnes enim qui exultant in domino deo et psallent in toto corde domino hic inducuntur in ac ciuitate.

29 Et tulit me in medio ciuitatis iusta[1] ·XII· muros. Erat autem in hoc loco murus excelsior; et interrogaui[3] et dixi: Est in ciuitate Christi murus praecedens in honore huic loco? Et respondens angelus[4] dixit[5] mihi: Est secundus melior primo[6] et similiter tercius secundo, quia unus unum praecedit[7] usque ad ·XII·mum[8] murum. Et dixi: Obquare, domine, unus alium praecedit in gloriam, significa mihi. Et respondens angelus[4] dixit mihi: Omnes qui abent in se uel modicam detractionem aut zelum aut superbiam, euacuatur aliquid de gloria ipsius etiam<si> in ciuitate Christi esset: uide a tergo[9].

Et conuersus me uidi tronos aureos positos per singulas portas, et super eos <uiros habentes> diademas aureas <et> gemas: et respexi et uidi interiora inter ·XII· uiros alio hordine tronos positos qui[10] multa gloria uidebantur, ita ut nemo ualeat

[1] sc. iuxta [2] orae [3] -it [4] +et [5] -i [6] primus [7] -et
[8] -mo [9] uideatur... [10] -e

hennarrare laudem eorum. Et interrogaui[1] angelum et dixi: Domine, quis est super tronum? Et respondens angelus[2] dixit mihi: Ii troni[3] eorum sunt qui bonitatem et intellectum habebant cordis et semetipsos stultos fecerunt propter dominum deum neque scientes scripturas neque psalmos plures set uni<us> cappituli memores de preceptis dei audi<en>tes[4] haec operati sun<t> in his in multa deligencia et studium rectum habentes coram dominum deum; et de his admiracio adprehendet omnes sanctos coram dominum deum [et de his adprehendet omnes sanctos], colloquentes enim ad alterutrum dicunt: Expectate et uidete imperitos qui nihil amplius sciunt; quomodo meruerunt tantum et tale indumentum et tantam gloriam propter innocenciam suam.

Et uidi[1] in medio ciuitatis altare magnum excelsum ualde; et erat quidam[5] stans iusta altare cuius uultus fulgebat sicut sol, et tenebat et manibus eius psalterium et citharam, et psallebat dicens: Alleluia. Et uox eius replebat omnem ciuitatem: simul quando exaudiebant eum omnes qui erant super turres et portas et respondebant: Alleluia; ita ut commouerentur fundamenta ciuitatis; et interrogaui[1] angelum et dixi[1]: Quis est hic, domine, tante potestatis? Et dixit mihi angelus: Hic est Dauid: haec est Hierusalem ciuitas: cum autem uenerit Christus rex aeternitatis cum fiducia[6] regni sui, ipse iterum praecedet ut psallat, et iusti omnes simul psallant respondentes: Alleluia. Et dixi: Domine, quomodo solus Dauid prae ceteris sanctis inicium fecit psallende? Et respondens angelus[2] dixit mihi: Quia Christus filius dei sedet ad dexteram patris sui, et hic Dauid psallet ante eum in vii^{mo} celo, et sicut[7] fiunt in celis, ita et inferius[8] similiter, quia non licet sine Dauid ostiam offerre deo set necesse est ut psallat Dauid in hora oblacionis corporis et sanguinis Christi: quemadmodum in celis proficitur, ita et in terra. 30 Et dixi angelo: Domine, quid[9] est alleluia? Et respondens angelus[2] dixit mihi; Scrutaris[10] et queris[10] in homnibus. Et dixit[11] mihi: Dicitur alleluia Ebrayca loquella dei et angelorum: narracio autem alleluia haec est: tecel · cat · marith · macha. Et dixi: Domine, quid est tecel · cat · marith ·

[1] -it [2] +et [3] In trono [4] audiaudi..tes [5] -em [6] -am
[7] sicut ita^{et} [8] infernis [9] qui [10] -es [11] -i

macha? Et respondens angelus dixit mihi: Haec est tecel · cat · marith · macha. Benedicamus eum omnes in unum. Interrogaui[1] angelum et dixi: Domine, omnes qui dicunt alleluia benedicunt deum? Et respondit angelus et dixit mihi: Ita est; et iterum si quis ergo psallet alleluia, et praesentes qui sunt non simul psallent, peccata faciunt, quia non compsallent. <Et dixi: Domine, etiam> similiter <peccat si> tricans aut multum senex est[2]? Respondit angelus et dixit mihi: Non sic; qui autem ualet et non compsallet, contemptorem uerbi cognoscit<e> talem: et superbum esset et indignum ut non benedicat dominum deum factorem suum. 31 Cum autem quieuit loqui mihi, duxit me foras extra ciuitatem per medias arbores et recesse a locis terre bonorum, et statuit me super flumen lactis et mellis: et post aec duxit me super oceanum qui portat fundamenta celi.

Respondit angelus et dixit mihi: Intelligis[3] quod hinc eas? Et dixi: Ita, domine. Et dixit mihi: Veni et sequere me, et ostendam tibi animas impiorum et peccatorum, ut cognoscas qualis[3] sit locus. Et profectus sum cum angelo, et tulit me per occasum solis, et uidi principium celi fundatum super flumine aque magno, et interrogaui: Quis est hic fluuius aque? Et dixit mihi: Hic[4] est oceanus qui circuit omnem terram. Et cum fuissem ad exteriora oceani, aspexi, et non erat lumen in illo loco, sed tenebre et tristicia <et> mesticia: et suspiraui.

Et uidi illic fluuium ignis feruentem, et ingressus multitudo uirorum et mulierum dimersus usque ad ienua et alios uiros usque ad umbiculum[5], alios enim usque ad labia, alios autem usque ad capillos; et interrogaui angelum et dixi: Domine, qui sunt isti in flumine igneo? Et respondit angelus et dixit mihi: Neque calidi neque frigidi sunt, quia neque in numero iustorum inuenti sunt neque in numero impiorum. Isti enim inpenderunt tempus[6] uite suae in terris dies aliquos facientes in oracionibus[7], alios uero dies in peccatis et fornicacionibus usque ad mortem. Et interrogaui et dixi: Qui sunt hii, domine, dimersi usque ad ienua in igne? Respondens dixit mihi: Hi sunt qui cum exierint de aecclesia inmitunt se in sermonibus alienis dis-

1 -it 2 Similiter tri . tricans aut multum senes est 3 -es 4 haec
5 *sc.* umbilicum 6 +in 7 +De (? dei)

ceptare. Histi uero qui dimersi sunt usque ad umbiculum, hi sunt qui cum sumpserunt corpus et sanguinem Christi eunt et fornicant et non cessauerunt a peccatis suis usque quo morerentur[1]. Dimersi autem usque ad labia hi sunt detractores alterutrum conuenientes in aecclesiam dei; usque ad superlicia[2] uero dimersi hii sunt qui innuunt sibi, malignitatem insidiantur proximo suo.

32 Et uidi ad septentrionem[3] locum uariarum et diuersarum penarum repletum uiris et mulieribus, et flumen igneum decurrebat in eum. Conspexi autem et uidi foueas in profundo ualde, et in eas animas plurimas in unum, et erat profunditas loci illius quasi tria milia cubitorum, et uidi eas gementes et flentes et dicentes: Miserere nobis, domine; et nemo misertus est eis. Et interrogaui angelum et dixi: Qui sunt isti, domine? Et respondens angelus dixit mihi: Hii sunt qui non sperauerunt in domino quod possunt abere eum adiutorem. Et interrogaui et dixi: Domine, si fuerint anime iste ante treginta generaciones aut quadraginta sic permanentes huna super hun<am>, si mittantur profundius, foueae credo non caper<ent> eos. Et dixit mihi: Abŷ<s>sus mensuram non habet <ul>tra hoc etiam subtussecuta est enim eum <qui> subtus fuerit; et ita est ut si forte aliquis accipiat lapidem et mittat in puteum ualde profundum et post multarum orarum perueniat ad terram, sic est abŷssus. Cum enim mittantur illic anime, uix post quingentos annos perueniunt in profundum. 33 Ego uero cum audissem ploraui et ingemui super genus hominum. Respondit angelus et dixit mihi: Quare ploras? numquid tu magis misericors e<s> quam deus? cum sit enim deus bonus et scit quoniam sunt pene, pac<ien>ter fert genus homin<um>, dimittens unum quemque propria uoluntate facere in tempore quo inabitat super terram.

34 Respexi adhuc in flumine igneo et uidi illic hominem subfocari ab* angelos tartarucos abentes in manibus suis ferrum trium angulorum de quo perfodiebant uiscera senis[4] illius: et interrogaui angelum et dixi: Domine, quis est iste senes cui talia ponuntur tormenta? Et respondens angelus[5] dixit mihi: Istum quem uides presbyter fuit qui non consummauit minis-

[1] morarentur [2] *sc.* supercilia [3] -rem [4] -es
* *aliquid omissum* [5] +et

terium suum bene; cum erat manducans et bibens[1] et fornicans, offerebat hostiam domino ad sanctum altare eius.

35 Et uidi non longe alium senem quem adducebant currentes cum festinacione quatuor angeli maligni, et dimiserunt eum usque in genua in flumine igneo, et lapidibus percuciebant eum et uulnerabant faciem eius sicut procella et non permiserunt eum dicere: Miserere mei. Et interrogaui angelum, et dixit mihi: Hunc quem uides episcopus fuit, et non bene consummauit episcopatum suum, qui equidem nomen accepit magnum sed non est ingressus in sanctitatem eius qui dedit ei nomen in omni uita sua, quoniam non fecit iudicium iustum, et uiduas[2] et orfanos non est misertus; nunc autem retributum est ei secundum iniquitatem et opera sua.

36 Et uidi alium hominem in flumine igneo usque ad genua[3]. Erant autem manus eius extensae[4] et sanguine<e> et uermes procedebant ex ore eius et de naribus eius, et erat gemens et plorans et clamans dicebat: Miserere mei, quoniam ego noceor prae ceteris qui sunt in hanc penam. Et interrogaui: Quis est hic, domine? Et dixit mihi: Istum quem uides diacconus fuit qui edebat oblaciones et fornicabatur et rectum non fecit in conspectu dei; propterea incessabiliter persoluit penam istam.

Et inspexi et uidi allatere eius alium hominem quem exibuerunt cum festinacioni et proicerunt eum in flumine igneo, et erat usque ad ienua; et uenit angelus qui super penas erat, abens nouaculam grandem ignitam, et de ea scindebat labia hominis illius et linguam similiter. Et suspirans[5] ego ploraui, et interrogaui: Quis est iste, domine? Et dixit mihi: Istum quem uides lector fuit et legerat ad populum: ipse autem praecepta dei non seruabat; nunc quoque <persoluit penam propriam.

37 Et uidi> aliam multitudinem fouearum in eodem loco, et in medium illius flum<en repletum> multitudine uirorum <et> mulierum, et uermes <co>medebant eos. Ego uero ploraui et suspirans[6] interrogaui angelum et dixi: Domine, qui sunt isti? Et dixit mihi: Hii sunt qui usuras usurarum exigentes et

d
[1] erat manducat et bibet [2] -ae [3] -am [4] exiensse [5] +et [6] -ui

confidentes[1] in diuiciis suis non sperantes in deum, sibi eum adiutorem esse.

Et postea aspexi et uidi alium locum angustum ualde, et erat sicut murus[2], et in circuitu eius ignis. Et uidi intus uiros hac mulieres manducantes linguas suas, et interrogaui: Qui sunt isti, domine? Et dixit mihi: Hii sunt qui detraunt in aecclesia uerbo dei, non intendentes eo[3], sed quasi nihil facientes dominum et angelos eius: ideo nunc <si>militer persoluunt[4] propriam <p>enam.

38 Et inspexi et uidi alium senem deorsum in fouea, et erat aspectus eius sicut <s>anguis, et interrogaui et dixi: Domine, quis est hic locus? Et dixit mihi: In istam foueam influunt omnes pene. Et uidi uiros ac mulieres dimersos usque ad labia et interrogaui: Qui sunt isti, domine? Et dixit mihi: Hii sunt malefici qui prestiterunt uiris ac mulieribus maleficia magica et non inuenerunt requiescere eos usque dum morirentur.

Et iterum uidi uiros hac mulieres uultu nigro ualde in fouea ignis, et suspiraui <et> ploraui et interrogaui: Qui sunt hii, domine? Et dixit mihi: Hii sunt fornicatores et mouechi qui abent<es> proprias uxores mechati sunt; similiter et mulieres eodem more mechauerunt abentes proprios uiros; propterea indeficienter persoluunt penas.

39 Et uidi illic puellas abentes indumenta nigra et IIIIor angelos metuendos abentes in manibus suis cathenas ignitas, et miserunt eas in ceruicibus earum et duxerunt eas in tenebras: et iterum ego plorans[5] interrogaui angelum: Quae sunt iste, domine? Et dixit mihi: Haec sunt que cum essent uirgines constitute[6] inquinauerunt uirginitates suas nescientibus parentibus suis; propter quod indeficienter persoluunt penas proprias.

Et iterum aspexi illic uiros ac mulieres incisis manibus et pedibus constitutos ac nudos in locum glacie et niue, et uermes comedebant eos. Videns autem ego ploraui et interrogaui: Qui sunt isti, domine? Et dixit mihi: Hii sunt qui orfanos et uiduas et pauperes nocuerunt et non sperauerunt in dominum, propter quod indeficienter persoluunt proprias penas.

[1] contendentes [2] mon [3] ea [4] peruoluunt [5] -ui [6] +et

Et respexi et uidi alios pendentes super canela aque, et lingue eorum siccae satis, et multi fructus constituti in conspectu eorum, et non permittebantur sumere ex his, et interrogaui: Qui sunt hii, domine? Et dixit mihi: Hii sunt qui ante constituta ora soluunt ieiunium: propterea indeficienter persoluunt as penas.

Et uidi alios uiros ac mulieres suspensos a superciliis et capillis suis et igneum[1] flumen traebat eos et dixi: Qui sunt hii, domine? Et dixit mihi: Hii sunt comitentes se non propriis uiris ac mulieribus sed mecis, et ideo indeficienter persoluunt proprias penas.

Et uidi alios uiros ac <mu>lieres puluer<ul>entos, <et> aspectus eorum tanquam <san>guis et erant in <fo>uea picis et sulfor<is> et decurrentes in flumine igneo: et interrogaui: Qui sunt hi, domine? Et dixit mihi: Hi sunt qui fecerunt impietatem Sodome et Gomorre, masculi in masculos, propter quod indeficienter persoluunt penas.

40 Et inspexi et uidi uiros ac mulieres indutos uestimenta clara, cecos oculos abentes, constitutos in foueam, et interrogaui: Qui sunt hi, domine? Et dixit mihi: Hi sunt de gentibus qui fecerunt elemosinas, et dominum deum non cognouerunt, propter quod indeficienter persoluunt proprias penas. Et inspexi et uidi alios uiros ac mulieres super oboliscum[2] igneum, et bestias discerpentes eos, et non permittebantur dicere Miserere nobis, domine: et uidi angelum penarum ualidissime[3] penam superponentem[4] eis[5] et dicentem: Agnoscite[6] filium dei; praedictum est enim uobis, cum legerentur uobis scripturae diuinae[7] non attendebatis; propter quod iustum est iudicium dei[8]; adprehenderunt enim uos actus[9] uestri mali et adduxerunt uos in as penas[10]. Ego autem suspiraui et fleui: et interrogaui et dixi: Qui sunt isti uiri et mulieres qui strangulantur[11] in igne et luunt penas? Et respondit mihi: Haec sunt mulieres commaculantes plasmam dei proferentes ex utero infantes, et ii sunt uiri concubentes cum eis. Infantes autem earum interpellant dominum deum et angelos qui super penas erant, dicentes: Nefanda ora† genitoribus nostris: ipsi enim commaculauerunt

[1] -os [2] -o [3] ualadissime [4] -es [5] eius [6] Magnum et scire
[7] -a [8] +et [9] -os [10] asperas [11] stangilantur

plasma dei, nomen dei abentes, sed praecepta eius non obseruantes dederunt nos in escam canibus et in conculcationem porcis: alios proiecerunt in flumine. Infantes autem illi traditi sunt angelis tartari qui erant super penas, ut ducerent[1] eos in locum spaciosum misericordiae. Patres autem et matres eorum strangulabantur in perpetuam[2] penam.

Et post haec uidi uiros ac mulieres indutos[3] pannis picem plenis et sulforem ignis, et erant drachones circumuoluti collis[4] eorum et umeris et pedibus, et contenebant eos angeli abentes ignea cornua[5] et percuciebant eos et cludebant nares eorum dicentes eis: Quare non cognouistis tempus in quo iustum erat uos penitere et deseruire deo, et non fecistis? Et interrogaui: Qui sunt isti, domine? Et dixit mihi: Hii sunt qui uidentur abrenunciare deo, abitum nostrum induentes, sed inpedimenta mundi fecerunt eos miseros non exibendas agapes, et uiduas[6] et orfanos non sunt miserti; aduenam[6] et peregrinum non susceperunt[7] neque oblacionem[6] offerentes et proximo non sunt miserti: oracio autem eorum nec una die pura ascendit ad dominum deum; multa autem inpedimenta mundi detenuerunt eos et non potuerunt rectum facere in conspectu dei, et angeli circumdabant eos in locum penarum. Videbant autem eos qui erant in penis et dicebant eis: Nos quidem secu<lo> uiuentes negleximus <deum>, et quidem uos similiter e<gis>tis; sicut et nos quidem cum in seculo esse<mus> sciebamus uos peccatores esse. Vos autem dicebamini: Hii sunt iusti et serui dei; nunc cognouimus quoniam uocati estis nomen domini; propter quod et ipsi soluunt[8] proprias penas.

Et suspirans fleui, et dixi: Ve hominibus, ue peccatoribus, ob quid[9] nati sunt? Et respondens angelus[10] dixit mihi: Quare ploras? numquid tu magis misericors es quam dominus deus qui est[11] benedictus in secula, qui constituit iudicium et dimisit unumquemque in propria uoluntate eligere bonum et malum et facere quod ei placet? Aduc iterum ploraui ua<li>dissime, et dixit mihi: <P>loras, cum aduc necdum uideris maiora supplicia? Sequere me, et uidebis orum maiora septies. 41 Et tulit me a septentrionale et statuit me super puteum, et inueni[12]

[1] doceret [2] -um [3] -us [4] -es [5] -ea [6] -e [7] suscipieter [8] soluuntur [9] qui [10] +et [11] es [12] -it

eum signatum septem signaculis: et respondens angelus qui mecum est[1] dixit angelo loci illius: Aperi os putei, ut dilectissimus dei Paulus expectet, quia data est ei potestas ut uideat[2] omnes penas inferni. Et dixit mihi angelus: Longe sta, ut ualeas sustinere[3] fetorem loci istius. Cum ergo apertus fuisset puteus, statim surrexit ex eo fetor quidam durus et malignus ualde, qui superaret omnes penas; et respexi in puteo et uidi massas igneas ex omni parte ardentes, et angustia, et angustum erat in ore putei ad capiendum unum hominem solum. Et respondit angelus et dixit mihi: Si quis missus fuerit in hunc puteum abyssi et signatum fuerit super eum, nunquam[4] commemoracio eius fit in conspectu patris et filii et spiritus sancti et sanctorum angelorum. Et dixi: Qui sunt hii, domine, qui[5] mituntur in hunc puteum? Et dixit mihi: Ii sunt quicunque non confessus fuerit Christum uenisse in carne et quia genuit eum Maria uirgo, et quicunque panis et calicis eucharistiae benedictionis non esse hoc corpus et sanguinem Christi.

42 Et respexi[6] ad septentrionem in hocchasum et uidi illic uermem inquietum[7], et in eo loco erat stridor dencium: abeba<n>t autem uermes mensura cubitum unum, et capita duo erant in eis: et uidi illic uiros ac mulieres in frigore et stridor<e> dencium. Et interrogaui et dixi: Domine, qui sunt hii in hoc loco? Et dixit mihi: Hii sunt qui dicunt quoniam Christus non resurrexit a mortuis et quoniam haec caro non resurgit. Et interrogaui et dixi: Domine, non est ignis neque calor in hoc loco? Et dixit mihi: In hoc loco aliut nihil est nisi frigus et niues: et iterum dixit mihi: Etiam si sol oriatur super eos, non calefiunt propterea superabundans frigus loci istius et niues.

Haec autem audiens extendi[8] manus meas et fleui et suspirans iterum dixi: Melius erat nobis si non fuissemus nati nos omnes qui sumus peccatores. 43 <Cum autem ii> qui erant[9] in eodem loco uiderunt me flentem cum angelo, clamauerunt et ipsi <et> fleuerunt dicentes: Domine deus, miserere nobis. Et post haec uidi celum apertum, et Michael archangelum descendentem de[10] celum et cum <eo> omnis exercitus angelorum, et peruenerunt ad eos qui erant in penis constituti: et

[1] +et [2] -ant [3] -eas [4] nunc quam [5] que [6] et resp. *bis*
[7] -em [8] -it [9] q[1] erant [10] de h

videntes eum iterum flentes clamauerunt et dixerunt: Miserere nobis, Michael archangele, miserere nobis et generi umano, quia propter tuas oraciones stat terra. Vidimus nunc iudicium, et cognouimus filium dei. Inpossibile nobis fuit ante aec pro hoc orare, quam incederimus in hoc loco. Audiuimus enim quia esset iudicium priusquam exiremus de mundo, set inpedimenta et uita saecularis <n>os penitere non sinuerunt. <Et> respondit Michael et dixit: Audite Michaelo loquente: ego sum qui consisto in conspectu dei omne ora. Viuit dominus in cuius consisto conspectu quia non intermitto uno die uel una[1] nocte orans indeficienter pro ienere umano; et ego quidem oro pro eis qui sunt super terram. Ipsi autem non cessant facientes iniquitatem et fornicationes, et non adferunt mihi[2] in bono constituti in terris: et uos consumpsistis[3] tempus in uanitate in quo debuistis penitere. Ego autem oraui semper sic et nunc deprecor ut mittat deus ros et pluuia destinetur super terram, et iam peto quo usque et terra producat[4] fructos suos et qui<dem> dico quoniam si quis modicum boni fecerit, ego agonizabo pro illo, protegens eum quo usque euadat iudicium penarum. Vbi sunt ergo oraciones uestre? ubi penitenciae uestre? perdidistis tempus contempte. Tunc autem flete et ego flebo[5] uobiscum et qui mecum sunt angeli cum dilectissimo[6] Paulo[6] si forte misereatur[7] misericors deus ut det uobis refrigerium. Audientes autem illi uerba aec exclamauerunt et fleuerunt ualde et dixerunt una uoce omnes: Miserere nobis, filius dei. Et suspiraui ego Paulus et dixi: Domine deus, miserere plasmae[8] tuae, miserere filiis ominum, miserere imagini tue.

44 Ego aspexi et uidi mouere celum uelut arborem a uento[6] comotam: subito autem proiecerunt se in faciem in conspectu throni: et uidi xx · IIIIor seniores et IIIIor milia[9] adorancia deo, et uidi altare et uelamen et thronum, et erant omnia exultancia: et eleuatus est fumus odoris boni iusta altare throni dei, et audiui uocem dicentis[10]: Cui<us> rei gratiam deprecamini, nostri angeli, nostrique ministri? Et exclamauerunt dicentes: Deprecamur uidentes multam bonitatem tuam in genere umano. Et post haec uidi filium dei descendentem de

[1] uno [2] ? nihil [3] contempsistis [4] perducat [5] fleueo
[6] -um [7] -or [8] -a [9] ? animalia [10] -es

celo, et erat diadema in capite eius. Videntes autem eum qui constituti erant in penis exclamauerunt omnes una uoce dicentes: Miserere, filius dei excelse; tu es qui omnibus refrigerium praestitisti in celis et in terra, et nobis similiter miserere: ex quo enim uidi<mus> te, refrigerium abuim<us>. Et exiuit[1] uox a filio dei per omnes penas dicens: Aecquid opus fecistis[1] ut postuletis a me refrigerium? Sanguis meus propter uos fusus est, et nec sic[1] penituistis: propter uos coronam de spinis in capite meo portaui; pro uobis alapas in maxillas meas accepi, et nec sic penituistis. Aquam petiui pendens in crucem, et dederunt mihi acetum cum felle mixtum: lancea aperuerunt latus meum dextrum[2]: propter nomen meum seruos meos prophetas et iustos hocciderunt; et in his omnibus dedi uobis locum penitencie, et noluistis. Nunc uero, propter Michaelum[3] archangelum[3] testamenti mei, et qui cum ips<o>sunt angeli, et propter Paulum delectissimum meum, quem nolo contristare, propter fratres uestros qui sunt in mundo et offerunt oblaciones, et propter filios uestros, quoniam sunt in his praecepta mea, et magis propter meam ipsius bonitatem,—in die enim qua resurrexi a mortuis, dono uobis omnibus qui estis in penis noctem et diem refrigerium in perpetuum. Et exclamauerunt omnes et dixerunt: Benedicimus te, filius dei, quia donasti nobis noctem et diem refeccionem. Melius est enim nobis refrigerium die u<n>ius super[4] omne tempus uite nostre quod fuimus super terram: et si manifeste cognouisemus quoniam propositus hic est qui peccant, aliut laboris nihil omnino operati essemus, nihil negociati fuisemus et nullam iniquitatem fecissemus: quod opus fuit nobis nasum in mundo? hic enim superbia nostra comprehensa est que ascendit de ore nostro aduersus proximum, molestia ac nimiae angustie nostrae et lacrime et uermes qui sub nos sunt, ec magis peiora nobis sunt quam pene que decinemus† nos. Haec illis loquentibus irati sunt aeis angeli maligni et penarum, dicentes: Vsque quo plorastis et suspirastis? non enim abuistis misericordiam. Est enim aec iudicium dei qui non fecit misericordiam. Anc autem magnam percepistis gratiam nocte et die dominice refrigerium propter Paulum dilectissimum dei qui descendit ad uos.

[1] -i [2] destructum [3] -o [4] +enim

45 Et post aec dixit mihi angelus: Vidisti aec omnia? Et dixi: Ita, domine. Et dixit mihi: Sequere me, et ducam te in paradiso et uideant te qui illic sunt iusti, ecce enim sperant te uidere et parati sunt obuiam tibi uenire in gaudio et exultacione. Et secutus sum angelum impetu spiritus sancti[1], et posuit me in paradiso et dixit mihi: Hic est paradisus in quo errauit Adam et mulier eius. Ingressus sum autem in paradisum, et uidi initium[2] aquarum, et erat innuens mihi angelus et dixit mihi: Aspice, inquid, aquas; hic[3] est enim fluuius Physon qui circuit[4] omnem terram Euillae[5], et alius est Geon qui circuit[4] totam terram Egypti et <E>thiopie, et alius est Thigris qui est contra Assirios, et alius est Eufrates qui inrigat terram Mesophothamiae. Ingressus autem interius[6] uidi arborem plantatum de cuius[7] radicibus aque emanabant, et erat ex ac inicium IIIIor fluminum: spiritus autem dei requiescebat super arborem illam, et cum flasset spiritus, efflabant[8] aque, et dixi: Domine, arbor aec ipsa est que fluet aquas? Et dixit mihi: Quia ab inicio, priusquam celum et terra manifestarentur, erant autem omnia inuisibilia, spiritus [autem] dei ferebatur super aquas; ex quo autem praeceptum dei apparuit[9] celum et terram, spiritus requieuit super arborem hunc: propterea cum flauerit spiritus emanant aque ex arbore. Et tenuit mihi manum et duxit me iuxta arborem cognoscende bone et male; et dixit[10]: Haec est arbor per quem mors ingressa est in saeculo et ex ea accipiens a muliere sua Adam[11] manducauit et ingressa est mors in mundo. Et ostendit mihi aliam arborem in medio paradisi, et ait ad me: Haec est arbor uite.

46 Me autem adhuc intendente lignum, uidi uirginem a longe uenientem et ducentos angelos ante ipsam hymnos dicentes: et interrogaui et dixi: Domine, que[12] est ista in tanta gloria[13] ueniens? Et dixit mihi: Haec est Maria uirgo mater domini. Veniens autem iuxta salutauit me et dixit: Aue, Paule, dilectissime dei et angelorum et hominum. Omnes enim sancti precati sunt filium meum Ihesum qui est dominus meus,

[1] impetum spiritum sanctum [2] -arum [3] haec (i above, dots under a and c) [4] currit

[5] euillae (a above, dots under ll) [6] +et [7] dechoris: ? decoris, de cuius [8] ? effluebant

[9] ? = ἐφανέρωσεν [10] -i [11] +et [12] qui [13] -am

ut uenires hic in corpore ut uiderent te priusquam exires de saeculo: et dixit eis dominus: Sustinete et pacienter agite; adhuc modicum et uidebitis eum et erit in aeternum uobiscum: et iterum communiter omnes dixerunt ei: Ne contristes nos; uolumus eum uidere enim in carne constitutum, per hunc enim glorificatum est nomen tuum in saeculo ualde, et uidimus quia omnia opera substullit minorum siue maiorum; ab[1] aduenientibus enim in haec nos condiscimus dicentes: Quis est hic qui direxit uos in mundo? Et retullerunt nobis: Est quidam in mundo cuius nomen est Paulus; hic Christum adnunciat praedicans, et credimus quia per uirtute<m> et dulcitudinem sermonum eius ingressi sunt multi in regno. Ecce ipsi omnes iusti sunt retro me uenientes obuiam tibi. <Tibi> dico autem, Paule, quia ego prior obuiam eius[2] ueni eis[3] qui fecerunt uoluntatem filii mei et domini mei Ihesu Christi, ego prior obuiam uado eis et non dimitto eos esse tanquam peregrinos usque quo in pace occurrunt.

47 Adhuc ea loquente uidi tres uenientes a longe pulcros ualde speciae Christi, et imagines eorum fulgentes, <et> angelos ipsorum, et interrogaui: Qui sunt hii, domine? Et dixit mihi: Nescis eos? Et dixi: Nescio, domine. Et respondit: Hii sunt patres populi, Abraham, Hÿsaac, et Iacob. Et uenientes iuxta salutauerunt me et dixerunt: Aue, Paule, dilectissime dei et hominum; beatus est qui uim sustinet propter dominum. Et respondit mihi Abraham <et> dixit: Hic est filius meus Hÿsaac, et Iacob dilectissimus meus, et cognouimus dominum et secuti sumus eum; beati omnes qui crediderunt uerbo tuo, ut possint hereditare regnum dei per laborem, abrenunciacione et sanctificatione et humilitate et caritate et mansuetudine et recta fide ad dominum; et nos quoque abuimus deuocionem ad dominum quem tu praedicas testamento ut omnes[4] anime credencium ei adsistamus et ministremus sicut patres ministrant filiis suis.

Adhuc eos loquentes uidi alios a longe xii uenientes in honore et interrogaui: Qui sunt hii, domine? et dixit: Hii sunt patriarche. Et accedentes salutauerunt me et dixerunt: Aue, Paule, dilectissime dei et hominum: dominus non contris-

[1] adab [2] eius gratia = τούτου χάριν [3] es [4] ? omni

tauit nos, ut uiderimus te adhuc in corpore constitutum priusquam exires de mundo. Et subgerubat mih<i> unusquisque nomen suum secundum ordinem, de Ruben usque Beniamin, et dixit mihi Ioseph: Ego sum qui fui uenditus: dico autem tibi, Paule, qui<a> omnia quecunque mihi fecerunt fratres mei, in nullo maliciose egi cum eis neque in omni labore quem inposuerunt mihi, neque in omnibus lesus sum eos ab his a mane usque ad uesperam; beatus est ille qui nocetur quid propter dominum et sustinuit, quia dominus retribuet ei multipliciter cum exierit[1] de mundum.

48 Adhuc eo loquente, uidi alium a longe uenientem pulcrum et angelos eius hymnos dicentes, et interrogaui: Quis est hic, domine, pulcher uultu? Et dicit mihi: Non cognoscis eum? Et dixi: Non, domine. Et dixit mihi: Hic est Moyses legis dator, cui deus legem dedit. Et iuxta me factus statim fleuit, et post aec salutauit me; et dixi ei: Quid ploras? audi<ui> enim quia tu superas omnem hominem in mansuetudine. Et respondit dicens: Fleueo ego pro his de quibus plantaui cum labore, quia fructum non attulerunt, nec aliquis proficit de eis; et uidi omnes oues quas pascebam quia dispersi sunt et facti sunt quasi non abentes pastorem, et quia omnes labores quos pertuli propter filios Israel ad nihilum disputati <sunt,> et quantascunque uirtutes feci in medio illorum et non intellexerunt, et miror quia alienigine et non circumcisi et idola adorantes conuertentes ingressi sunt in repromissa dei, Israel autem non est ingressus; et iam dico tibi, frater Paule, quia in illa hora quando populus suspendit Ihesum quem tu praedicas, quia pater deus omnium qui dedit mihi legem et Michael et omnes angeli et archangeli et Abraham et Hysaac et Iacob et omnes iusti fleuerunt super filium dei suspensum in crucem. Adtendebant in me in illa hora omnes sancti intuentes et dicebant mihi: Vide, Moyses, quid fecerunt filio dei de populo tuo. Propterea tu beatus es, Paule, et beata generacio et gens qui credidit uerbo tuo.

49 Adhuc eo loquente uenerunt alii duodecim et uidentes me dixerunt: Tu es Paulus glorificatus in celo et super terram?

[1] exirent

Et respondi et dixi: Quid estis uos? Respondit primus et dixit: Ego sum Esaÿas cui[1] secauit Manasses <c>aput serra linnea[2]. Et secundus similiter ait: Ego sum Hieremias qui lapidatus sum a filiis Israel et interfectus[3]. Et tercius dixit: Ego sum Ezechiel quem traxerunt per pedes filii Israel super petram in montem dum ad usque excuterent cerebrum meum[4] foris, et omnes hos labores pertullimus, uolentes salua<re> filios Israel; et dico tibi quia post labores quos intulerunt mihi proiciebam me in faciem meam in conspectu domini orans pro eis curuans genua usque in secunda<m> horam dominice, usque quo uenerit Michael et eleuaret me de terra. Beatus es tu, Paule, et beata gens quae credidit per te.

His autem transeuntibus, uidi alium pulcrum facie, et interrogaui: Quis est hic, domine? Qui cum uidisset me, gauisus est, et dixit mihi: Hec est Lot qui in Sodoma iustus inventus est. Et adproprians salutauit me et dixit: Beatus es tu, Paule, et beata generacio quam administrasti. Et respondens dixi ei: Tu es Loth qui in Sodoma <iu>stus inventus es? Et dixit: Ego suscepi angelos in domo mea peregrinos et quando uoluerunt de ciuitate uiolare eos, obtuli ei<s> duas filias meas uirgines que nundum nouerant uiros, et dedi eis dicens: Vtimini quemadmodum uultis, tantum uiris his nihil faciatis male; propter hoc introierunt sub tectum domus meae. Ideo ergo confidere debemus et scire quia si quid[5] fecerit unusquisque, deus[6] retribuit eis multipliciter cum uenerint ad eum. Beatus es tu, Paule, et beata gens qui crediderit uerbo tuo.

Cum ergo quieuisset loqui[7] mihi, uidi alium a longe uenientem pulcrum ualde faciae subridentem, et angelos <eius hymnos dicentes: et dixi angelo qui mecum erat: Ergo angelum> unus quisque iustorum abet socium? Et dicit mihi: Unusquisque sanctorum[8] abet proprium adsistentem et hÿmnum dicentem et non recedit alter ab alio. Et dixi: Quis est hic, domine? Et dixit: Hic est Iob. Et accedens salutauit me et dixit: Paule frater, magnam laudem habes[9] aput deum et homines. Ego autem sum Iob qui multum laboraui ·XXX· anno-

[1] qui [2] *sc.* lignea [3] interiectus [4] ad usque omnterent (c) pedem meum [5] quis [6] dum [7] loque [8] sc̄m [9] habens

rum tempus ex ichore plagae[1]; et quidem inter inicia uulnera que exiebant de corpore meo erant sicut grana tritici. Tercia uero die facti sunt sicut pes asini; uermes autem qui cadebant IIII^{or} digitos longitudinem: et apparuit mihi tercio diabolus <et> dicit mihi: Dic uerbum aliquid in dominum et morere. Ego dixi ad eum: Si sic est uoluntas dei ut permaneam in plaga omne tempus uite meae usque quo moriar, non quiescam benedicens dominum deum, et plus mercedem accipiam. Scio enim quia labores saeculi istius nihil sunt ad refrigerium quod est postea: propter quod beatus es tu, Paule, et beata gens que crediderit per te.

50 Adhuc eo loquente, uenit alius clamans a longe et dicens: Beatus es tu, Paule, et ego beatus quia uidi te dilectum domino. Et interrogaui angelum: Quis est hic, domine? Et respondens dicit mihi: Haec est Noe in tempore diluuii. Et statim salutauimus uos alterutrum: gaudens autem ualde dixit mihi: Tu es Paulus dilectissimus dei. Et ego interrogaui eum: Tu quis es? Et dixit: Ego sum Noe qui fui[2] in tempore diluuii. Dico autem tibi, Paule, quia ·c· annos feci operans archam, non exuens tunicam quam uestiebar, et non tundi comam capitis mei. Adhuc quoque continenciam studui[3] non propinquans mulieri[4] propriae: in illis ·c· annis non creuit capillus capitis mei in magnitudinem neque insordidate sunt uestes meae: et deprecatus sum homines tempore illo dicens[5]: Penitemini, ueniet enim diluuium aquarum super uos. Ipsi autem inridebant me et subsanabantur uerba mea; et iterum dicebant mihi: Sed tempus hoc est eorum qui possunt ludere[6] et peccare libenter uolentes cui possibile est fornicari non pauca: deus enim hoc non aspicit et non agnoscit[7] que agunt<ur> a nobis ominibus et prorsus non est aque diluuium ueniens in hunc mundum: et non cessauerunt a peccatis quoadusque deus deleret homnem carnem que abuit spiritum uitae in semetipsum. Cognosce autem quia deus plus diligit unum iustum super omnem saeculum impiorum. Ideo <beatus> es tu, Paule, et beata gens qui crediderit per te.

51 Et conuertens uidi[8] alios iustos a longe uenientes, <et>

[1] exi cuo; plaga [2] fuit [3] studii [4] -e [5] dicentes
[6] que ei possunt ledere [7] -cat [8] uidit

interrogaui angelum: Qui sunt ii, domine? Et respondit mihi: Ii sunt Elias et Elyseus. Et salutauerunt me; et dixi eis: Qui estis uos? Et respondit unus ex is et dixit: Ego sum Elyas propheta dei; ego sum Elyas qui horaui, et propter uerbum meum non pluit celum annis tribus et mensibus ·VI· propter iniusticias hominum. Iustus deus et uerax, qui facit uoluntatem famulorum suorum: sepe etenim angeli deprecati sunt dominum propter pluuiam, et dixit: Pacienter agite quoadusque seruus meus Elyas horet et precetur propter hoc, et ego mitam pluuiam super terram;

EXPLICIT VISIO SANCTI PAVLI;

INTRODUCTION TO THE ACTS OF XANTHIPPE AND POLYXENA.

History of the Acts.

THE Acts of SS. Xanthippe, Polyxena and Rebecca, are here printed for the first time from what seems to be the only known copy. This is in *Cod. Par. Gr.* 1458, a fine folio of the eleventh century, written in double columns and containing lives of Saints, mostly for the month of December. The Acts before us are the second item in the volume: the first is the Book of Nahum, with Theodoret's commentary, and Ps.-Epiphanius's Life of the Prophet (Dec. 1); then follow the Acts, from f. 5—f. 17; third is the Book of Habakkuk, with commentary and Life (Dec. 2); and this is followed by the Book of Zephaniah (Dec. 3), the Acts of SS. Inda and Domna; of S. Saba (Dec. 5), S. Barbara (Dec. 4), S. Nicolas (Dec. 6), and so forth. Why SS. Xanthippe and Polyxena are here associated with December feasts I do not understand: their proper day is Sept. 23.

Allusions to the story are rare: the earliest is probably a passage in the Basilian Menology (Cent. x.) which has the following notice on Sept. 23:

Xanthippe lived in the time of Claudius Caesar, and was the wife of Probos, ruler of Spain. She had a maiden sister, Polyxena. When Paul came to Spain, Xanthippe was baptized and Polyxena converted. Μετὰ δὲ τὴν ὑποχώρησιν αὐτοῦ ἀκούσασα (ἡ Πολυξένη) κηρύττειν τὴν πίστιν τῆς ἀληθείας Ἀνδρέαν τὸν μέγαν ἀπόστολον ἐν Πατραῖς τῆς Ἀχαίας, ἀπῆλθε πρὸς αὐτὸν, καὶ μαθοῦσα τὰ περὶ τοῦ Χριστοῦ τελεώτερον, ἐβαπτίσθη· καὶ πάλιν ὑποστρέψασα εἰς τὴν ἰδίαν χώραν εὗρε τὴν αὐτῆς ἀδελφὴν Ξανθίππην πάσαις ἀρεταῖς διαλάμπουσαν καὶ μετὰ χαρᾶς ἀποδεξαμένην αὐτήν· καὶ ἀμφότεραι πολλοὺς διδάξασαι τὴν τοῦ Χριστοῦ πίστιν ἐτελειώθησαν.

The painting prefixed to this notice shows simply the two saints standing, before a building.

The notice in the present Menaea, which may as well be placed here for purposes of comparison, runs as follows:

Αὗται ὑπῆρχον ἐκ τῆς Ἱσπανῶν χώρας, ἐπὶ Κλαυδίου Καίσαρος. ὧν ἡ μὲν Ξανθίππη γυνὴ ὑπῆρχε Πρόβου, ἀνδρὸς τὴν ἀρχὴν τῆς χώρας ἰθύνοντος. αὐτὴ δὲ ἐμαθητεύθη παρὰ τοῦ ἀποστόλου Παύλου κατὰ τὴν χώραν ἐνδημήσαντος, μετὰ τῶν ἄλλων δὲ καὶ ὁ ἀνὴρ αὐτῆς. ἡ δὲ Πολυξένη ἡρπάγη παρά τινος κακοσχόλου, ἀλλὰ χάριτι θεοῦ ἄφθορος ἔμεινε, καὶ ὑπὸ τοῦ ἀποστόλου Ἀνδρέου ἐβαπτίσθη· πολλῶν δὲ πιστευσάντων δι' αὐτῆς, παραλαβοῦσα Ὀνήσιμον τὸν ἀπόστολον, ὥρμησεν ἐπὶ τὴν πατρίδα αὐτῆς τὴν Ἱσπανίαν, καὶ μετὰ τὸν πολὺν ἐκεῖνον πλοῦν καὶ τὰς ἀπείρους φυγὰς, συνεπαγομένην ἔχουσα καὶ τὴν Ῥεββέκαν, μεθ' ἧς ἐβαπτίσθη, κατέλαβε τὴν ἑαυτῆς ἀδελφὴν Ξανθίππην· αὗται τὸν ἐπίλοιπον βίον καλῶς διανύσασαι, καὶ πολλὰς δυνάμεις ἐπιδειξάμεναι, πρὸς κύριον ἐξεδήμησαν.

An authority possibly earlier than these is the ὑπόμνημα ascribed to Symeon Metaphrastes and fully described by Lipsius *Apokr. Apostelgesch.* ii. 217: of which the Greek Text, with a Latin version by Sirlet and Lipomannus, is to be found in the *Acta SS.* for June 29, *Junii* V. 411—424 (VII. 374—386 in new ed.). The document is in two books, one dealing with S. Peter, the other with S. Paul: in book II. p. 422 (385) is the following passage:

Εὐσέβιος...φησὶ, τὸν Παῦλον τότε μὲν ἐπὶ Νέρωνος ἀπολυθῆναι καὶ τὸν τοῦ θεοῦ λόγον ἀνέτην ἐν Ῥώμῃ διατρίβοντα κηρῦξαι ἐφ' ὅλοις ἔτεσι δέκα, ἐν οἷς λέγεται ἀποδημίαν εἴς τε Ἱσπανίαν καὶ Γαλλίας καὶ Ἰταλίαν στείλασθαι τὸν τοῦ Χριστοῦ κήρυκα...καὶ δὴ πρὸς τῇ Ἱσπανίᾳ γενομένῳ τότε τοιόνδε τι τούτῳ συμβῆναι λέγουσιν. γύναιόν τι τῶν ἐπισήμων ἐπί τε περιφανείᾳ γένους καὶ πλούτου βάρει καὶ σοφίᾳ τῇ περὶ λόγους, τὴν ἀκοὴν ἔκπαλαι τὴν ἀποστολικὴν δεξάμενον ἐπεθύμει καὶ αὐταῖς ὄψεσιν ἰδεῖν τὸν κήρυκα τῆς ἀληθείας, καὶ τοῖς ὠσὶ τὰ τῆς ὄντως ζωῆς ἐνηχηθῆναι δόγματα. δόξαν οὖν αὐτῇ, κατὰ δή τι θεῖον εἰς τὴν ἀγορὰν προκύψαι καθ' ὃν καιρὸν καὶ ὁ ἐκ μόνης φήμης αὐτῇ Παῦλος ἀγαπώμενος μέσην διήρχετο ταύτην. ἰδεῖν δὲ αὐτὸν λέγεται ταύτην πρᾴως βαδίζοντα (ὡς ἐκεῖνος κεχαριτωμένον ἔχων οὐ μόνον τὸν ἄλλον τρόπον ἀλλὰ καὶ αὐτὸ τὸ βάδισμα) καὶ θεόθεν ὁρμη-

θεῖσαν πεῖσαι τὸν ἑαυτῆς ἄνδρα, Πρόβον τοὔνομα, τῶν ἐκεῖσε πρωτεύοντα, ἐντὸς οἴκου τοῦ οἰκείου τὸν ξένον δέξασθαι· ἐπεὶ δὲ καὶ προσεβλήθη, καὶ πλησίον αὐτοῖς ἐγεγόνει, θαῦμά τι περὶ τὴν γυναῖκα συμβῆναι τοιοῦτον· ἀνακαλυφθέντων αὐτῆς τῶν τοῦ νοὸς ὀφθαλμῶν ἰδεῖν περὶ τοῦ μετώπου τοῦ ἐπιξενωθέντος αὐτοῖς ἐπίχρυσα γράμματα, 'Παῦλος ὁ τοῦ Χριστοῦ κῆρυξ' διαγορεύοντα, τὴν δὲ τῷ ἀνελπίστῳ τῆς ὄψεως ἡδονή τε καὶ δέος εἰσῄει, καὶ δακρύων περίπλεως τοῖς ποσὶ τοῦ ἀποστόλου προσέπιπτε, κατηχηθεῖσά τε παρ' αὐτοῦ, πρῶτον μὲν αὐτὴ τὸ βάπτισμα δέχεται, Ξανθίππη κληθεῖσα, μετὰ δὲ ταῦτα Πρόβος ὁ ταύτης ἀνήρ, Νέρωνι γνωστὸς ὤν, ἔπειτα καὶ Φιλόθεος ὕπαρχος, καὶ καθεξῆς πάντες οἱ τῆς χώρας ἐκείνης οἰκήτορες.

From this passage Michael Glycas (cir. 1150) has epitomised his account in the *Annales*, p. 237 ed. Par., 441 ed. Bonn.

The rest of the literature relating to our Acts is easily accessible in the volumes of the *Acta Sanctorum*.

In the *Acta* for February 16 II. 855 (887) in the Life of S. Onesimus the following passage occurs:

Among the countries imbued with the faith of Christ by S. Onesimus Spain is reckoned by some. For this reason he is included in the Spanish Martyrology of Io. Tamayo de Salazar, in this form: Hispaniae celebris est memoria S. Onesimi, discipuli B. Pauli, et totius Carpetaniae regionis magistri, qui cum a Philemone hero manu missus, Colossos deveniret, inde ad Patras, ibidem beatam Virginem Polyxenam Hispanam et Sarram pedissequam B. Andreae discipulas adinuenit, quibus Hispaniam contendens, post plurima nauigationis dissidia Nostras ingressus, Carpetanos lustrauit, etc., etc.

Earlier Spanish authorities were Julianus Petri, archpriest of S. Justa, and Flavius Lucius Dexter, or the authors of the *Adversaria* and *Chronica* published under those names. Julianus Petri is then quoted for the following facts (*Adv.* c. 73): 'Inde (Onesimus) profectus est Colossos, et venit Patras, ubi reperit Polyxenam Hispanam et anno LXX venit in Hispaniam, etc. In the *Chronicon*, c. 44, under the year 108, 'Xantippe et Polyxena eius uxor (*sic!*) Virgo sanctissima et eius socia Rebecca, item Virgo, et S. Onesimus, S. Pauli discipulus' are said to have frequently come from Laminium to Toledo to consult S. Eugenius, and to have returned greatly cheered: cap. 46, under the year 109, says 'Xantippe et Polyxena ad meliorem uitam demigrant.' Lastly the *Chronicon* of Ps.-Dexter under the year 71 says: 'S. Onesimus, S. Pauli discipulus, ex urbe Patararum in Achaia cum Sanctis Virginibus Polyxena et Sarra, discipulis Andreae apostoli, per Hispanias praedicat.'

In the *Acta* for September 23 (*Sept.* vi. 635) is a notice of the contents of our Acts, evidently drawn from the Paris MS. from which they are now printed, or rather from a transcript of this MS.. which the Bollandist writer had before him. They are rejected as fabulous, and indeed the critic (seemingly J. Stilting) makes rather merry over them. As a mark of their late date he instances the employment of the Latin words κουβούκλιον and ἀκούμβιτος. He further remarks that the author had read the Acts of S. Thecla, and finally expresses a doubt as to whether such persons as the heroines ever existed: the mere mention of their names in the Martyrologies does not imply any 'cultus ecclesiasticus.'

Tillemont, *Mém. Eccl.* note 73 on S. Paul, mentions and criticises the legend shortly: his authorities are the Menaea, of which he quotes a somewhat fuller form than I have been able to find, the Bollandists, and Leo Allatius, *de Simeonibus*, p. 112[1], who knew of our Acts,—'for the want of which,' adds Tillemont, 'we can easily console ourselves.'

Lipsius, *Apokr. Apostelg.* ii. 227, refers to the Menaea, the Bollandists, and Glycas; but had not seen the Acts. 'Whether,' he says, 'the detailed notices of the conversion of Xanthippe and of her husband Probus, as well as that of Philotheos the ὕπαρχος, were mentioned in the Gnostic περίοδοι Παύλου, cannot with our present materials be further decided.' In iii. 217 he expresses the opinion that the acquaintance of the Spanish Christians with the legend, whether due directly or not to the Byzantines who allude to it, cannot date from a time anterior to the 10th century, and is very likely later: he does not attempt to decide whether the Byzantine writers drew on an older Greek source or not.

The passages which make distinct use of our Acts are, then, few in number and late in date. I think, however, that their

[1] Allatius l.c. inserts these Acts (from the Paris MS.) in a list of the works attributed to Simeon the Metaphrast.

indebtedness to the document here printed is plain in all cases It is true that the account in the Basilian Menology diverges in two particulars from the proper history: in the first place, no mention is made of Rebecca; but the case is one of simple omission. In the second place, it is said that Polyxena went to Greece after S. Paul left Spain, because she heard that S. Andrew was preaching there. That is not the situation presented in our Acts, and I venture to say that it is a careless perversion of the legend. If there had been any rival account of the two Saints in circulation, more traces of it would most likely have been left in the Menaea. But the rest of the Basilian account agrees with the Acts.

The notice in the Menaea is nothing but a meagre abstract of the Acts. That in the ὑπόμνημα (copied by Glycas) is a moderately full extract from cc. vii, viii.

The late Spanish authorities—the forged Julianus and Dexter, and the Martyrology of Tamayo de Salazar—most likely drew from the Menaea. To put it more accurately, Ps.-Julianus seems to have used the Menaea, and Dexter and Salazar copied from him or one from the other. Ps.-Dexter and Salazar agree in substituting the name of Sarra for that of Rebecca: this seems to be merely due to the vague recollection that one of the heroines of the story bore the name of one of the wives of the Patriarchs. Dexter's forgery was printed in 1619, Salazar's book in 1650, so that the author of Dexter[1] is responsible for the blunder.

Sources of the Acts.

Our Acts show a knowledge of at least six early romances: these are the Acts of Paul and Thecla, the (Gnostic or orthodox) Acts of Paul, the Actus Petri Vercellenses, and the Acts of Andrew, Philip, and Thomas.

1. *Acta Pauli et Theclae.* The only overt reference is that in c. xxxvii. where the son of the ἔπαρχος in Greece says: 'There was a man of glorious countenance at Antioch some years ago who proclaimed this god, and a certain virgin believed, and followed

[1] The author of most of these Spanish forgeries was apparently Geronimo Romano de la Higuera, born in 1538.

him, and incurred danger through her beauty; her name was Thecla, and I heard that she was condemned to the beasts.'

Throughout the book, however, coincidences of thought are to be seen. In cc. vii, viii. Paul's first appearance is described: this should be compared with *Paul et Th.* § 3. In c. xiii. Xanthippe bribes her porter with gold and a girdle. Thecla (§ 18) bribes hers with her bracelets. The unsuccessful suitor Thamyris, and Polyxena's more violent μνηστὴρ, are not dissimilar: in both stories a ruler falls in love with the heroine, and in both there is an unsuccessful exposure to wild beasts, and also a sagacious lioness; the disparagement of the married state is a feature common to many of the spurious Acts. Further instances of borrowing I reserve for the notes on the text.

2. *Acta Pauli.* This large and important book is at present for the most part unknown. The two writers who have treated of it most fully in recent years are R. A. Lipsius *Apokr. Apostelg.* ii. *passim,* and Zahn *N. T. Kanon* ii. 865—891.

They differ radically in their estimate of the book. Lipsius regards it as having been a Gnostic production of the same nature as the *Actus Petri Vercellenses;* Zahn believes it to have been an orthodox romance of the second century. A specially interesting feature in Zahn's discussion is his enumeration of the extant remains. These it will be worth while to indicate shortly:

(1) Two short sentences quoted by Origen.

(2) A fragment in Clem. Alex. usually called a fragment of the *Preaching of Paul.*

(3) The correspondence between Paul and the Corinthian Church extant in Armenian and in Latin: the latter version is a recent discovery made by Berger at Milan. Still more lately, Bratke has found the two letters in a MS. at Laon, and printed them in *Theolog. Litteraturzeitung,* 1892.

(4) The story of the θηριομαχία at Ephesus, preserved by Nicephorus, *H. E.* ii. 25.

(5) (6) Quotations from a *Pauli praedicatio,* in the tract *de rebaptismate* and in Lactantius *Div. Inst.* iv. 21, 2.

(7) The extant *Martyrium Pauli*[1].

The most striking point of Zahn's theory lies in the attribution

[1] See further the note at the end of this Introduction.

of Fragment 3 to these Acts. I think he is right here: and if that be the case, it is well nigh certain that the Acts were not Gnostic; for the whole fragment is directed against a Gnosis of a Docetic and anti-Judaic kind. Lipsius (l. c. p. 270) has little that is Gnostic to point to in the extant remains of the Acts of Paul (in which he has not thought of including Zahn's 3rd fragment): he instances the fact of a Hebrew prayer being attributed to the Apostle in the *Martyrium*, and points to the general resemblance between Fragment 4 and such books as the Acts of Thomas. These he would certainly allow to be insufficient arguments, if taken by themselves: what he chiefly relies upon is the homogeneous character which he attributes to the *περίοδοι Πέτρου* and *πράξεις* (or *περίοδοι*) *Παύλου*. The *Actus Petri Vercellenses*, which are part of the *περίοδοι Πέτρου*, are clearly Gnostic. If the *περίοδοι Παύλου* be essentially homogeneous with them, they too must be Gnostic. But is this homogeneity proven? To my thinking, the position of Lipsius must be reconsidered in face of the arguments advanced by Zahn for the collocation of his 3rd fragment among the remains of the Acts of Paul.

To these lost or fragmentary Acts I believe that our novel of Xanthippe and Polyxena is considerably indebted. In the first place, Zahn's 3rd and 4th fragments have one feature in common, namely, the mention of distinguished female converts and companions of Paul. Fragment 3 speaks of Stratonice the wife of Apollophanes, on account of whom Paul was imprisoned at Philippi. Fragment 4 tells of Eubula and Artemilla, wives of Ephesian nobles, who visited Paul in prison, and were baptized by him. Besides this, we find mention in Chrysostom of a *παλλακὶς* of Nero whom Paul converted; and Chrysostom is allowed to have used the *Acta Pauli* (Lipsius, p. 246). Very likely the idea is one borrowed from the very early Thecla-legend; still it was evidently a frequently recurring *motif* in the Acts of Paul. The same situation is the leading one in the first half of our romance.

Again, the Acts of Paul made mention of his journey to Spain. Whether or no the *Actus Petri Vercellenses* were contemporaneous with the Acts of Paul, they were certainly not earlier: and they do as certainly imply a consciousness of Acts of Paul which already existed either in conception or in actual fact. The first three chapters are occupied with the departure of Paul from Rome for Spain, and with incidents connected with it[1]. The following quotations (from c. i.) are to the purpose: and the odd Latin of the document must not excite surprise: 'Pauli tempus demorantis Romae et multos confirmantis in fide, contigit etiam quendam nomine Candidam, uxorem Quarti a praeclusionibus, audire Paulum et intueri sermonibus illius et credere.' Quartus was also converted, and gave Paul permission to leave the city. 'Et ieiunans triduo Paulus et petens a domino quod aptum sibi esset, uidit itaque uisionem, dicentem sibi dominum: Paule, surge, et qui in Spania sunt corpori tuo (*sic:* Lipsius conjectures 'conparituras') medicus esto.'[2]

From c. iv. onwards, Paul disappears, and Peter is the hero of the book. To my mind we have in the words quoted above a clear instance of the dovetailing of the Peter legend into that of Paul. The destiny of the latter is left hanging in the air: he sets out on his voyage, and after having been for a brief four pages the hero, he entirely vanishes. Surely this implies that in some other book, whether a work contemplated by the same author, or one already in his readers' hands, information was to be found as to what Paul did when he got to Spain, and what happened to him after that. What book save the Acts of Paul could have contained that information?

Further, whatever be the true meaning of the corrupt clause in the Muratorian Fragment which relates to the Acts, it seems clear enough that the author knew of books in which the 'passio Petri' and the 'profectio Pauli ab urbe ad Spaniam proficiscentis' were set forth in detail: and these books must surely have been Acts of Peter and Acts of Paul.

Now the novel before us contains one large episode of Paul's Spanish journey: cc. i.—xxii. tell the story of the conversion of Xanthippe and Probus by his means. And, as I hope to be able to shew more clearly in the course of this discussion, the relation of our author to his earlier authorities is such that this episode may be reasonably regarded as an amplification of one in the

[1] *Acta Petri et Pauli*, ed. Lipsius, p. 45.

[2] The occurrence of another noble convert, Candida, is to be noticed: on p. 48 two matrons, Berenice and Filostrate, occur.

Acta Pauli. There are strong resemblances, too, between the fragment of the Acts of Paul preserved by Nicephorus, and our book. The occurrence of noble female converts has been mentioned: a nocturnal visit to Paul for the purpose of baptism is another common feature. The conversion of the ruler is a third, and the introduction of a sagacious lion is a fourth. Here again the Thecla-legend has been imitated by the author of the Acts of Paul. Yet the supposition that our author has been influenced by the Thecla-legend will not account for all the resemblances between his work and the *Acta Pauli.*

3. The *Actus Petri cum Simone* (= *Vercellenses*). There is a plain quotation from these in the Acts of Xanthippe and Polyxena, c. xxiv., where it is said that while Polyxena was on her forced voyage to Greece 'the great Apostle of the Lord, Peter, was passing in a ship, hastening to get to Rome in consequence of a vision, because, when Paul had gone forth to Spain, a certain impostor and magician named Simon had entered the city, and destroyed the Church which Paul had gathered together.' Compare the *Actus Petri* v. (p. 49) where, after Paul's departure, it is said that God was informing Peter of the state of affairs, he being at Jerusalem, and that Christ showed him a vision, saying that Simon, whom he had cast out of Judaea, was now at Rome, and bidding him set out at once for that place.

Again in cc. i. ii. of our Acts, Paul is spoken of as a 'physician': similarly in *Act. Pet.* i. Christ says to Paul: 'Go to Spain and be a physician (*medicus*) to those who are there.'

These proofs of borrowing from the Acts of Peter may suffice for the present.

4. *The Acts of Andrew.* The introduction of S. Andrew into the story (cc. xxviii.—xxxi.), and that in the proper traditional sphere of his preaching, namely, Greece, is the chief hint that the compiler of our story knew of a romance dealing with the adventures of this Apostle. One or two other probable traces of a use of these Acts do appear: in c. xxvi. an army is routed by the sign of the cross. In the *Miracula B. Andreae* by Gregory of Tours (an undoubted abstract of the περίοδοι) Andrew routs an army in Thrace by similar means. Again, in c. xxxii. the drover tells how a beggar inspired by Satan refused to receive alms from

him. In the *Miracula* c. 2, a blind beggar is inspired by Satan to refuse to receive his sight. Lastly, the arrival of Polyxena in Greece (c. xxiv.) is somewhat like the situation in the *Miracula* c. 24.

5. *The Acts of Philip.* In this case again the introduction of Philip as an actor in our book is a principal reason for supposing that Acts of Philip were known to the author. The scene is the right one: the second πρᾶξις (ed. Tischdf. p. 95 sqq.) and the fifth, sixth, seventh, and beginning of the eighth (ed. Batiffol, *Anal. Bolland.* ix. 204—248) all treat of Philip's mission to Greece. Besides this, in our Acts c. xxv. there is an allusion to the ἐπενδύτης of Philip, which is also mentioned in *Act. Phil. in Hellade* § 1. The appearance of a shining inscription on Paul's brow (c. viii.) may be compared with Act 5th § 16, where Philip is seen as μέγα τι φῶς, and the speaking lioness in c. xxx. resembles the leopard of Act 8th §§ 4 and 7.

6. *The Acts of Thomas* (ed. Bonnet). With this romance, the completest Gnostic novel which we possess, the Acts before us show a certain number of coincidences of language. On p. 58 we have a dream in which an eagle plays a principal part: so in the dream of Probus, c. xvii. In our Acts, the utterers of prayer often profess their inability to speak aright (cc. iv. xiv. xxx.): so do various speakers in the Acts of Thomas (pp. 13, 54, 73) and in very similar terms. There is also a certain resemblance in vocabulary: ἐκφᾶναι (c. i. and p. 53) ἐπιζητῶ (cc. iv. viii. etc.: p. 13, etc.) are two instances: the condescension of Christ, and in particular the Descent into Hell, are dwelt upon (cc. iii. xii.: pp. 10, 13, 81). And, speaking generally, the style of the speeches and prayers in our book resembles very strongly those in the Acts of Thomas. The other points are insignificant, but a comparison of the speeches in cc. iv. vi. xii. xiv. with those on pp. 13, 43, 53, etc. of the Acts of Thomas will go further than any amount of detail to show that the latter has served to mould the style of the former.

What conclusions can we draw from the facts here collected as to the date and character of our book? One point may have struck the reader: it is that a sharp line of demarcation may be drawn between cc. i.—xxi. and xxii.—xlii. Paul, Xanthippe and

Probus are the principal figures in the first half. The second half introduces us to Polyxena, Peter, Philip, Andrew and Rebecca, besides a host of minor characters, and is moreover a much more obvious mosaic than Part I. Traces of the use of the Acts of *Paul and Thecla*, *of Paul*, *of Peter* and *of Thomas*, seem to be present throughout, but in the first part they are more deftly concealed. In Part II. we have cases of plain quotation from *Paul and Thecla* and *Peter*, and two more sources, the *Acts of Andrew* and *Acts of Philip*, appear for the first time. Again, in Part I. the scale of treatment is different to that in Part II. In Part I. there are not less than nine speeches or prayers of considerable length: in Part II. there are at most three (cc. xxvii. xxxii.) and the events are more crowded by far, and more briefly treated. At the same time, there is no marked diversity of style between the two halves of the book; and I do not wish to advance any theory of interpolation, or of dual authorship for the two parts. What does seem certain is that the book is throughout a mosaic: episodes are borrowed from distinct written sources which can be identified. And what seems likely is that in cc. i.—xxi. the source chiefly employed is one, whereas in cc. xxii.—xlii. the sources employed are many. In other words Part I. is more homogeneous and coherent than Part II. Further, in view of our previous investigation, it seems a reasonable conjecture that the main source of Part I. is the Acts of Paul. If we look at the kind of use which our author has made of the documents before him, we shall see that he has borrowed distinct episodes from the Acts of Paul and Thecla, from those of Peter, and, in a less degree, from those of Andrew and Philip: he has introduced those Apostles in scenes for which he found authority in their Acts. Is it not more than likely that he used the Acts of Paul, his chief hero, to a still larger extent? Resemblances have been already pointed out between our scanty fragments of those Acts and the book before us: and when the paucity of those fragments is considered, I think it must be allowed that the resemblances even exceed anything that we had a right to expect. A *terminus a quo* for determining the date of the book is furnished by its use of the Acts of Philip. This is allowed to be the latest of the six romances named here, and is placed somewhere in the first half of the third century. It is by no means certain that it should not be placed quite early in that century. For our book the middle of the third century seems a reasonable date.

To those who are interested in all branches of early Christian literature, and who appreciate the importance of understanding what books were popular and what mental *pabulum* attracted the ordinary reader in the early centuries of the Church, it will not appear ridiculous to spend time and trouble in editing and in trying to elucidate a novel of the kind here printed. I am glad to think that the number of those who do appreciate these matters is an increasing one. But I further venture to think that the story of Xanthippe and Polyxena merits the attention of those who study the development of pagan literature in later times. Nothing is plainer than that one purpose of these Acts, and of books resembling them, was to provide a substitute for the pagan novel of the day. Those who have read the *Aethiopica* of Heliodorus, and the novels ascribed to Xenophon of Ephesus, Achilles Tatius and Charito of Aphrodisias, will recognise in the kidnappings, shipwrecks and innocent intrigues of the Christian story a reflection of some of the most familiar devices of the pagan novelists. I do not know that anything in the way of actual literary obligation can be traced on either side: but it is abundantly clear that while amusement or excitement is intended to be produced by the perusal of the story of Clitophon and Leucippe, it is the aim of the biographer of Xanthippe and Polyxena to blend instruction with amusement.

NOTE ON OTHER FRAGMENTS OF THE ACTS OF PAUL.

I should like to add a note on some additional fragments of the Acts of Paul which Zahn does not notice. The first is furnished by a passage of Commodian's *Carmen Apologeticum* (618—24 Ludwig, 624—30 Dombart):

Et quidquid uoluerit, faciet; ut muta loquantur.
Balaam sedenti (v. l. caedenti) asinam suam conloqui fecit
Et canem, ut Simoni diceret: Clamaris a Petro!
Paulo praedicanti dicerent ut multi (*al.* muti, muli) de illo,
Leonem populo fecit loqui uoce diuina.
Deinde, quod ipsa non patitur nostra natura,
Infantem fecit quinto mense proloqui uulgo.

Lipsius (ii. 446) has a note on these lines, which, in part, he believes to refer to the Acts of Paul and Thecla. But it will be well to go into the matter somewhat more in detail. The object of the poet is to collect instances of speech being given to animals or human beings in a miraculous manner. His first example is the story of Balaam's ass: the second, of the dog and Simon Magus, is drawn from the *Actus Petri Vercellenses* (ix.—xii., pp. 56—60): the third (ll. 627, 8) may refer to one or to two incidents in the Acts of Paul, according as various readings are adopted. The text adopted by Dombart gives this sense: 'For Paul when preaching, *in order that many* might speak concerning him, God made a lion speak to the people with a human voice.' Here we read *multi* (with the unique MS.), and make one sentence of the two lines. Another view, apparently supported by Pitra, Hilgenfeld, Ludwig and Lipsius, substitutes *muti* for *multi* and would translate thus: 'God brought it about for Paul when preaching, that dumb persons spoke concerning him: He also made a lion speak, etc.' A third conjecture suggests itself to me; in 624 Pitra suggested *muti* or *muli* for the supposed *multi* of the MS. To me it seems quite likely that in 627 *muli* may be the right reading: and for a parallel to such an event we may refer to the *Acta Thomae* (Bonnet, pp. 52—54), where an ὄναγρος speaks for a whole page. But whether *muti* or *muli* be read, I think that the interpretation which makes two events, and not one, to be mentioned is the right one. And I take it that we have here allusions to two events in the Acts of Paul. Lipsius, relying mainly on Jerome's allusion to the 'fabula de baptizato leone,' sees in l. 628 a reference to an unexpurgated text of the Acts of Paul and Thecla, which we no longer possess: Zahn (l. c. p. 897) gives what seem good reasons for believing that no such episode ever occurred in that book. And indeed it seems more likely that some story like that of the Ephesian lion (in Nicephorus) is in Commodian's mind.

In line 629 our poet probably returns to the *Actus Petri Vercellenses*, where, in c. xv. (p. 61), an infant *seven* months old speaks, and refutes Simon Magus. But a similar incident may very probably have occurred also in the Acts of Paul.

So much for Commodian's contribution. Another possible trace of the *Acta Pauli* is to be found in the Acts of Titus by Zenas. The fullest form of this book known to me is an epitome contained in *Cod. Par. Gr.* 548, f. 192—196, which I read, but did not copy, in 1890. The Menaea give a much shorter analysis, and this latter was the only material accessible to Lipsius (iii. 401). Among the facts not given in the Menaea are these: that Paul when preaching at Damascus cast a devil out of Apphia, the wife of the governor (another noble matron, be it noted); that Titus accompanied Paul on the first missionary journey, and that at Ephesus Paul fought (ἐθηριομάχησεν) with a lion. In this last clause undoubted use of the Acts of Paul is made; and it is surely a most probable conjecture—if not something more—that the cure of Apphia (who has no connection with Titus) was described in the lost book as well. After the incident at Ephesus, the story takes us to Crete, and from that point is either pure fiction or local legend.

A third source, as yet not examined, which may yield fragments of these Acts, is the Arabic (and Ethiopic) life of Paul. In the late and corrupt MS. from which Mr Malan translated his *Conflicts of the Holy Apostles*, only the Martyrdom of Paul was narrated; but in Nicoll and Pusey's *Cat. MSS. Or. Bodl.*, No. xlix. of the Christian Arabic MSS. has on ff. 99—103 a *Praedicatio Apostoli Pauli electi, et quid per eum egerit Deus in urbe dicta Ignorantiae*: and in Wright's *Catalogue of the Magdala Collection of Ethiopic MSS. in the British Museum*, six MSS. (cii.—cvii.) contain long lives of Paul prefixed to the Martyrdom. In the title of the chapter next before the Martyrdom, mention is made of the city Warikon. The rest of the life, which is doubtless translated from the Arabic, seems to be based on the canonical Acts.

Fourthly, the Saints Zenaïs and Philonilla (11 Oct.) are described in their Acts as disciples of S. Paul. These Acts are, for the rest, not to our purpose; but possibly the names were borrowed from the lost book. This book may also be the same whence the name of Petronius as a disciple of Paul was drawn by the author of the Acts of S. Hermione, daughter of Philip, which are epitomised in the Menaea on Sept. 4. Lastly, the Acts of S. Aquila should be examined; they are contained in *Cod. Par. Gr.* 1219, ff. 37—45. The very cursory examination which I was able to make yielded nothing of interest; but it is to these Acts of Apostolic men and of supposed members of the band of the Seventy Disciples, that we must look for further light on the lost Acts of the Apostles.

One quite mediaeval Western book supplies what may be an extract from the Acts of Paul. I owe the knowledge of it to Mr Webb, Fellow of Magdalen College, Oxford. John of Salisbury, in the *Policraticus*, a work finished in 1156 (iv. 3), in speaking of the duties of a king, introduces the stories of the self-sacrifice of Codrus and Lycurgus; and proceeds thus: 'His quidem exemplis eo libentius utor, quod Apostolum Paulum eisdem usum dum Atheniensibus praedicaret inuenio. Studuit praedicator egregius Iesum Christum, et hunc crucifixum, sic mentibus eorum ingerere, ut per ignominiam crucis liberationem multorum exemplo gentium prouenisse doceret. Sed et ista persuasit fieri non solere nisi in sanguine iustorum et eorum qui populi gererent magistratum. Porro ad liberationem omnium, scilicet Iudaeorum et gentium, nemo sufficiens potuit inueniri, nisi ille cui in hereditatem datae sunt gentes et praefinita est omnis terra possessio eius. Hunc autem alium esse non posse quam filium omnipotentis Dei asseruit, quum praeter Deum gentes et terras omnes nemo subegerit. Dum ergo sic crucis ignominiam praedicaret ut gentium paulatim euacuaretur stultitia, sensim ad Dei uerbum Deique sapientiam, et ipsum etiam diuinae maiestatis solium, uerbum fidei et linguam praedicatoris erexit. Et ne uirtus Euangelii sub carnis infirmitate uilesceret, a scandalo Iudaeorum gentiumque stultitia, opera crucifixi, quae etiam famae testimonio roborabantur, exposuit; quum apud omnes constaret quod ea non posset facere nisi Deus. Sed quia multa in utramque partem crebro fama mentitur, ipsam iuuabat famam quod discipuli eius maiora faciebant, dum ad umbram discipuli a quacunque infirmitate sanabantur aegroti. Quid multa? Astutias Aristotelis, Chrysippi acumina, omniumque philosophorum tendiculas resurgens mortuus confutabat.'

In this interesting passage we have the abstract of a sermon delivered by Paul at Athens: and it is certainly not the sermon which is recorded in Acts xviii. Nor is there, so far as I know, any source whence it could come save the apocryphal Acts of Paul—unless it were the *Praedicatio Pauli*, a work whose existence does not seem quite clearly established. It seems not unlikely that, if the Acta Pauli contained much didactic matter, as Frag. 3 seems to indicate that they did, the name *Praedicatio Pauli* might reasonably be given to them in a Latin version.

The use of examples from Greek history, which forms the excuse for John of Salisbury's quotation, finds a parallel in a passage quoted by Clement of Alexandria as from 'Paul the Apostle,' in which the Gentiles are exhorted to consult ''Ἑλληνικαὶ βίβλοι,' especially Hystaspes and the Sibylline books, and to read the prophecies of Christ which they contain. This passage is one which Zahn assigns to the Acts of Paul—not, as Hilgenfeld, to a Preaching of Paul (or of Peter and Paul): and it seems to me most probable that he is right.

The closing sentences of the passage quoted from the *Policraticus* admit of two interpretations, according as we understand the words 'eius discipuli' to mean 'disciples of Paul' or 'disciples of Christ.' If the latter interpretation be adopted, we must see in the sentence a reference to the cures recorded in the Acts of the Apostles (v. 15) as having been wrought, or expected to be wrought, by the shadow of Peter: and this seems a straightforward and simple explanation. But if 'eius discipuli' are Paul's companions, we must suppose that the source used by John of Salisbury contained an account of cures effected by the shadow of Silas or Timotheus. Similarly, the words 'resurgens mortuus,' lower down, may be taken to apply either to our Lord, or to a miracle of raising a dead person performed by Paul at Athens in presence of the philosophers: and this last seems to me the most natural interpretation of the words. It seems more forcible to say that the resurrection of a dead man, actually witnessed, confuted the subtleties of the schools, than that the report or preaching of the resurrection of Christ did so.

Βίος καὶ πολιτεία τῶν ὁσίων γυναικῶν Ξανθίππης Πολυξένης καὶ Ῥεβέκκας.

I. Τοῦ μακαρίου Παύλου ὄντος ἐν τῇ Ῥώμῃ διὰ τὸν λόγον τοῦ κυρίου, ἔτυχέν τινα δοῦλον ἀνδρὸς βασιλικοῦ τῆς Ἱσπανίας καταντῆσαι ἐν τῇ Ῥώμῃ μετὰ γραμμάτων τοῦ κυρίου αὐτοῦ καὶ ἀκοῦσαι τὸν λόγον τοῦ θεοῦ παρὰ Παύλου, τῆς χρυσῆς ὄντως καὶ καλῆς ἀηδόνος. Κατανυγέντος δὲ σφόδρα τοῦ δούλου ἐκείνου, καὶ μὴ δυναμένου προσπαραμεῖναι καὶ κορεσθῆναι τοῦ θείου λόγου διὰ τὸ ἐπείγεσθαι αὐτὸν ὑπὸ τῶν γραμμάτων, μετὰ λύπης μεγάλης ὑπέστρεψεν εἰς τὴν Ἱσπανίαν, καὶ μὴ δυνάμενος ἐκφᾶναι τινὶ τὴν ἐπιθυμίαν αὐτοῦ διὰ τὸ εἶναι τὸν κύριον αὐτοῦ εἰδωλολάτρην, ἦν κατώδυνος ἀεὶ τῇ ψυχῇ καὶ στενάζων πάνυ· οὗτος δὲ ὁ δοῦλος ἦν ἔντιμος καὶ πιστὸς τοῖς κυρίοις αὐτοῦ· χρόνου δὲ διϊππεύσαντος, ἠσθένει ὁ παῖς καὶ ἐλεπτύνετο τῇ σαρκί· καὶ προσεσχηκὼς αὐτῷ ὁ κύριος αὐτοῦ εἶπεν πρὸς αὐτόν· Τί σοι γέγονεν ὅτι οὕτως συμπέπτωκας τῷ προσώπῳ; λέγει ὁ παῖς· Πόνος μέγας τυγχάνει ἐν τῇ καρδίᾳ μου, καὶ οὐδαμῶς δύναμαι ἀναπαυθῆναι. λέγει αὐτῷ ὁ κύριος αὐτοῦ· Καὶ τίς ἐστιν ὁ πόνος ὃς οὐ δύναται ὑπὸ τοῦ ἐμοῦ ἀρχιϊατροῦ θεραπείας τυχεῖν; ἔφη ὁ παῖς· Ἔτι μου ὄντος ἐν τῇ Ῥώμῃ, ὑπέμνησέ με ὁ πόνος οὗτος, καὶ ἡ ἀνακλητικὴ αὐτοῦ συμφορά. λέγει ὁ κύριος αὐτοῦ· Καὶ οὐκ ἔγνως τινὰς τούτῳ τῷ πάθει περιπεσόντας καὶ θεραπείας τυχόντας; λέγει ὁ παῖς· Ναί· ἀλλὰ ποῦ ἐστιν ὁ ἰατρὸς ἐκεῖνος οὐκ οἶδα· ἐν τῇ Ῥώμῃ γὰρ αὐτὸν κατέλιπον· ὅσοι τοίνυν ὑπὸ τοῦ ἰατροῦ ἐκείνου περιοδεύθησαν, καὶ διὰ τοῦ ὕδατος ὑπ' ἐκείνου διῆλθον, ἔτυχον καὶ θεραπείας παραχρῆμα. ὁ δὲ κύριος αὐτοῦ εἶπεν· Οὐκ ὀκνητέον μοι καὶ πάλιν πέμψαι σε εἰς Ῥώμην, εἴ πως ἰάσεως τύχοις.

II. Καὶ ἐν τῷ λέγειν αὐτοὺς ταῦτα, ἰδοὺ ἡ κυρία αὐτοῦ ὀνόματι Ξανθίππη, ἐπακροασαμένη τῶν λόγων τούτων, καὶ μαθοῦσα τὴν περὶ τοῦ Παύλου διδασκαλίαν, λέγει· Τί τὸ ὄνομα τοῦ ἰατροῦ ἐκείνου, ἢ τίς ἡ πρὸς ἄμυναν τοῦ τοιούτου πάθους θεράπεια; λέγει ὁ παῖς πρὸς αὐτήν· Ἐπίκλησις ὀνόματος καινοῦ, καὶ χρίσις ἐλαίου, καὶ λοῦτρον ὕδατος· ταύτῃ οὖν τῇ ἐπιμελείᾳ ἐγὼ ἑώρακα πολλοὺς ἀνιάτους ἔχοντας πόνους θεραπείας τυχόντας. ταῦτα δὲ αὐτοῦ λεγόντος, τὰ ξόανα τῶν εἰδώλων τὰ ἐν τῇ οἰκίᾳ ἱστάμενα ἤρξαντο ταράττεσθαι καὶ καταπίπτειν· διενεύσατο δὲ αὐτῷ ἡ κυρία, λέγουσα· Ὁρᾷς, ἀδελφὲ, τὰ ξόανα τῶν δαιμόνων ταραττόμενα, πῶς οὐ φέρουσι τοῦ λόγου τὴν δύναμιν; ἀνέστη δὲ καὶ ὁ κύριος αὐτοῦ, ὀνόματι Πρόβος, ἀπὸ τοῦ μεσημβρινοῦ ὕπνου σκυθρωπὸς πάνυ, ὁ γὰρ διάβολος ἐτάραξεν αὐτὸν σφόδρα, τῆς γνώσεως τοῦ θεοῦ ἐλθούσης ἐν τῷ οἴκῳ αὐτοῦ. καὶ ἠρώτα τὸν παῖδα καθεξῆς πάντα. καὶ ὁ μὲν παῖς, προνοίᾳ θεοῦ τῇ ἀῤῥωστίᾳ συλληφθεὶς, κατέλυσε τὸν ἀνθρώπινον βίον· ἡ δὲ Ξανθίππη ἀνιάτως πάνυ εἶχε τὴν ψυχὴν περὶ ταύτης τῆς διδαχῆς. ὁμοίως δὲ καὶ ὁ Πρόβος ἐλυπεῖτο περὶ τῆς Ξανθίππης ὅτι ἦν κατατήκουσα ἑαυτὴν ἔκτοτε τῇ ἀγρυπνίᾳ καὶ ἐγκρατείᾳ καὶ τῇ λοιπῇ σκληραγωγίᾳ.

III. Ἀπελθοῦσα δὲ ἡ Ξανθίππη πρὸς τὴν κλίνην ἑαυτῆς καὶ ἀναστενάξασα, εἶπεν· Οἴμοι τῇ ἀθλίᾳ, τῇ ἐν σκότει κατακειμένῃ, ὅτι οὐκ ἔμαθον τὸ ὄνομα τοῦ καινοῦ διδασκάλου, ἵνα ἐπεκαλεσάμην αὐτοῦ τὴν εὐχήν· καὶ τὶ εἴπω οὐκ οἶδα. ἐπικαλέσομαι τῷ ὀνόματι τοῦ θεοῦ αὐτοῦ; ἀλλὰ οὐκ οἶδα τοῦ εἰπεῖν Ὁ ὑπὸ τοῦ δεῖνος κηρυσσόμενος θεός. ὅμως οὖν ἐν ὑπονοίᾳ λέξω· Ὁ τοὺς ἐν ᾅδῃ φωτίσας θεὸς, καὶ τοὺς ἐν σκότει παιδαγωγήσας, ὁ ἐλευθέρων καὶ βασιλέων κύριος, καὶ ὑπὸ δούλων ἀξίων κηρυσσόμενος ἐν ὅλῳ τῷ κόσμῳ· ὁ ὑπὸ ἀνθρώπων ἁμαρτωλῶν φωνούμενος ὡς ἀδελφὸς καὶ τάχιστα ἐπακούων, ᾧ οὐδὲ ἀρχάγγελοι ὕμνους ἀξίους ἀναπέμψαι ἰσχύουσιν, ὁ κἀμοὶ τῇ ἀναξίᾳ καὶ ταπεινῇ[1] δείξας τὸν σπορὸν τὸν ἀεὶ ζῶντα καὶ μένοντα (λαβεῖν δέ με αὐτὸν ἡ ἀγνωσία οὐ παραχωρεῖ), τάχυνον καὶ τὰ περὶ ἐμὲ, δέσποτα, ὅτι σῷ θελήματι ἀκουστόν μοι σεαυτὸν ἐποίησας, καὶ τῇ σῇ εὐσπλαγχνίᾳ δεῖξόν

[1] κἀμὲ τὴν ἀναξίαν καὶ ταπεινὴν cod.

μοι ἐμφανισμὸν τοῦ κήρυκός σου, πρὸς τὸ μαθεῖν με παρ' αὐτοῦ τά σοι ἀρεστά· ναὶ, δέομαί σου, ἔπιδε ἐπὶ τὴν ἄγνοιάν μου, ὁ θεὸς, καὶ φώτισόν με τῷ φωτὶ τοῦ προσώπου σου, ὁ μηδέποτέ τινα παρορῶν τῶν ἐν ἀληθείᾳ ἐπικαλουμένων σε. λέγει πρὸς αὐτὴν Πρόβος ὁ ἀνὴρ αὐτῆς· Τί σκύλλεις σεαυτὴν, κυρία, ἐπὶ τοσοῦτον, καὶ οὐδ' ὅλως γίνῃ πρὸς τὸ ἀναπαυθῆναι; ἔφη ἡ Ξανθίππη· Οὐ δύναμαι ἀναπαυθῆναι, ὅτι πόνος ἀνίατος τυγχάνει ἐν ἐμοί. ὁ δὲ Πρόβος εἶπεν πρὸς αὐτήν· Καὶ τίς σου ἐστὶν ὁ πόνος ἢ ἡ λύπη, ὦ κυρία, ὅτι οὐκ αὐταρκῶ ἐγὼ εἰς παραμυθίαν σου; πάντα γὰρ ὅσαπερ ἠβούλου μέχρι τῆς σήμερον ὑπούργησά σοι· καὶ νῦν τί ἐστιν ὃ ἔχεις καὶ οὐκ ἀγγέλλεις μοι; λέγει αὐτῷ ἡ Ξανθίππη· Τοῦτό σε μόνον παρακαλῶ, κύριέ μου, ἄνες μοι μικρὸν καὶ τὸ σήμερον μόνον καταμόνας σε καθευδῆσαι. καὶ ὁ Πρόβος πρὸς αὐτὴν εἶπεν· Ἔστω σοι, κυρία, ὡς βούλει· μόνον ἄνες τὸν στεναγμόν σου.

IV. Τότε εἰσελθοῦσα καταμόνας ἐν τῷ κοιτῶνι αὐτῆς, ἔλεγεν μετὰ δακρύων ταῦτα· Ποίοις τρόποις, θεέ μου, χρήσομαι, ἢ ποίαν ἔννοιαν ἀναλάβω, οὐκ οἶδα· φανερώσω τὴν ἐνγενομένην μοι φρόνησιν; ἀλλὰ τὴν μανίαν καὶ ἀκαταστασίαν τῆς πόλεως δειλιῶ. φύγω τῆς ἀσεβοῦς πόλεως ταύτης; ἀλλὰ δέδοικα τὴν τοῦ διαβόλου μηχανὴν διὰ τῆς τοῦ προβάτου καταλήψεως. ἀναμείνω τὸ ἔλεος καὶ τὴν ταχύτητα τοῦ κυρίου; ἀλλὰ πάλιν φοβοῦμαι τὴν ἄωρον ἁρπαγὴν τοῦ βίου. ὁ γὰρ τῶν ἁμαρτωλῶν θάνατος μήνυσιν οὐκ ἔχει. ἀπέλθω εἰς τὴν Ῥώμην φυγοῦσα; ἀλλὰ δέδοικα τὸ μῆκος τῆς ὁδοῦ, πεζῇ βαδίζειν μὴ δυναμένη. ἀλλ' ἐπειδὴ ἐν στοχασμῷ ταῦτα λέγω, τῷ πόθῳ ἀναγκαζομένη (ἀσφαλῶς γὰρ εἰπεῖν ἀγνοῶ), συγγνώμην εὕροιμι παρά σου, ὁ θεός μου, καὶ ὑπερβολῇ ὀρθῶν λέξεων πλήρωσόν μου τὸν πόθον, καὶ ἀκοῦσαί με μόνον τοῦ κήρυκός σου καταξίωσον· ἐὰν γὰρ εἴπω, πρόσωπον αὐτοῦ με ἰδεῖν, μέγα ἐπιζητῶ· μακάριος ὁ ἐν τῇ χορῷ τῶν κηρύκων σου εὑρεθεὶς, καὶ τῶν τιμίων αὐτῶν προσώπων ἐμπλησθείς· μακάριοι οἱ ζευχθέντες[1] ὑπὸ τὴν κήρυξιν τῶν ἐντολῶν σου· μακάριοι οἱ τὰς ἐντολάς σου φυλάσσοντες· ποῦ δὲ νῦν τὰ ἐλέη σου, κύριε, τὰ ἐπὶ τῶν πατέρων ἡμῶν, ἵνα ἦμεν καὶ ἡμεῖς διάδοχοι αὐτῶν τῆς πρός σε στοργῆς, καὶ ἔγγονοι τῆς πίστεως; ἀλλ' ἰδοὺ νῦν, δέσποτα, οὐχ εὑρίσκω τινα πρός

[1] ξευθέντες cod.

σε στοργὴν ἔχοντα, ἵνα καὶ συνδιάξασα αὐτῷ κἂν μικρὸν ἀνεπαυσάμην τῇ ψυχῇ· σπεῦσον οὖν, κύριε, τοῦ ζεῦξαί με ἐν τῷ πόθῳ σου, καὶ φύλαξόν με ὑπὸ τὴν σκέπην τῶν πτερύγων σου· ὅτι σὺ μόνος ὑπάρχεις δεδοξασμένος θεὸς εἰς τοὺς αἰῶνας, ἀμήν.

V. Ταῦτα τοίνυν λέγουσα ἡ Ξανθίππη, καὶ τὰ τούτοις ὅμοια, συνεχῶς ἀνεστέναξεν δι' ὅλης τῆς νυκτός· ἤκουσεν δὲ ὁ Πρόβος καὶ ἠθύμει σφόδρα, καὶ ἀναστὰς ἀπὸ τῆς κλίνης αὐτοῦ, τοῦ ὄρθρου ἐπελθόντος, εἰσῄει πρὸς αὐτήν, καὶ θεασάμενος αὐτῆς τοὺς ὀφθαλμοὺς φλεγμαίνοντας ἀπὸ τῶν δακρύων, εἶπεν· Τίνος ἕνεκεν, κυρία, οὕτως με συνταράττεις, καὶ οὐ καταγγέλλεις μοι τὴν σὴν λύπην; ἀνάγγειλόν μοι, ὅπως ποιήσω σοι τὸ ἀρεστόν, καὶ μὴ στενοχώρει με ἐν τῇ σῇ ἀδημονίᾳ. λέγει ἡ Ξανθίππη πρὸς αὐτόν· Πρόθυμος ἔσο μᾶλλον, κύριέ μου, καὶ μὴ συνταράττου, ὅτι οὐ μή σε βλάψῃ ἡ ἐμὴ ἀδημονία· ἀλλ' εἰ εὗρον χάριν ἐνώπιόν σου, πρόελθε νῦν εἰς τὸν ἀσπασμόν, καί με ἔασον ἑαυτὴν πληροφορῆσαι ὡς βούλομαι· οὐ γὰρ δυνατὸν ἀνθρώπῳ ἐκκόψαι μου τὴν ἀπληροφόρητον λύπην. καὶ ἐπακούσας αὐτῇ προῆλθε παρευθὺ τοὺς ἀσπασμοὺς ὑποδέξασθαι τῶν τῆς πόλεως· αὐτὸς γὰρ ἦν ὁ παρ' αὐτοῖς μέγας· ἦν δὲ καὶ γνωστὸς Νέρωνι τῷ βασιλεῖ. καὶ καθίσας, ἐν τῷ προσώπῳ αὐτοῦ λύπη πολλὴ ἐφαίνετο· ὃς ἐρωτώμενος τὴν αἰτίαν τῆς λύπης παρὰ τῶν ἐξόχων τῆς πόλεως, ἔλεγεν αὐτοῖς εἰς πολλὰς καὶ ἀνυποστάτους αἰτίας ἐμπεπτωκέναι.

VI. Προῆλθεν δὲ καὶ ἡ Ξανθίππη ἐπὶ παραδείσου, τοῦ ἐγκύψασαν αὐτὴν μετεωρισθῆναι πρὸς πληροφορίαν τοῦ ἀνδρός· καὶ ὁρᾷ τὴν τέρψιν τῶν δένδρων καὶ τὸν διάφορον κελαδισμὸν τῶν ὀρνέων, καὶ στενάξασα λέγει· Ὦ εὐπρέπεια κόσμου· ὃν γὰρ ἕως τοῦ νῦν ἐνομίζομεν αὐτοματισμὸν εἶναι, νῦν ἐγνώκαμεν ὅτι ὑπὸ τοῦ εὐπρεποῦς εὐπρεπῶς ἐδημιουργήθη τὰ πάντα· ὢ ἐξουσία καὶ ἐξεύρεσις σοφίας· ὅτι οὐ μόνον ἐν ἀνθρώποις μυρίας γλώσσας ἔθηκεν, ἀλλὰ καὶ ἐν ὀρνέοις διαφόρους ὥρισεν φωνὰς ὡσὰν ἐξ ἀντιφώνων καὶ ὑπηκόων ἡδυφθόγγους καὶ κατανυκτικοὺς ὑπὸ τῶν ἰδίων ἔργων ὑποδέχεσθαι ὕμνους· ὢ τερπνότης ἀέρος, τὸν ποιητὴν ἀνείκαστον ὑποδεικνύουσα· τίς μου τὸ πένθος εἰς εὐφροσύνην μετατρέψει; καὶ πάλιν εἶπεν· Ὁ ὑπὸ πάντων ἀνυμνούμενος θεὸς, δός μοι ἀνάπαυσιν καὶ παραμυθίαν. τούτων λεγομένων ὑπ' αὐτῆς, ἐπανῆλθεν καὶ ὁ Πρόβος ἀπὸ τῆς πλατείας πρὸς τὸ ἄριστον, καὶ ὡς εἶδεν τὸ πρόσωπον αὐτῆς ἠλλοιωμένον ἀπὸ τῶν δακρύων, ἤρξατο ἐκτίλλειν τὰς τρίχας τῆς κεφαλῆς αὐτοῦ, εἰπεῖν δὲ αὐτῇ τέως τι οὐκ ἐτόλμησεν διὰ τὸ μὴ ἐπικερασθῆναι ἐν τῇ θλίψει αὐτῆς ἑτέραν θλῖψιν. πορευθεὶς δὲ ἀνέπεσεν ἐπὶ τῆς κλίνης αὐτοῦ, καὶ στενάξας εἶπεν· Οἴμοι, ὅτι οὔτε κἂν τέκνου παραμυθίαν ἔσχον ἐξ αὐτῆς, ἀλλ' ὀδύνην μόνον ἐπ' ὀδύνην κερδαίνω· οὐ πλήρεις εἰσὶν δύο ἐνιαυτοὶ ἀφ' οὗ συνεζεύχθην αὐτῇ, καὶ ἤδη ἀποστασίαν μελετᾷ.

VII. Ἦν δὲ πάντοτε ἡ Ξανθίππη ἀποσκοπεύουσα διὰ τῶν θυρίδων εἰς τὰς πλατείας τῆς πόλεως· ὁ δὲ μακάριος Παῦλος, ὁ κῆρυξ καὶ διδάσκαλος καὶ φώστηρ τῆς οἰκουμένης, ἐξελθὼν τῆς Ῥώμης, κατήντησεν καὶ ἐν τῇ Ἱσπανίᾳ κατὰ πρόνοιαν θεοῦ. καὶ ἐγγίσας < εἰς > τὰ πρόθυρα τῆς πόλεως, στὰς προσηύξατο· καὶ σφραγίσας ἑαυτὸν εἰσῄει εἰς τὴν πόλιν. ἡ δὲ Ξανθίππη ὡς εἶδεν τὸν μακάριον Παῦλον πρᾴως καὶ ὁμαλῶς βαδίζοντα καὶ πάσῃ ἀρετῇ καὶ συνέσει κεκοσμημένον, ἐτέρφθη πάνυ ἐν αὐτῷ, καὶ ἔπαλλεν συνεχῶς ἡ καρδία αὐτῆς· καὶ ὥσπερ ἐξ ἀπροσδοκήτου χαρᾶς ληφθεῖσα λέγει ἐν ἑαυτῇ· Τί ὅτι πολυσαλεύτως πάλλει μου ἡ καρδία ἐπὶ τῇ ὁράσει τοῦ ἀνδρὸς ἐκείνου; τί πρᾷος αὐτοῦ καὶ ὁμαλὸς ὁ περίπατος, ὡσεί τις ἐκδέχεται διωκόμενον ἐναγκαλίσασθαι· τί εὐμενὲς αὐτοῦ τὸ πρόσωπον, ὡς εἴ τις θεραπεύει ἀσθενεῖς· τί εὐμόρφως περισκοπεῖ ὧδε κἀκεῖσε ὡς εἴ τις θέλει βοηθῆσαι τοῖς φυγεῖν βουλομένοις ἐκ στόματος δρακόντων· τίς δέ μοι καταγγελεῖ[1] ὅτι τυγχάνει οὗτος ἐκ τῆς ποίμνης τῶν κηρύκων; εἰ ἦν μοι δυνατὸν, ἤθελον ἅψασθαι τοῦ κρασπέδου τῶν ἱματίων αὐτοῦ, ἵνα ἴδω τὴν εὐμένειαν καὶ τὴν πρόσδεξιν αὐτοῦ καὶ εὐωδίαν. ἔλεγεν γὰρ αὐτῇ καὶ τοῦτο ὁ παῖς, ὅτι καὶ τὰ κράσπεδα τῶν ἱματίων αὐτῶν μύρων πολυτίμων εὐωδίαν ἔχουσιν.

VIII. Ἤκουσεν δὲ ὁ Πρόβος τῶν ῥημάτων αὐτῆς, καὶ εὐθὺς ἐξεπήδησεν δι' ἑαυτοῦ ἐπὶ τὸ ἄμφοδον, καὶ κρατήσας τῆς χειρὸς τοῦ Παύλου, εἶπεν αὐτῷ· Ἄνθρωπε, ὅστις εἶ οὐκ οἶδα· πλὴν καταξίωσον ἐν τῇ οἰκίᾳ μου εἰσελθεῖν· ἴσως γένῃ μοι πρόφασις σωτηρίας. ὁ δὲ Παῦλος πρὸς αὐτὸν εἶπεν· Εὖ σοι ἔσται, τέκνον, ἐπὶ τῇ αἰτήσει σου. καὶ ἀπῆλθον ἅμα πρὸς Ξανθίππην· ὡς οὖν εἶδεν ἡ Ξανθίππη τὸν μέγαν Παῦλον, ἀπεκαλύφθησαν αὐτῆς οἱ νοεροὶ τῆς καρδίας ὀφθαλμοὶ, καὶ ἀνέγνω ἐν τῷ μετώπῳ αὐτοῦ

[1] καὶ ἀγγελεῖ cod.

ταῦτα, ἔχοντι ὥσπερ σφραγῖδας χρυσᾶς· ΠΑΥ͂ΛΟϹ Ο ΤΟΥ͂ ΘΕΟΥ͂ ΚΗ͂ΡΥΞ· τότε ἐξαλλομένη καὶ χαίρουσα ἔρριψεν ἑαυτὴν εἰς τοὺς πόδας αὐτοῦ, καὶ περιπλέξασα τὰς χεῖρας αὐτῆς ἐξεμύξατο τὰς βάσεις τῶν ποδῶν αὐτοῦ καὶ ἔλεγεν· Καλῶς ἐλήλυθας, ὦ τοῦ θεοῦ ἄνθρωπε, πρὸς ἡμᾶς τοὺς ταπεινούς, τοὺς μετὰ εἰδώλων ὡς εἴδωλα ἀναστρεφομένους· ἐπεσκέψω γὰρ τοὺς εἰς ᾅδην ὡς εἰς καλὸν τρέχοντας, τοὺς τὸν σκόλιον δράκοντα καὶ φθορέα ὡς προνοητὴν καὶ προστάτην ἀναγορεύοντας, τοὺς εἰς τὸν σκοτεινὸν ᾅδην ὡς πρὸς πατέρα τρέχοντας, τοὺς τῇ λογικῇ μὲν πλασθέντας φύσει, ἀλόγων δὲ ὁμοίους γεγονότας. ἐμὲ δὲ τὴν ταπεινὴν ἐπεζήτησας, τὴν τὸν ἥλιον τῆς δικαιοσύνης ἐν τῇ καρδίᾳ ἔχουσαν· νῦν ὁ ἰὸς πέπαυται, ὅτε σου τὸ τίμιον πρόσωπον ἑώρακα· νῦν ὁ ταράσσων με ἐπτόηται, ὅτε σου ἡ καλλίστη συμβούλη ἐφανερώθη μοι· νῦν ἀξιωθήσομαι μετανοίας, ὅτε καὶ σφραγῖδα κήρυκος θεοῦ ἐδεξάμην· πολλοὺς ἐμακάρισα ἕως τοῦ νῦν, τοὺς ὑμῖν συντυγχάνοντας· τολμῶσα λέγω, ὅτι ἀπὸ τοῦ νῦν κἀγὼ μακαρισθήσομαι ὑφ᾽ ἑτέρων, ὅτι σου τῶν κρασπέδων ἀπήλαυσα, ὅτι σου τῶν εὐχῶν ἐπέτυχον, ὅτι σου τῆς ἡδίστης καὶ μελισταγοῦς διδασκαλίας ἐν ἀπολαύσει γέγονα· οὐκ ἐραθύμησας ἐλθεῖν πρὸς ἡμᾶς, ὁ τῷ δρόμῳ τὴν ξηρὰν ἁλιεύων, καὶ τοὺς ἐμπίπτοντας ἰχθύας συνάγων ἐν τῇ σαγήνῃ τῆς οὐρανίου βασιλείας.

IX. Ὁ δὲ μέγας Παῦλος λέγει πρὸς αὐτήν· Ἀναστῆθι, τέκνον, καὶ μὴ βλέπε εἰς ἐμέ, ὡς τῇ ἐμῇ προνοίᾳ ἐκ τῆς ἀγνοίας σου ἐπιζητηθεῖσα· ὁ γὰρ προνοητὴς τοῦ κόσμου Χριστός, ὁ τῶν ἁμαρτωλῶν καὶ ἀπολωλότων ἐπιζητητής, ὃς οὐ μόνον τῶν ἐν τῇ γῇ ἐμνημόνευσεν, ἀλλὰ καὶ τοὺς ἐν τῷ ᾅδῃ αὐτοπαρουσίως ἐλυτρώσατο, αὐτὸς καί σε ἠλέησεν, καὶ ἀπέστειλέν με ἐνταῦθα, ἵνα σύν σοι καὶ ἄλλους πολλοὺς ἐπισκέψηται καὶ ἐλεήσῃ· οὐ γὰρ ἡμῶν ἐστι τοῦτο τὸ ἔλεος καὶ ἡ ἐπίσκεψις, ἀλλ᾽ αὐτοῦ ἡ πρόσταξις καὶ ἡ ἐντολή, ὥσπερ οὖν καὶ ἡμεῖς ὑπὸ τούτου ἠλεήθημεν καὶ ἐσώθημεν. ὁ δὲ Πρόβος ἀκούων ἐθαμβεῖτο ἐπὶ τοῖς λόγοις αὐτῶν· ἦν γὰρ ταῦτα ἀγνοῶν παντελῶς. ἀνέστησεν δὲ μετὰ βίας τὴν Ξανθίππην ὁ Παῦλος ἐκ τῶν ποδῶν αὐτοῦ, ἡ δὲ δραμοῦσα ἔστησε θρόνον καινὸν ἔνχρυσον τοῦ καθεσθῆναι τὸν Παῦλον ἐπ᾽ αὐτόν. ὁ δὲ μέγας Παῦλος λέγει πρὸς αὐτήν· Τέκνον Ξανθίππη, μὴ ποίει οὕτως· οὔπω γὰρ ὁμονοήσατε πρὸς τὴν πίστιν τοῦ Χριστοῦ· ἀλλὰ μικρὸν ἀναμεῖνον, ἕως οὗ ὁ κύριος οἰκονομήσῃ τὰ συμφέροντα. ἡ δὲ Ξανθίππη πρὸς τὸν Παῦλον ἔφη· Πρὸς ἐμὴν δοκιμασίαν λέγεις ταῦτα, ὦ τοῦ θεοῦ κῆρυξ, ἢ πρόγνωσίν τινα θεωρεῖς; ὁ δὲ Παῦλος λέγει Οὐχὶ, τέκνον· ἀλλ' ὁ μισῶν τοὺς τοῦ θεοῦ θεράποντας διάβολος ἐμβάλλει πονηριαν ἐν τῇ διανοίᾳ τῶν αὐτοῦ πρὸς ἐναντίωσιν τῶν ὑπὲρ Χριστοῦ καμνόντων ἐν τῷ κηρύγματι· ἡ γὰρ κακία αὐτοῦ ἕως ἀποστόλων ἐνήργησε, καὶ ἕως αὐτοῦ τοῦ κυρίου· διὰ τοῦτο δεῖ πράως καὶ εὐμενῶς προσφέρεσθαι τοῖς ἀπίστοις. ἡ δὲ Ξανθίππη πρὸς τὸν Παῦλον ἔφη· Δεόμαί σου, εἰ στέργεις τοὺς δούλους σου, θὲς προσευχὴν ὑπὲρ τοῦ Πρόβου, καὶ ἴδοιμι εἰ δυνήσεται ἐνεργῆσαι εἰς αὐτὸν ὁ ὑπό σου μισηθείς· ἴδοιμι εἰ δυνήσεται κἂν στῆναι ἐνώπιον τῆς προσευχῆς σου. ὁ δὲ Παῦλος ἔχαιρε πάνυ ἐπὶ τοῖς λόγοις τῆς πίστεως αὐτῆς, καὶ εἶπεν πρὸς αὐτήν· Πίστευέ μοι, τέκνον, ὅτι τῇ ὑποβολῇ αὐτοῦ καὶ ἐνεργείᾳ χωρὶς δεσμῶν καὶ πληγῶν οὐ παρῆλθον ἕνα χρόνον. ἡ δὲ Ξανθίππη πρὸς αὐτὸν εἶπεν· Ἀλλὰ πρὸς σὴν θέλησιν ταῦτα πάσχεις, ὅτι καὶ ἕως μαστίγων τῶν κηρυγμάτων σου οὐκ ἠμέλησας· τοῦτο δὲ πάλιν λέγω σοι, ὅτι οἱ σοὶ δεσμοὶ χείρωσις τοῦ ὑποβάλλοντος γίνεται[1], καὶ ἡ σὴ ταπείνωσις ἐκείνων ἐξολοθρεύσιον.

X. Διέδραμεν δὲ ἡ φήμη τῆς παρουσίας αὐτοῦ ἐν ὅλῃ τῇ πόλει καὶ τῇ περιχώρῳ ἐκείνῃ· τινὲς γὰρ τῆς πόλεως ἐκείνης ὄντες ἐν τῇ Ῥώμῃ ἑωράκασι τὰ ὑπὸ τοῦ μακαρίου Παύλου γενόμενα τέρατα καὶ σημεῖα, καὶ παρεγένοντο τοῦ ἰδεῖν εἰ ἐκεῖνος αὐτός ἐστιν· πολλοὶ οὖν ἤρχοντο ἐν τῇ οἰκίᾳ τοῦ Πρόβου, καὶ αὐτὸς ἤρξατο ἀγανακτεῖν καὶ λέγειν· Τὸν οἶκόν μου οὐ καταδέχομαι πανδοχεῖον γίνεσθαι. γνοῦσα δὲ τοῦτο ἡ Ξανθίππη ὅτι ἤρξατο ἀλλοιοῦσθαι τὸ πρόσωπον τοῦ Πρόβου, καὶ λέγειν τοιαῦτα, ἐλυπήθη πάνυ, λέγουσα· Οἴμοι τῇ ἀθλίᾳ, ὅτι οὐκ ἠξιώθημεν τελείως κατασχεῖν τὸν ἄνδρα τοῦτον ἐν τῷ οἴκῳ ἡμῶν· τοῦ γὰρ Παύλου ἐντεῦθεν ἐξιόντος, καὶ ἡ ἐκκλησία ἀλλαχοῦ μέλλει γίνεσθαι. εἶτα ταῦτα διανοουμένη ἡ Ξανθίππη, ἔθηκε τὴν χεῖρα αὐτῆς εἰς τὸν πόδα Παύλου, καὶ λαβοῦσα χοῦν, μετακαλεσαμένη τὸν Πρόβον ἔθηκε τὴν χεῖρα αὐτῆς ἐπὶ τὸ στῆθος αὐτοῦ καὶ εἶπεν· Κύριε ὁ θεός μου, τὰ συμφέροντα ἐνθοῦ ἐν τῇ καρδίᾳ ταύτῃ, ὁ καὶ ἐμὲ τὴν ταπεινὴν ἐπιζητήσας ἀγνοοῦσάν σε. αἰσθανεὶς[1] δὲ ὁ Παῦλος τῆς προσευχῆς αὐτῆς, καὶ αὐτὸς ἐσφράγισεν· καὶ ἐπὶ ἡμέρας πλείους ἀκωλύτως εἰσῄει ὁ λαὸς, καὶ ἔφερον ὅσοι

[1] sic cod.

εἶχον ἀσθενεῖς καὶ ὀχλουμένους ἀπὸ πνευμάτων ἀκαθάρτων, καὶ ἐθεραπεύοντο ἅπαντες.

XI. Ἔλεγεν δὲ ἡ Ξανθίππη τῷ Παύλῳ· Διδάσκαλε, φλέγεται ἡ καρδία μου πάνυ ὅτι οὔπω τοῦ βαπτίσματος ἔτυχον. καὶ μετὰ ταῦτα πάλιν κινηθεὶς ὁ Πρόβος ὑπὸ τοῦ διαβόλου, ἐξέβαλε μὲν τοῦ οἴκου τὸν Παῦλον, τὴν δὲ Ξανθίππην κατέκλεισεν ἐν κουβουκλείῳ. τότε τὸν μέγαν Παῦλόν τις τῶν πρώτων, Φιλόθεος ὀνόματι, καθικέτευεν τοῦ ἐλθεῖν εἰς τὸν οἶκον αὐτοῦ· ὁ δὲ μέγας Παῦλος οὐκ ἐβούλετο τοῦτο πρᾶξαι, λέγων· Μὴ ταράξῃ τὸν οἶκόν σου ὁ Πρόβος ἕνεκεν ἐμοῦ. καὶ ὁ Φιλόθεος πρὸς αὐτὸν ἔφη· Οὐχί, πάτερ· οὐδ' ὅλως ὑποπίπτω αὐτόν· οὐ γὰρ ἐν ἄλλῳ τινὶ μείζων μου ὑπάρχει εἰ μὴ ἐν ἀξιώματι· καὶ τοῦτο, τῶν γονέων τῆς Ξανθίππης ὑπὲρ ἐμὲ ὄντων· εἰ δὲ ἥξει ὁ Πρόβος πρός με, καὶ ἐν πλούτῳ καὶ ἐν πολέμῳ ὑπὲρ ἐκεῖνον τυγχάνω. τότε οὖν ἐπείσθη ὁ μέγας τοῦ κυρίου ἀπόστολος Παῦλος, καὶ εἰσῆλθεν ἐν τῷ οἴκῳ Φιλοθέου τοῦ ἀπὸ ἐπάρχων. τοῦτο δὲ ὅλον γέγονεν ὑπὸ τοῦ πονηροῦ πρὸς τὸ μετὰ θλίψεως λαβεῖν τὴν Ξανθίππην τὸ ἅγιον βάπτισμα, καὶ ῥαθυμῆσαι περὶ τὰς ἐντολὰς τοῦ Χριστοῦ.

XII. Λέγει οὖν ἡ Ξανθίππη μετὰ δακρύων τοῖς παισὶν αὐτῆς· Ἐμάθετε ποῦ ὁ Παῦλος κατήχθη; οἱ δὲ εἶπον· Ναί, ἐν τῇ οἰκίᾳ Φιλοθέου τοῦ ἀπὸ ἐπάρχων. ἐχάρη δὲ ἡ Ξανθίππη πάνυ ὅτι καὶ Φιλόθεος ἐπίστευσεν, Δυνατὸς ὤν, φησίν, καὶ τὸν Πρόβον πεῖσαι. τότε ὁ Πρόβος προσκαλεῖται τὴν Ξανθίππην ἐν τῷ δείπνῳ· τῆς δὲ μὴ προσθείσης, λέγει ὁ Πρόβος· Μὴ νομίσῃς ὅτι καὶ ἐν τῇ κοίτῃ ἀναχωρήσεις μου. αὐτοῦ δὲ κατακλιθέντος πρὸς τὸν δεῖπνον, ἡ Ξανθίππη κλίνασα τὰ γόνατα προσηύξατο πρὸς κύριον λέγουσα· Θεὲ αἰώνιε καὶ ἀθάνατε, ὁ λαβὼν χοῦν ἀπὸ τῆς γῆς καὶ μὴ τιμήσας αὐτὸν κατὰ τὴν οὐσίαν τῆς πλάσεως, ἀλλὰ καλέσας αὐτὸν υἱὸν ἀθανασίας, ὁ ἐκ καρδίας τοῦ πατρὸς δι' ἡμᾶς φθάσας ἕως τῆς καρδίας τῆς γῆς, ᾧ τὰ χερουβὶμ ἀτενίσαι οὐ τολμῶσι, καὶ δι' ἡμᾶς ἐν μήτρᾳ ἐκρύβης ἵνα τὴν κάκωσιν τῆς Εὔας διὰ τῆς ἐνοικήσεως τῆς μητρὸς διορθώσῃ<ς>· ὁ χολὴν καὶ ὄξος πιὼν καὶ λογχῇ νυγεὶς τὴν πλευράν, ἵνα τὴν ἐκ τῆς πλευρᾶς γενομένην πληγὴν τῷ Ἀδὰμ ἀποθεραπεύσῃς· πλευρὰ γὰρ οὖσα ἡ Εὔα πληγὴν εἰργάσατο τῷ Ἀδάμ, καὶ δι' αὐτοῦ παντὶ τῷ κόσμῳ· ὁ δοὺς ὕπνον ἀνεπαίσθητον τῷ δράκοντι, πρὸς τὸ μὴ ἐπιγνῶναι αὐτὸν τὴν ἐνανθρώπησίν σου, μνήσθητι κάμου τοῦ στεναγμοῦ καὶ τῶν δακρύων καὶ δὸς πλήρωσιν τῷ ὕπνῳ μου, καὶ ἐπίβαλε ὕπνον ἐπὶ τὸν Πρόβον ἕως οὗ καταξιωθῶ τοῦ ἁγίου βαπτίσματος τῆς δωρεᾶς, ὅτι τούτου ἐφίεμαι τυχεῖν πάνυ, εἰς δόξαν καὶ αἶνον τοῦ ἁγίου ὀνόματός σου.

XIII. Ὁ δὲ Πρόβος ἔτι δειπνῶν ἐκέλευσεν ἀσφαλισθῆναι τὰς πύλας τῆς οἰκίας αὐτῶν διὰ ὠμῶν καὶ πονηρῶν στρατιωτῶν· καὶ ταῦτα αὐτοῦ διαταξαμένου, εὐθέως ὕπνωσεν ἐπὶ τοῦ ἀκουμβίτου. τότε οἱ παῖδες ἐλθόντες ἀπήγγειλαν τοῦτο τῇ Ξανθίππῃ πρὸς τὸ ἐξυπνῆσαι αὐτὸν, ἡ δὲ εἶπεν· Παύσατε, τέκνα μου, τοὺς λύχνους, καὶ ἐάσατε αὐτὸν οὕτως. πρωθύπνου δὲ γενομένου, λαβοῦσα τριακοσίους χρυσινοὺς, ἦλθεν πρὸς τὰς πύλας λέγουσα ἐν ἑαυτῇ· Ἴσως τῇ ποσότητι τῶν χρημάτων πεισθήσεται ὁ πυλωρός. ὁ δὲ, πονηρὸς ὢν καὶ ἀπονενοημένος, οὐκ ἐπείθετο τοῦτο πρᾶξαι· ἡ δὲ, λύσασα καὶ τὴν ζώνην αὐτῆς[1], διάλιθον οὖσαν διακοσίων χρυσινῶν, δίδωσιν αὐτῷ καὶ ἐξῆλθεν λέγουσα· Κύριε, τοὺς δούλους μου χρήμασιν πείθω διὰ τὸ μὴ τὸν κήρυκά σου Παῦλον θλιβῆναι ὑπὸ τοῦ Πρόβου. ἤρχετο δὲ ἡ Ξανθίππη ἐπὶ τὴν οἰκίαν Φιλοθέου τοῦ ἀπὸ ἐπάρχων, ὥσπερ ἐπὶ μεγίστῳ καὶ παραδόξῳ πράγματι, τρέχουσα καὶ δοξάζουσα[2] τὸν θεόν· διερχομένης οὖν αὐτῆς ἐν τινὶ τόπῳ, οἱ δαίμονες κατέδραμον αὐτὴν μετὰ πυρινῶν λαμπάδων καὶ ἀστραπῶν· ἡ δὲ στραφεῖσα ὁρᾷ κατόπισθεν αὐτῆς τὸ φρικτὸν ἐκεῖνο θέαμα, καὶ φόβῳ μεγάλῳ συσχεθεῖσα εἶπεν· Τί σοι λοιπὸν, ἀθλία ψυχὴ, γέγονεν; ὅτι ἐστερήθης τῆς ἐπιθυμίας σου· ἔτρεχες εἰς σωτηρίαν, ἔτρεχες εἰς[3] τὸ βάπτισμα, καὶ ἐνέπεσας εἰς τὸν δράκοντα καὶ τοὺς αὐτοῦ ὑπουργοὺς, καὶ ταῦτα τῶν ἁμαρτημάτων σου παρασκευασάντων σοι. ταῦτα δὲ λέγουσα, ἀπὸ πολλῆς ἀθυμίας καὶ τὴν ψυχὴν ἀπελέγετο· ὁ δὲ μέγας Παῦλος προμηνυθεὶς ὑπὸ τοῦ θεοῦ τὴν ἐπιδρομὴν τῶν δαιμόνων, παρευθὺ πλησίον αὐτῆς ἱστήκει, προάγοντος αὐτοῦ καὶ νεανίου εὐμόρφου[4]· καὶ παραχρῆμα ἀφαντωθείσης τῆς φαντασίας τῶν δαιμόνων εἶπεν αὐτῇ ὁ Παῦλος· Ἀναστῆθι, τέκνον Ξανθίππη, καὶ βλέπε τὸν ὑπό σου ποθούμενον κύριον, οὗ τῇ φλογὶ καὶ οὐρανοὶ σείονται καὶ ἄβυσσος μαραίνεται, ἐπὶ δέ σε ἐλθόντα καὶ οἰκτείροντα καὶ σώζοντα· ἴδε τὸν ἐναγκαλισάμενόν σου τὰς εὐχὰς καὶ παρευθὺ ὑπακούσαντα· βλέψον τὸν ἐν μορφῇ ἀνθρώπου[5] προσελθόντα, καὶ λαβὲ παρρησίαν κατὰ τῶν δαιμό-

[1] αὐτήν cod. [2] δοξάζου cod. [3] ἧς cod. [4] ἐμόρφου cod.
[5] εὐμόρφη ανου cod.

νων. ἡ δὲ ἀναστᾶσα ἀπὸ τοῦ ἐδάφους εἶπεν πρὸς αὐτόν· Διδάσκαλε, διατί με κατέλιπας ἔρημον; κἂν νῦν τάχυνον τοῦ σφραγίσαι με, ἵνα εἰ καὶ φθάσῃ ἐπ' ἐμὲ θάνατος ἀπέλθω πρὸς ἐκεῖνον τὸν εὔσπλαγχνον καὶ ἀνυπερήφανον.

XIV. Εὐθέως οὖν λαβόμενος ὁ μέγας Παῦλος τῆς χειρὸς αὐτῆς, ἦλθεν ἐν τῇ οἰκίᾳ Φιλοθέου, καὶ ἐβάπτισεν αὐτὴν εἰς τὸ ὄνομα τοῦ πατρὸς καὶ τοῦ υἱοῦ καὶ τοῦ ἁγίου πνεύματος. εἶτα καὶ ἄρτον λαβὼν εὐχαριστίας ἐδίδου αὐτῇ λέγων· Ἔστω σοι τοῦτο εἰς ἄφεσιν ἁμαρτιῶν καὶ εἰς ἀνακαινισμὸν τῆς ψυχῆς σου. τότε λαβοῦσα ἡ μακαρία Ξανθίππη τὸ θεῖον χάρισμα τοῦ ἁγίου βαπτίσματος, ἐπανῄει ἐπὶ τὴν οἰκίαν αὐτῆς χαίρουσα καὶ δοξάζουσα τὸν θεόν. ὁ δὲ πυλωρὸς ἰδὼν αὐτὴν βιαίας ἀπώδυρετο φωνάς, ἵνα ὡς μὴ θέλοντος αὐτοῦ νομισθείη ἡ ὑπεξέλευσις αὐτῆς, εἴ γε νοήσει ὁ Πρόβος· ὁ δὲ φωτίσας αὐτὴν σὺν τῷ Παύλῳ κατέσχεν τὸν οἶκον ἅπαντα ὕπνῳ βαρεῖ σὺν τῷ Πρόβῳ, καὶ οὐδ' ὅλως ᾔσθοντο τῶν φωνῶν αὐτοῦ· αὐτὴ δὲ δρομαία παραγίνεται εἰς τὸν κοιτῶνα αὐτῆς, λέγουσα· Τί εἴπω περί σου, ἐπιζητητὰ τῶν ἁμαρτωλῶν, ὃς τὸ πλεῖστον μεθ' ἡμῶν ἀναστρέφῃ ἐν ταῖς θλίψεσιν; ποιεῖ δὲ ταῦτα ἡ ἀγαθότης σου· ὅτι διὰ τὸν ἄνθρωπον ὃν ἔπλασας ἕως θανάτου κατῆλθες· ὅσον γάρ σε ἐὰν παροργίσῃ ἄνθρωπος πολυπλασίως, τὰ ἐλέη σου ἐκχεεῖς ἐπ' αὐτὸν, δέσποτα. ὦ βάθος οἰκτιρμῶν καὶ πλοῦτος ἐλέους· ὦ ἀμετρητὸς ἀγαθότης καὶ ἀνείκαστος φιλανθρωπία· ὦ θησαῦρε τῶν ἀγαθῶν καὶ δότηρ ἐλέους καὶ πλουτόδοτα τῶν εἰς σὲ πιστευόντων· ἐὰν οὖν εἴπῃ ὁ ἀγαπῶν σε Ἐγγύς μου, κύριε, ἴσθί· αὐτὸς προλαβὼν ἐπ' αὐτὸν τυγχάνεις· ἐὰν εἴπῃ Εὐχαριστῶ σοι, ἐπακοῦσόν μου τῶν ῥημάτων· πρὸ τοῦ αὐτὰ λεχθῆναι αὐτὸς ἐφιστάσαι. καὶ περὶ μὲν τῶν αἰτούντων σε, κατὰ τὴν αἴτησιν παρέχεις ἑκάστῳ· τοὺς δὲ μὴ γινώσκοντάς σε ἐπιζητεῖ σου ἡ ἀγαθότης, καὶ πρὸς ἁμαρτωλοὺς τρέχεις· ὦ βλέμμα ἱλαρὸν, τῶν ἁμαρτωλῶν τὰς ὁδοὺς ἐλέους ἐμπιπλῶν· ὦ ἐπισκοπὴ ἀγαθὴ καὶ τῶν ἀγνοούντων προτροπή· τίς ἀναγγελεῖ τῷ κυρίῳ μου Παύλῳ τὴν νῦν γενομένην εἰς ἐμὲ σωτηρίαν; ἵνα αὐτὸς ἐλθὼν ἔδωκεν ὑπὲρ ἐμοῦ εὐχαριστηρίους φωνὰς ἐκείνῳ τῷ προστάτῃ τῶν ἁμαρτωλῶν· δεῦτε, ἴδετε πολλοὶ καὶ ἐπίγνωτε θεὸν, ἁμαρτίας μὲν μισοῦντα, ἁμαρτωλοὺς δὲ ἐλεοῦντα· δεῦρο λοιπὸν, ὦ τοῦ θεοῦ κῆρυξ Παῦλε, μετά σου γὰρ καὶ νῦν καθέζομαι ἐν τῇ διδασκαλίᾳ, καὶ δὸς ὑπὲρ ἐμοῦ εὐχαριστηρίους φωνάς· ἐγὼ γὰρ σιγῆσαι βούλομαι, διότι δειλαίνει με ὁ ἀνθρώπινος λογισμὸς, μήπως οὐκ ἔχω τῆς εὐφημίας τὸ χάρισμα· σιγῆσαι δὲ βούλομαι καὶ νικῶμαι τοῦ λαλεῖν, φλέγει γάρ με τις ἔσωθεν καὶ γλυκαίνει· ἐὰν εἴπω Συγκλείσω μου τὸ στόμα· ἔστιν τις κιννυρίζων ἐν ἐμοί· εἴπω δὲ μέγα; μήπως ἐκεῖνος ὁ ἐν Παύλῳ διδάσκαλος, ὁ ἀνυπερήφανος, ὁ οὐρανοὺς πληρῶν, ὁ ἔσωθεν λαλῶν καὶ ἔξωθεν προσδεχόμενος, ὁ ἐν θρόνῳ σὺν πατρὶ καθεζόμενος καὶ ἐπὶ ξύλου ὑπὸ ἀνθρώπων ἐφαπλούμενος· καὶ τὶ οὖν ποιήσω οὐκ οἶδα· ἠδύνει με ὁ εὐτελής μου νοῦς, καὶ οὐχ ἁπλοῦται εἰς πέρας. σὺ ὁ τὰς χεῖρας μετὰ ἥλων παγεὶς καὶ λογχῇ τὴν πλευρὰν νυγεὶς, σὺ ὁ ἐκ τοῦ Ἰακὼβ ἀστὴρ, ἐκ δὲ τοῦ Ἰούδα σκύμνος, σὺ ἡ ἐκ τοῦ Ἰεσσαὶ ῥάβδος, ἐκ δὲ τῆς Μαρίας ἄνθρωπος καὶ θεὸς, σὺ ὁ ἐν τῷ κόλπῳ τοῦ πατρὸς ἀχώριστος θεὸς καὶ ὑπὸ τῶν χερουβὶμ ἀνατενιστὸς, καὶ ἐν τῷ Ἰσραὴλ ἐνυβριστὸς, δόξα σοι τῷ ἐπὶ γῆς ὀφθέντι καὶ ὑπὸ λαοῦ κρατηθέντι καὶ ἐπὶ ξύλου κρεμασθέντι καὶ ὑπὸ φήμης ἀνόμων ψευδῶς κλαπέντι, καὶ ἡμᾶς δημοσίως ἀγοράσαντι.

XV. Καὶ ἔτι ταῦτα αὐτῆς λεγούσης, ἐφάνη σταυρὸς ἐν τῷ ἀνατολικῷ τοίχῳ, καὶ εὐθέως εἰσῆλθεν δι' αὐτοῦ νεανίας εὐειδὴς, ἔχων κυκλόθεν ἀκτῖνας τρεμούσας αὐτὸν, καὶ ὑποκάτωθεν αὐτοῦ φῶς διαπλούμενον, ἐφ' ᾧ καὶ ἐβάδιζεν· καὶ εἰσελθόντος αὐτοῦ ἔνδον, ἐτρόμασαν πάντα τὰ θεμέλια τοῦ οἴκου ἐκείνου, καὶ ἤχησαν τρόμῳ μεγάλῳ. ἡ δὲ Ξανθίππη ἰδοῦσα ἠλάλαξε καὶ ἔπεσεν ἐπὶ τὴν γῆν ὥσπερ ἄπνους· αὐτὸς δὲ ὁ ἐλεήμων καὶ φιλάνθρωπος, μεταμορφωθεὶς εὐθέως ἐν σχήματι Παύλου, ἤγειρεν αὐτὴν λέγων· Ἀνάστα, Ξανθίππη, καὶ μὴ φοβοῦ· οἱ γὰρ τοῦ θεοῦ δοῦλοι οὕτως δοξάζονται. ἀναστᾶσα δὲ ἡ Ξανθίππη ἠτένιζεν εἰς αὐτὸν, καὶ νομίσασα τὸν Παῦλον εἶναι εἶπεν· Πῶς εἰσῆλθες ὧδε, ὁ τοῦ θεοῦ κῆρυξ, ὑπ' ἐμοῦ φ' χρυσινῶν δεδωρημένων τῷ πυλωρῷ καὶ τοῦτο δούλῳ μου ὄντι, σοῦ μὴ κεκτημένου χρυσίον; ὁ δὲ κύριος λέγει πρὸς αὐτήν· Ὁ δοῦλός μου Παῦλος παντὸς πλούτου ἐστιν εὐπορώτερος· ὅσον γὰρ ἂν ἐνταῦθα εὐπορήσῃ θησαῦρον, τοῦτον προπέμπει εἰς τὴν βασίλειαν τῶν οὐρανῶν, ἵνα ἐκεῖ ἀπελθὼν ἀναπαύσηται τὴν ἄληκτον καὶ αἰώνιον ἀνάπαυσιν· ὁ δὲ θησαῦρος Παύλου οὗτός ἐστιν· σὺ καὶ οἱ ὅμοιοί σου. ἀτενίσασα δὲ ἡ Ξανθίππη εἰς αὐτὸν, θέλουσά τι λέγειν, εἶδεν τὸ πρόσωπον αὐτοῦ λάμπον ὡς τὸ φῶς· καὶ θαμβηθεῖσα πάνυ, περιβαλοῦσα ἀμφοτέραις ταῖς χερσὶ τὸ πρόσωπον αὐτῆς, ἔθηκεν ἑαυτὴν εἰς τὸ ἔδαφος καὶ εἶπεν· Ἀποκρυβῆθι, δέσποτα, ἀπὸ τῶν σωματικῶν μου ὀφθαλμῶν, καὶ φώτισόν μου τὴν διάνοιαν· ἔγνων γὰρ λοιπὸν ὅστις εἶ· σὺ εἶ ἐκεῖνος οὗ πρόδρομος ἔτυχεν ὁ σταυρὸς, ὁ ἄνω μόνος ἐκ μόνου πατρὸς, καὶ κάτω μόνος ἐκ μόνης τῆς παρθένου μονογενὴς υἱός· σὺ εἶ ἐκεῖνος ὁ τὰς χεῖρας προσηλωθεὶς καὶ τὰς πέτρας διασχίσας· σὺ εἶ ἐκεῖνος ὃν οὐδεὶς ἕτερος βαστάσαι ἰσχύει εἰ μὴ ὁ κόλπος ὁ πατρικός.

XVI. Καὶ ταῦτα αὐτῆς λεγούσης ἀπεκρύβη ἀπ' αὐτῆς αὖθις ὁ κύριος· ἐν ἑαυτῇ δὲ γενομένη ἡ Ξανθίππη εἶπεν· Οἴμοι τῇ παναθλίᾳ, ὅτι οὐδείς μοι ἀνήγγειλεν τίς ἐστιν ἡ ἀντίχαρις τῶν δούλων πρὸς τὸν δεσπότην· εἰ ἦν ὧδε ὁ τοῦ θεοῦ κῆρυξ Παῦλος, πῶς εἶχεν ὑμνῆσαι; ἀλλὰ μήπως πρὸς τὰς τοιαύτας χαρίτας καὶ δωρεὰς καὶ αὐτοὶ σιωπήσωσι, δάκρυσι μόνον συνεχόμενοι· οὐ γὰρ δυνατὸν ἀξίως κατὰ τὴν αὐτοῦ χάριν ὑμνῆσαι τινά. καὶ ταῦτα λέγουσα συνεσχέθη ἐκλύσει πολλῇ ἀπὸ τῆς ἀσιτίας. σφόδρα γὰρ διακειμένη τῷ πόθῳ τοῦ Χριστοῦ ἐπελάθετο καὶ τῆς τροφῆς. κοπιάσασα οὖν πάνυ τῇ τε ἐγκρατείᾳ καὶ τῇ ὀπτασίᾳ καὶ τῇ ἀγρυπνίᾳ καὶ τῇ λοιπῇ σκληραγωγίᾳ ἀναστῆναι ἀπὸ τοῦ ἐδάφους οὐκ ἴσχυσεν.

XVII. Ἀνέστη δὲ καὶ Πρόβος ἀπὸ τοῦ ἀκουμβίτου πάνυ σκυθρωπός· ὄνειρον γὰρ ἐθεάσατο κοιμώμενος, καὶ ἦν κατηφὴς σφόδρα περὶ τούτου· ἰδὼν δὲ αὐτὸν καὶ ὁ πυλωρὸς μέλλοντα ἐξελθεῖν ἐπὶ τὴν ἀγορὰν, οὕτω τὸ πρόσωπον ἔχοντα κατηφὲς ἐφοβήθη πάνυ, ὅτι Μήπως, φησὶν, ἔγνω τὸ γεγονὸς, καὶ κακῶς με ἀπολέσει. αὐτὸς δὲ ὁ Πρόβος, ἐξελθὼν καὶ τυπώσας τοῖς ἀγοραίοις τὰ τῇ ἡμέρᾳ καὶ τῷ καιρῷ ἁρμόδια, ταχέως ὑπέστρεψεν εἰς τὴν οἰκίαν, καὶ λέγει τοῖς παισὶν αὐτοῦ· Καλέσατέ μοι ὀξέως τοὺς σοφοὺς Βάρανδον καὶ Γνωστέα. τῶν δὲ κληθέντων λέγει αὐτοῖς· Ὄνειρον τεθέαμαι φοβερώτατον πάνυ, καὶ τὰ εἰς αὐτὸ φανέντα κατὰ τὴν ἡμετέραν ἰσχὺν δυσδιάκριτα· ἃ φανερώσατέ μοι ὅμως ὑμεῖς, ὡς τῆς οἰκουμένης ἁπάσης ὑπέρτατοι ὄντες· φράσατέ μοι, ἀπαγγείλαντός μου αὐτό. λέγει αὐτῷ ὁ Βάρανδος· Εἰ μὲν ἐκ τῆς ἡμῶν σοφίας διακρίνεται τὸ ὅραμα, διαλύσομέν σοι αὐτό· εἰ δὲ ἐκ τῆς νυνὶ ἠκουσμένης πίστεως ἐστὶν, οὐ δυνησόμεθά σοι φράσαι· ἄλλης γὰρ σοφίας καὶ συνέσεώς ἐστιν· ὅμως λεγέτω ὁ κύριος καὶ δεσπότης ἡμῶν τὸ ὄναρ, καὶ ἴδωμεν εἰ ἔνι διάλυσις ἐν αὐτῷ. ὁ δὲ Πρόβος τῷ Γνωστεᾳ λέγει· Διὰ τί καὶ αὐτὸς οὐδὲν ἀποκρίνῃ; ὁ δὲ Γνωστέας εἶπεν· Τὸ ὄναρ οὐκ ἤκουσα, καὶ τί ἔχω εἰπεῖν ἀλλ' ὅπερ ἂν ᾖ εἰ ἐκ τῆς προφάσεως Παύλου ἐστίν; εἰπὲ νῦν, καὶ εὑρήσεις οὕτως. καὶ ὁ Πρόβος λέγει· Ὤμην ἑστάναι ἐν χώρᾳ τινὶ ἀδήλῳ καὶ ξένῃ, κἀκεῖσε καθέζεσθαι βασιλέα τινα αἰθίοπα, ὃς κατεῖχεν πᾶσαν τὴν γῆν, καὶ ἐδόκει μὴ τυχεῖν διαδοχῆς ποτε· καὶ παρειστήκεισαν αὐτῷ πλήθη ὑπουργῶν, καὶ πάντες ἐσπούδαζον εἰς τὴν ἀπώλειαν, καὶ ἐκυρίευον ἐπὶ πολύ. καὶ ὡς ἐδόκει ὁ αἰθίοψ ἐκεῖνος τῆς προθέσεως κεκρατηκέναι, ἀνέστη κόραξ, καὶ στὰς ἐπάνω αὐτοῦ ἔκραξεν φωνῇ οἰκτρᾷ· εὐθέως δὲ ἀνέστη ἐκ τῶν ἀνατολικῶν μερῶν ἀετὸς, καὶ ἥρπασε τὴν βασίλειαν αὐτοῦ, καὶ ἐχαυνώθη τὸ κράτος αὐτοῦ· οἱ δὲ παρεστῶτες αὐτῷ προσέφυγον τῷ ἀετῷ. ὁ δὲ βασιλεὺς ἐκεῖνος ἠγωνίζετο κατὰ τῶν προσφευγόντων τῷ ἀετῷ· ὕψωσεν δὲ εἰς οὐρανὸν ὁ ἀετός· καὶ ἰδοὺ ἦλθέν τις βοηθὸς τῶν προσφευγόντων τῷ ἀετῷ, καὶ κατέλιπεν αὐτοῖς βακτηρίαν· καὶ οἱ κατασχόντες αὐτὴν οὐκ ἐκυριεύθησαν ὑπὸ τῆς βίας τοῦ βασιλέως ἐκείνου· ὅσοι δὲ ἔδραμον πρὸς τοὺς κατασχόντας τὴν βακτηρίαν, ἔλουσεν αὐτοὺς ὕδατι καθαρῷ· καὶ οἱ λουσάμενοι τῆς ἐκείνου βασιλείας ἐκυρίευον· καὶ τῇ βακτηρίᾳ ἐκείνῃ οἱ ἐχθροὶ τοῦ βασιλέως ἐφυγαδεύοντο· κατασχόντες οὖν ἄνδρες δυνατοὶ τὴν βακτηρίαν, ἐπέστρεφον πρὸς ἑαυτοὺς πλήθη πολλά. ἠγωνίζετο δὲ ὁ βασιλεὺς ἐκεῖνος κατ' αὐτῶν, καὶ οὐκ ἴσχυσεν οὐδ' ὅλως· πολλοὺς δὲ ἐνεπόδιζεν πιστεῦσαι ἐν[1] τῷ ἐξαποστείλαντι τοὺς ἄνδρας ἐν κόσμῳ διαμαρτύρασθαι, καὶ διὰ προφάσεως ἐλυποῦντο[2] πολλοί· οὐ μέντοι δὲ ἐβιάζετό τινα ὥσπερ ἐκεῖνος· παντὸς γὰρ τοῦ φωτὸς αὐτὸς κατεβασίλευεν[3]. ἕως ὧδε τὸ πέρας.

XVIII. Τότε ὁ σοφὸς Βάρανδος εἶπεν· Τῇ χάριτι τοῦ θεοῦ τὰ ἀπεσταλμένα ἐν κόσμῳ παρὰ κυρίου λέξω· ὁ βασιλεὺς ὃν εἶδες ὁ διάβολός ἐστιν, τὰ δὲ πλήθη τῶν ὑπουργούντων εἰσιν οἱ δαίμονες, οἱ δὲ ὄχλοι ἐκεῖνου εἰσὶν οἱ προσκυνοῦντες τοῖς θεοῖς· ὅτι δὲ ἐνόμιζεν διαδοχὴν μὴ ἔχειν, οὐ προσεδόκα τὴν παρουσίαν Χριστοῦ· ὁ δὲ κόραξ τὴν ἀσθένειαν τῆς βασιλείας αὐτοῦ ἐμήνυσεν· καὶ γὰρ ὁ κόραξ τὴν ὑπακοὴν τοῦ δικαίου Νῶε οὐκ ἐφύλαξεν, ἀλλ' ἠγάπησε τὰ οἰκτρά. ὁ δὲ ἀετὸς ὁ ἀναστὰς καὶ ἁρπάσας

[1] εἰς cod. [2] ἐλλυποῦντο cod. [3] καθ (marg.) ἐβασίλευεν cod.

τὴν βασίλειαν αὐτοῦ καὶ ὑψώσας εἰς οὐρανὸν, καὶ ὅτι ἦλθέν τις προστάτης τῶν προσφευγόντων τῷ ἀετῷ κατέχων βακτηρίαν, οὗτός ἐστιν ὁ κύριος Ἰησοῦς Χριστὸς, ὃς κατέλιπεν αὐτοῖς βακτηρίαν, τουτέστιν τὸν τίμιον αὐτοῦ σταυρὸν, καὶ ὅτι ἔλουσεν τοὺς προσφυγόντας αὐτῷ, τὸν ἀκαταμάχητον τοῦ βαπτίσματος σημαίνει θώρακα καὶ διὰ τοῦτο οὐκ ἐκυριεύθησαν. οἱ δὲ ἀπεσταλμένοι ἐν κόσμῳ μετὰ τοῦ σταυροῦ ἄνδρες δυνατοί εἰσιν οἱ κήρυκες τοῦ θεοῦ οἱ κατὰ Παῦλον τὸν νυνὶ μεθ' ἡμῶν ὄντα, καθ' ὧν οὐδὲν ἐνισχύει ὁ βασιλεὺς ἐκεῖνος. ἐγνώσθη δέ σοι τοῦτο, ὅτι καὶ τοῖς δυσπιστοῖς διὰ προφάσεως ἐξιλεοῦται ὁ θεός· ὅρα οὖν μήπως καὶ σὺ θέλων κακῶσαι τὸν Παῦλον ἰσχύσεις. ἐφάνη γάρ σοι παρὰ κυρίου ἡ ὑπερασπίζουσα αὐτοῦ ἰσχυρὰ δύναμις. σύνες οὖν τὰ λεχθέντα σοι παρ' ἐμοὶ, καὶ μὴ ὑπουργήσῃς τῷ βασιλεῖ ἐκείνῳ τῷ ζοφώδει· ὥσπερ γὰρ εἶδες τὴν βασίλειαν αὐτοῦ ἀφαντωθεῖσαν, οὕτως σὺν αὐτῷ ἀπολοῦνται καὶ πάντες οἱ ὑπουργοὶ αὐτοῦ. δεῦρο οὖν λοιπὸν, κύριέ μου, προσέλθωμεν τῷ Παύλῳ καὶ λάβωμεν παρ' αὐτοῦ τὸ λοῦτρον, ἵνα μὴ κατακυριεύσῃ καὶ ἡμῶν ὁ Σατανᾶς. ὁ δὲ Πρόβος εἶπεν· Ἀπέλθωμεν πρότερον πρὸς τὴν Ξανθίππην καὶ ἴδωμεν εἰ ἔτι ζῇ· ἰδοὺ γὰρ εἰσὶν ἡμέραι εἴκοσι καὶ θ' ἀφ' οὗ οὐδενὸς ἐγεύσατο· ἑσπέρας γὰρ εἶδον τὸ πρόσωπον αὐτῆς, καὶ ἦν ὡς πρὸς τὴν ἔξοδον ἑτοιμόν.

XIX. Ἀπελθόντων δὲ αὐτῶν εἰς τὸν κοιτῶνα, ἤκουον αὐτῆς ψαλλούσης·

Αἰνεῖτε καὶ οἱ ἁμαρτωλοὶ τὸν θεὸν, ὅτι προσδέχεται καὶ ὑμῶν τὰς εὐχάς· ἀλληλουΐα.

αἰνεῖτε καὶ οἱ κατ' ἐμὲ ἀπεγνωσμένοι τὸν κύριον, ὅτι πολλὰ τὰ ἐλέη αὐτοῦ· ἀλληλουΐα.

αἰνεῖτε αὐτὸν οἱ ἀσεβεῖς, ὅτι δι' ὑμᾶς ἐσταυρώθη· ἀλληλουΐα.

αἰνεῖτε αὐτὸν οἱ ἀγωνιζόμενοι ὑπὲρ σωτηρίας τῶν ἁμαρτωλῶν, ὅτι ὑμᾶς ἀγαπᾷ ὁ θεός· ἀλληλουΐα.

αἰνεῖτε αὐτὸν οἱ χαίροντες ἐπὶ ἀνακλήσει ἁμαρτωλῶν, ὅτι ὑμεῖς ἐστε συμπολῖται τῶν ἁγίων· ἀλληλουΐα.

ταῦτα δὲ αὐτῆς λεγούσης, καὶ τούτων πλείονα μετὰ δακρύων, ἀνοίξαντες οἱ σοφοὶ Βάρανδος καὶ Γνωστέας εἰσῆλθον καὶ προσπίπτουσιν αὐτῇ λέγοντες· Εὖξαι ὑπὲρ ἡμῶν τῶν ταπεινῶν, δούλη τοῦ Χριστοῦ, τοῦ καταγεῖναι καὶ ἡμᾶς εἰς τὸν σὸν ἀριθμόν. ἡ δὲ εἶπεν αὐτοῖς· Ἀδελφοί, οὐκ εἰμὶ ἐγὼ Παῦλος ὅστις ἀφίησιν ἁμαρτίας, ἀλλ᾽ οὐδὲ μακρὰν ὑμῶν ἐστιν ἐκεῖνος. ἐμοῦ οὖν τοῖς γόνασι μὴ προσπίπτετε· ἀλλὰ ἀπέλθετε εἰς αὐτὸν, ὅστις καὶ μᾶλλον δύναται ὑμᾶς εὐεργετῆσαι. οἱ δὲ δρομαῖοι παραγίνονται εἰς τὴν οἰκίαν Φιλοθέου πρὸς τὸν Παῦλον, καὶ εὗρον αὐτὸν διδάσκοντα ὄχλον πολύν· ἦλθεν δὲ καὶ ὁ Πρόβος ἀκοῦσαι τοῦ Παύλου· συνεισῆλθεν δὲ καὶ ἡ Ξανθίππη ἀσπάσασθαι αὐτὸν, καὶ φθάσασα ἐγγὺς τοῦ Παύλου καὶ κλίνασα τὰ γόνατα, προσεκύνησεν αὐτῷ. ὁ δὲ Πρόβος ἰδὼν ἐθαύμασεν ὅτι τὸ τοιοῦτον αὐτῆς ὑψηλὸν φρόνημα εἰς τοσαύτην ταπείνωσιν κατέστη· ἐκάθισεν γὰρ παρὰ τοὺς πόδας τοῦ Παύλου χαμαὶ ταπεινῶς καὶ ὡς μία τῶν εὐτελῶν· καὶ ἐλυπεῖτο ὁ Πρόβος πάνυ, μηκέτι γινόμενος πρὸς τὴν ἀκρόασιν τοῦ λόγου· ἀλλ᾽ ἦν ἀτενίζων καὶ προσέχων εἰς τὴν Ξανθίππην ἀεί.

XX. Ὁ δὲ μέγας Παῦλος ἐδίδασκεν ὅτι Οἱ πυρούμενοι τῇ σαρκὶ τὸν ἔννομον γάμον τηρείτωσαν παραιτούμενοι τὰς πορνείας, ἐξαιρέτως τὸ πρὸς ἀλλοτρίαν γυναῖκα, καὶ οἱ ζευχθέντες ἀλλήλους φυλασσέτωσαν. ὁ δὲ Πρόβος ἡδέως ἤκουσεν ταύτης τῆς διδασκαλίας, καὶ εἶπεν· Ὦ Παῦλε, τί καλῶς καὶ σοφῶς κέχρησαι τῇ διδασκαλίᾳ ταύτῃ· τί οὖν ὅτι ἀπεχωρίσθη μου ἡ Ξανθίππη; καὶ ὁ Παῦλος λέγει· Τέκνον Πρόβε, οἱ προορῶντες ὅτι τὰ ἔργα τῶν ἀνθρώπων ἐν πυρὶ δοκιμάζονται, καὶ οἱ ἀεὶ ἔχοντες ἐν τῇ διανοίᾳ τὸ ἀπαραίτητον τοῦ θανάτου πᾶσαν ἐπιθυμίαν προσκειμένην τῇ σαρκὶ ἐκβάλλουσιν· οὐαὶ δὲ ὅταν κρίνῃ ἡ ἐπιθυμία τὸν ἐπιθυμητήν. τότε βρύξει ἀνωφελῆ καὶ μάταιον βρυγμόν· ἡ γὰρ διόρθωσις τῆς μετανοίας παρέρχεται. ταῦτα δὲ ἀκούσας ὁ Πρόβος ἐπανῄει εἰς τὴν οἰκίαν αὐτοῦ θαυμάζων καὶ οὐδενὸς ἐγεύσατο τὴν ἡμέραν ἐκείνην, ἀλλὰ ἀπελθὼν ἀνέπεσεν ἐπὶ τῆς κλίνης αὐτοῦ· καὶ περὶ τρίτην ὥραν τῆς νυκτὸς ἀναστὰς εἶπεν· Οἴμοι, τί σκληρὰ ἡ ἡμέρα ᾗ ἐγὼ τῇ Ξανθίππῃ συνεζεύχθην· εἴθε ἀπέθανον καὶ μὴ ἑώρων αὐτήν. ταῦτα εἰπὼν ἀναστὰς λέγει· Προσεύξομαι πρὸς τὸν θεὸν Παύλου· ἴσως ποιήσει καὶ εἰς ἐμὲ τὰ συμφέροντα ἵνα μὴ παρεθεὶς δι᾽ αὐτὴν ὄνειδος ἐν κόσμῳ γένωμαι. καὶ εὐθέως πεσὼν ἐπὶ τὴν γῆν ἔλεγεν· Ὁ θεὸς Παύλου, εἰ ὡς ἤκουσα παρὰ Ξανθίππης καὶ τοὺς ἀγνοοῦντος ἐπιζητεῖς καὶ πλανωμένους ἐπιστρέφεις, ποίησον κἀμοὶ τὰ συμφέροντα· σὺ γὰρ βασιλεὺς ζωῆς καὶ θανάτου, ὡς ἤκουσα, καὶ σὺ δεσπόζεις τῶν ἐπουρανίων καὶ ἐπιγείων <καὶ> καταχθονίων πασῶν τε τῶν *διανοιῶν καὶ τῶν ἐνθυμησέων τῶν ἀνθρώπων καὶ σοὶ πρέπει μόνῳ ἡ δόξα εἰς τοὺς αἰῶνας· ἀμήν.*

XXI. Τότε ἀναστὰς ἀπὸ τοῦ ἐδάφους ὁ Πρόβος ἀνέπεσεν πάλιν ἐπὶ τὴν κλίνην· καὶ τὸ πρωῒ ἀναστὰς ἦλθεν πρὸς τὸν Παῦλον, καὶ εὑρὼν αὐτὸν βαπτίζοντα πολλοὺς εἰς τὸ τῆς ζωαρχικῆς τριάδος ὄνομα, λέγει· Εἰ ἄρα ἄξιός εἰμι, κύριέ μου Παῦλε, λαβεῖν τὸ βάπτισμα, ἰδοὺ ἡ ὥρα. λέγει αὐτῷ ὁ Παῦλος· Τέκνον, ἰδοὺ ἕτοιμον τὸ ὕδωρ πρὸς καθαρισμὸν τῶν προσερχομένων τῷ Χριστῷ. παρευθὺ οὖν σπουδαίως ἀποδυσάμενος τὰ ἱμάτια αὐτοῦ, κρατοῦντος αὐτὸν τοῦ Παύλου, εἰσεπήδησεν εἰς τὸ ὕδωρ, λέγων· Ἰησοῦ Χριστέ, υἱὲ τοῦ θεοῦ καὶ θεὲ αἰώνιε, πᾶσα μου ἁμαρτία ὑπὸ τοῦ ὕδατος τούτου κατασχεθείη. ὁ δὲ Παῦλος εἶπεν· Βαπτίζομέν σε εἰς ὄνομα πατρὸς καὶ υἱοῦ καὶ ἁγίου πνεύματος. καὶ εἶθ' οὕτως ἐποίησεν αὐτὸν τῆς εὐχαριστίας μεταλαβεῖν τοῦ Χριστοῦ. τότε ἡ Ξανθίππη περιχαρὴς γενομένη πάνυ, περὶ τὴν ἑσπέραν ὥρμησεν σὺν τῷ ἀνδρὶ ἐν τῇ οἰκίᾳ τοῦ δοῦναι εὐφρασίαν πᾶσιν τοῖς ἐν τῷ οἴκῳ καὶ ἑορτὴν ἐπιτελέσαι· καὶ ἐλθόντων αὐτῶν, διαταξαμένη δεῖπνον λαμπρὸν γενέσθαι, ἀνήρχετο αὐτὴ ἐπὶ τρίκλινον. καὶ ἰδοὺ ἐπὶ τὴν κλίμακα δαίμων ἐπελθὼν ἐν ὁμοιώματι ἑνὸς τῶν μίμων, στὰς ἐν γωνίᾳ σκοτεινῇ ἐβούλετο ἐκφοβῆσαι καὶ δειλαίνειν τὴν Ξανθίππην. αὐτὴ δὲ νομίσασα εἶναι τὸν μῖμον ὃν εἶχον κατὰ συνήθειαν, χολέσασα εἶπεν· Πλειστάκις αὐτῷ εἶπον ὅτι οὐκέτι παιγνίων ἀνέχομαι, καὶ περιφρονεῖ μου ὡς γυναικός· καὶ εὐθέως ἁρπάσασα κογχοστάτην σιδηροῦν, ῥίπτει εἰς τὸ πρόσωπον αὐτοῦ καὶ συνέτριψεν αὐτοῦ ὅλην τὴν ὄψιν. τότε ὁ δαίμων ἀνεβόησε λέγων· Ὦ βία· ἀπὸ τούτου χανότου καὶ αἱ γυναῖκες ἔλαβον ἐξουσίαν τοῦ τύπτειν ἡμᾶς. ἡ δὲ Ξανθίππη ἐδείμασεν σφόδρα.

XXII. Μετὰ γοῦν τὸ δεῖπνον προῆλθεν ὁ Πρόβος πρὸς ἀκρόασιν τοῦ λόγου· ἡ δὲ Ξανθίππη ἐν τῷ κοιτῶνι αὐτῆς καθεσθεῖσα ἀνεγίνωσκεν τοὺς προφήτας, ἀνακειμένης τῆς ἀδελφῆς αὐτῆς τῆς Πολυξένης ἐπὶ τῆς κλίνης· ἠγάπα δὲ σφόδρα ἡ Ξανθίππη τὴν Πολυξένην ὅτι ἦν νεωτέρα ὑπὲρ αὐτὴν, καὶ ὡραία τῇ ὄψει· καὶ ὁ Πρόβος δὲ ἠγάπα αὐτὴν πάνυ. καὶ ἐν τῷ κατακεῖσθαι τὴν Πολυξένην ἐπὶ τῆς κλίνης, ὁρᾷ τοιοῦτον ὄναρ, ὅτι ἐλθὼν δράκων αἰσχρὸς τῷ εἴδει διενεύετο αὐτῇ ἥκειν πρὸς αὐτόν· τῆς δὲ μὴ ὑπακουσάσης τοῦ ἐλθεῖν, δραμὼν κατέπιεν αὐτήν. ἡ δὲ παῖς ἐκ τοῦ φόβου ἀνεπήδησεν ἔντρομος·

ἡ δὲ Ξανθίππη προσδραμοῦσα εἶπεν· Τί σοι γέγονεν, φιλτάτη, ὅτι οὕτως ἀνεπήδησας ἀθρόως; ἡ δὲ ἐπὶ ὥραν πολλὴν λαλεῖν οὐκ ἠδύνατο· εἶτα εἰς ἑαυτὴν ἐλθοῦσα λέγει· Οἴμοι, ἀδελφή μου Ξανθίππη, ποῖός μοι κίνδυνος προΐσταται ἢ θλῖψις οὐ γινώσκω· ἑώρων γὰρ ἐν τῷ ὕπνῳ μου ὅτι δράκων αἰσχρὸς ἐλθὼν διένευέν μοι ἐλθεῖν πρὸς αὐτόν· ἐμοῦ δὲ μὴ βουλομένης ἀπελθεῖν, δραμὼν κατέπιέν με ἀπὸ ποδῶν λαβόμενος· ἐμοῦ δὲ συνταρασσομένης εἰς τὸ ἡλίου φῶς ἄφνω ἐκ τοῦ ἀέρος νεανίας τις εὐειδὴς ὃν ἐνόμιζον ἀδελφὸν εἶναι Παύλου ἐφώνησεν λέγων· Ἀμήν· οὐκ ἰσχύεις οὐδέν. ὅστις καὶ λαβόμενός μου τῆς χειρὸς ἐξέσπασέν με παραυτίκα ἐξ αὐτοῦ, καὶ εὐθέως ὁ δράκων ἀφανὴς ἐγένετο· καὶ ἰδοὺ ἡ χεὶρ αὐτοῦ ἦν εὐωδίας πλήρης ὡς ἐκ βαλσάμου ἢ ἄλλης τινὸς ἐπὶ εὐπνοίας. λέγει πρὸς αὐτὴν ἡ Ξανθίππη· Ὄντως μεγάλως ἔχεις θλιβῆναι, ἀδελφή μου Πολυξένη· πλὴν ἔχει σε ἰδίαν ὁ θεός, ὅτι ἔδειξέν σοι ξένα καὶ θαυμάσια· ὄρθρου οὖν ταχὺ ἀναστᾶσα λαβὲ τὸ ἅγιον βάπτισμα, καὶ αἴτησαι ἐν τῷ βαπτίσματι ῥυσθῆναι σε τῶν τοῦ δράκοντος παγίδων.

XXIII. Ταῦτα εἰποῦσα ἡ Ξανθίππη πρὸς τὴν Πολυξένην, καὶ ποιήσασα σταυρὸν διὰ ξύλου ἦλθεν πρὸς τὸν Παῦλον. ἔμεινεν δὲ μόνη ἡ Πολυξένη ἐν τῷ κοιτῶνι, τῆς τροφοῦ αὐτῆς ἅμα τῇ Ξανθίππῃ πορευθείσης· καὶ δὴ τῆς νυκτὸς μεσαζούσης, ἀνήρ τις δυνατὸς ἐν χρήμασι καὶ βοηθείᾳ εὑρὼν ἀνεῳγμένας τὰς θύρας χρησάμενος μαγικῇ τέχνῃ εἰσῆλθεν ἔνδον, θέλων καθαρπάσαι τὴν Πολυξένην· αὐτὴ δὲ νοήσασα ἔφυγεν εἰς μυλῶνα· εὗρον δὲ αὐτὴν οἱ μάγοι ὁδηγούμενοι ὑπὸ δαιμόνων. αὐτὴ δέ, μὴ εὑρίσκουσα διὰ ποίας ἐξέλθῃ θύρας, ἔλεγεν· Οἴμοι τῇ παραδεδομένῃ τῷ λυμεῶνι τούτῳ. ἤκουσεν γὰρ ὅτι μετὰ τοῦ μνηστῆρος αὐτῆς ἐποίησεν μαχὴν, καὶ εἰς ἄμυναν καὶ λύπην αὐτοῦ τοῦτο ἐποίησεν· ἦν γὰρ ἀνὴρ ἀποστερητὴς καὶ ἀνήμερος πάνυ. λαβόντες οὖν αὐτὴν ἐξῆλθον τῆς πόλεως, ἕλκοντες ἐπὶ τὴν θάλασσαν· αὐτῆς δὲ περιβλεπομένης ἔνθεν κἀκεῖθεν, οὐδεὶς ἦν ὁ ἐξαιρούμενος αὐτήν· καὶ στενάξασα εἶπεν· Οἴμοι, ἀδελφή μου Ξανθίππη, ἑπτακοσίους χρυσινοὺς ἔπεμψας εἰς Ῥώμην καὶ ἐκομίσω βίβλους ἵνα τὰ ἐμὰ δι' αὐτῶν προφητεύσῃς· ἑσπέρας γὰρ ἀνεγίνωσκες κατενόουν εἰς δεξιὰ καὶ ἐπέβλεπον, καὶ οὐκ ἦν ὁ ἐπιγινώσκων με· ἀπώλετο φυγὴ ἀπ' ἐμοῦ καὶ οὐκ ἔστιν ὁ ἐκζητῶν τὴν ψυχήν[1] μου.

[1] τύχην cod.

XXIV. Ταῦτα δὲ αὐτῆς λεγούσης, ὥδευον οἱ καθέλκοντες ἐν τάχει· καὶ δὲ φθασάντων αὐτῶν τὸν αἰγιαλὸν, μισθωσάμενοι πλοῖον ὥρμουν ἐπὶ τὴν Βαβυλωνίαν· εἶχεν γὰρ ἐκεῖ ἀδελφὸν τοπάρχην ὁ καθαρπάσας αὐτήν· ἀντέπνευσεν δὲ ὁ ἄνεμος ἐναντίος τοῦ μὴ πορευθῆναι αὐτοὺς δι' ἐκείνης· κωπηλατούντων δὲ αὐτῶν ἐν τῇ θαλάσσῃ, ἰδοὺ καὶ ὁ μέγας ἀπόστολος τοῦ κυρίου Πέτρος ἦν παράγων ἐν πλοίῳ, ἐπειγόμενος ὑπὸ ὁράματος γενέσθαι εἰς Ῥώμην, διὰ τὸ ἐξελθόντος Παύλου ἐπὶ τὴν Ἱσπανίαν εἰσελθεῖν ἐν τῇ Ῥώμῃ πλάνον τινα καὶ μάγον ὀνόματι Σίμωνα, καὶ διαλῦσαι τὴν ἐκκλησίαν ἣν συνεστήσατο ὁ Παῦλος. καὶ ἰδοὺ πορευομένου αὐτοῦ ἤκουσεν φωνῆς οὐρανόθεν λεγούσης αὐτῷ· Πέτρε, αὔριον συναντήσει σοι πλοῖον ἐρχόμενον ἀπὸ τῆς Ἱσπανίας· ἀναστὰς οὖν ὑπὲρ τῆς ἐν αὐτῷ τεθλιμμένης ψυχῆς προσεύξαι. ἅμα δὲ εἶδεν ὁ Πέτρος τὸ πλοῖον, εἶπεν, μνησθεὶς τοῦ ὁράματος· Μεριμνητὰ τῶν τεθλιμμένων Ἰησοῦ, ὃν ἡ θλῖψις τῶν ἐν ξενιτείᾳ κινεῖ πρὸς εὐσπλαγχνίαν, ὃν ὁ κλαυθμὸς τῶν ἐν αἰχμαλωσίᾳ ἐπὶ γῆς σε ἐλθεῖν ἐποίησεν, ὁ δωρούμενος ἡμῖν πάντοτε ὅσα βουλόμεθα, καὶ μηδέποτε ἀποστρεφόμενος τὴν αἴτησιν ἡμῶν· ποίησον καὶ νῦν ἔλεος καὶ ἀντίληψιν μετὰ τῆς ψυχῆς τῆς ἐν τῷ πλοίῳ ἐκείνῳ χειμαζομένης· ὅτι σὺ πάντοτε οἰκτείρεις τοὺς ἐν ὀδύνῃ, κύριε. οἱ δὲ δαιμόνες αἰσθόμενοι τῆς προσευχῆς ἔλεγον τοῖς μάγοις· Ἀπονεύσατε ὑμεῖς τὴν ὁρμὴν τοῦ πλοίου ἐκείνου. ἂν γὰρ συναντήσωμεν αὐτῷ, οὐ κἂν κινήσωμεν.

XXV. Τοῦ δὲ φιλανθρώπου θεοῦ προνοουμένου τῆς Πολυξένης, κατήντησεν τὸ πλοῖον εἰς τὴν Ἑλλάδα, τοῦ μακαρίου Φιλίππου ἐκεῖσε ὄντος, καὶ ὑπὸ ὁράματος ἐλθόντος εἰς τὸν αἰγιαλόν· ἠκολούθουν δὲ αὐτῷ καὶ ὄχλοι πολλοὶ διδασκόμενοι ὑπ' αὐτοῦ. καὶ ἰδοὺ ἀνεφάνη τὸ πλοῖον ἔνθα ἦν ἡ Πολυξένη, δεινῶς χειμαζόμενον· καὶ εἶπεν ὁ μακάριος Φίλιππος· Ἰδοὺ τὸ πλοῖον περὶ οὗ καὶ κατῄειμεν ἐνθάδε, ἐν ᾧ τεθλιμμένη ἐστὶν ψυχὴ ἐν αὐτῷ. φθάσαντος δὲ τοῦ πλοίου καὶ ἐκκομισθέντων πάντων ἐπὶ τῆς ξηρᾶς ἔκειντο ὡς ἡμιθανεῖς διὰ τὸ σφοδρῶς αὐτοὺς χειμασθῆναι ἐν τῇ θαλάσσῃ. ὁ δὲ ἀπόστολος Φίλιππος ἐκέλευσεν βασταχθῆναι τὴν Πολυξένην καὶ ἀχθῆναι ἐν ᾧ αὐτὸς ξενίζεται τόπῳ, τοὺς δὲ λοιποὺς περιποιηθῆναι. ὁ δὲ καθαρπάσας τὴν Πολυξένην, κουφισθεὶς τῆς θαλαττίας ταραχῆς, ἠβουλήθη λαβεῖν αὐτήν. ὁ γὰρ Φίλιππος, παραδοὺς τὴν

Πολυξένην τινὶ τῶν μαθητευθέντων ὑπ' αὐτοῦ, ὥρμησεν ἐπὶ τὴν ὁδὸν αὐτοῦ χαίρων· ὁ δὲ ἔχων αὐτὴν ἔλεγεν ὅτι Ὑπὸ ἁγίου ἀνδρὸς παρεδόθη μοι, καὶ οὐ δύναμαί σοι αὐτὴν παραδοῦναι. ὁ δὲ, μηδ' ὅλως ἀνασχόμενος, εὑρὼν ἐκεῖσε συγγενέα αὐτοῦ κόμητα, παρασκευάζεται εἰς πόλεμον, συναγαγὼν χιλιάδας ὀκτώ· γνοῦσα δὲ τοῦτο ἡ Πολυξένη, ἐξελθοῦσα νυκτὸς ἀνεχώρησεν· ὁ δὲ ὑπὲρ τῆς Πολυξένης ἐνεχόμενος ἔλεγεν ὅτι Λαβὼν τὸν ἐπενδύτην τοῦ Φιλίππου μόνος ἐξελεύσομαι εἰς συνάντησιν αὐτῶν. ταῦτα δὲ αὐτοῦ λέγοντος, ἀπηγγέλη αὐτῷ ὅτι ἡ παρθένος οὐκ ἔστιν ὧδε· ὁ δὲ, ἐάσας τὴν περὶ τοῦ πολέμου μέριμναν, δραμὼν ἐν τῷ κοιτῶνι καὶ μὴ εὑρὼν τὴν παρθένον ἔρριψεν ἑαυτὸν εἰς τὸ ἔδαφος λέγων· Οἴμοι τῷ ἀθλίῳ, τῷ ἐχθρῷ Φιλίππου γενομένῳ· τί αὐτῷ ἀπολογήσομαι, ὅταν ζητῇ τὴν παρθένον ἀπ' ἐμοῦ; οἱ δὲ παῖδες προσελθόντες λέγουσιν αὐτῷ· Ἀνάστα, κύριε ἡμῶν, ἀπὸ τοῦ ἐδάφους, ὅτι ἐκύκλωσεν ἡ βοηθεία τὸν οἶκόν σου, καὶ ἡ παρθένος οὐχ εὑρίσκεται. ὁ δὲ εἶπεν· Ἐάσατέ με οὕτως δι' αὐτὴν ἀποθανεῖν· ἴσως κἂν ἐν τούτῳ πληροφορηθῇ ὁ δοῦλος τοῦ Χριστοῦ Φίλιππος· ἐπεὶ εὑρεθήσομαι ὡς καταφρονήσας αὐτοῦ τῆς ἐντολῆς. ἰδόντες δὲ οἱ παῖδες ὅτι οὐκ ἀνέχεται αὐτῶν ἐβουλεύσαντο φυγεῖν ἀπ' αὐτῶν τῶν πολεμίων· πάλιν δὲ μετὰ μικρὸν τῇ τοῦ θεοῦ προνοίᾳ κινηθέντες εἶπον· Οὐ δίκαιόν ἐστιν ἀποθανεῖν τὸν κύριον ἡμῶν· δεῦτε ἄραντες τὸ σημεῖον τοῦ σταυροῦ ἐξέλθωμεν εἰς ἀπάντησιν αὐτῶν. τότε ἄραντες τὸν τίμιον σταυρὸν ὡσεὶ τριάκοντα ἄνδρες ἐξῆλθον ἐπὶ τοὺς πολεμίους, καὶ ἔκοψαν χιλιάδας ε´· οἱ δὲ λοιποὶ ἔφυγον· ὑπέστρεψαν δὲ μετὰ νίκης πρὸς τὸν κύριον αὐτῶν ὑμνοῦντες τὸν θεὸν καὶ λέγοντες· Τίς θεὸς μέγας ὡς ὁ θεὸς ἡμῶν, ὃς οὐκ ἀφῆκεν τὸν δοῦλον αὐτοῦ ὑπὸ ἀνόμων ἀναιρεθῆναι; καὶ προσελθόντες πρὸς τὸν κύριον αὐτῶν ἔτι κλαίοντα εἶπον πρὸς αὐτόν· Ἀναστῆθι, κύριε, καὶ μὴ κλαῖε· ὅτι οὐχ ὡς ἡμεῖς θέλομεν συμφέρει, ἀλλ' ὡς ὁ κύριος.

XXVI. Ἡ δὲ Πολυξένη ἐξελθοῦσα τῆς πόλεως καὶ μὴ ἐπισταμένη διὰ ποίας ὁδεύσῃ ὁδοῦ, εὑρέθη εἰς ἐρήμους τόπους ὀρέων, καὶ καθεσθεῖσα μετὰ δακρύων ἔλεγεν οὕτως· Οἴμοι τῇ ἀπερριμμένῃ καὶ αἰχμαλώτῳ, ὅτι οὐδὲ θηρίου σπήλαιον εὑρίσκω εἰς ἀνάπαυσιν· οἴμοι τῇ ἐγκαταλελειμμένῃ, ὅτι οὐδὲ ᾅδης ὃν οὐδεὶς λέληθεν κατέπιέν με· οἴμοι τῇ ποτὲ μήτε τοῖς παισί μου φαινομένῃ, νῦν δὲ τοῖς δαίμοσιν θεατριζομένῃ. οἴμοι, ὅτι οἷς ὑπερηφάνουν ὀφθῆναι, νῦν δὲ τοῖς πᾶσιν πεφανέρωμαι· οἴμοι τήν ποτε εἰς εἴδωλα μανικήν· διὰ τοῦτο νῦν καὶ τὸ τοῦ θεοῦ ἔλεος παρεσιώπησέν με· τίνα οὖν ἐπικαλέσομαι πρὸς βοήθειαν; τὸν θεὸν Παύλου ὃν συνεχῶς παρώργισα; ἀλλὰ τίς βοηθήσει μοι νῦν; ὅτι οὐδεὶς ὁρᾷ καὶ προσέχει καὶ ἀκούει μου τοῦ στεναγμοῦ· ὄντως τοῦ βλέποντος τὰ ἀπόκρυφα δεηθήσομαι· τίς γὰρ τούτου συμπαθέστερος καὶ εὐσπλαγχνέστερος, τοῦ ἀεὶ τῶν τεθλιμμένων ἐπισκοπὴν ποιουμένου; ἀλλ' ἐν τῷ εἶναι ἀκάθαρτον καὶ μιαρόν μου τὸ στόμα, οὐ τολμῶ αἰτῆσαι παρ' αὐτοῦ ἀνάληψιν. εἴθε κἀγὼ ἤμην ὡς ἓν τῶν θηρίων ἵνα μὴ ᾔδειν τί ἐστιν αἰχμαλωσία. εἴθε ἐποντίσθην ἐν τῇ θαλάσσῃ· ἴσως τὸ θεῖον λοῦτρον λαβοῦσα ἀπῄειν ὅπου οὐδεὶς αἰχμαλωτίζεται. τί οὖν ποιήσω, ὅτι καὶ ὁ θάνατος βραδύνει καὶ ἡ νὺξ ἐπῆλθεν, καὶ ἀντίληψις οὐδαμοῦ. καὶ ταῦτα εἰποῦσα, ἀναστᾶσα ἤρξατο ὁδεύειν, καὶ διελθοῦσα αὐχένα μικρὸν ἐνέπεσεν εἰς ὕλην σφόδρα δασεῖαν καὶ μεγάλην. καὶ εὑροῦσα ὀπὴν κοίλην[1] δένδρου ὃ ἦν σπήλαιον λεαίνης, παρεκαθέσθη ἐκεῖσε· ἡ γὰρ λέαινα ἐξελθοῦσα ἦν ἐπὶ τὴν ἑαυτῆς τροφήν. καθεζομένη δὲ ἔλεγεν· Ὦ γέννησις σκληρά· ὦ ὥρα βαρεῖα ἐν ᾗ ἐγὼ ἡ ἀθλία εἰς τὸν κόσμον προῆλθον· ὦ ἡ τεκοῦσα με μῆτερ, πῶς προϊδοῦσα μου τὰς θλίψεις καὶ τὴν ξενιτείαν, Πολυξένην με ὠνόμασας; ἆρά τις ἄλλος ἐνέπεσεν εἰς τοσαύτας θλίψεις καὶ συμφοράς. ὄντως περὶ ἐμοῦ τῆς ταλαιπώρου, ἀδελφή μου Ξανθίππη, ἀνεγίνωσκες λέγουσα ἐταλαιπώρηϲα καὶ κατεκάμφθην ἕωϲ τέλουϲ· ἀλλὰ ταῦτα σὺ ὀδυνωμένη ἐφθέγγου, ἐγὼ δὲ ἐπὶ στρωμνῆς ἀνεκείμην, μηδ' ὅλως μεριμνῶσα περὶ τῶν κακῶν μου. διὰ τοῦτο νῦν ἔφθασα εἰς βάθη κακῶν, καὶ ἐν ἐρήμοις αὐλίζομαι ὡς θηρίον· ἀλλὰ τὰ θηρία κἂν μεθ' ἑτέρων ὁμογενῶν διάγουσιν, ἐγὼ δὲ μεμόνωμαι, ὡς μὴ ὑπάρχουσα ὁμογενὴς ἀνθρώπων.

XXVII. Καὶ ὡς ἦν ταῦτα λέγουσα, καὶ πλείονα τούτων, ὁ ὄρθρος ἐπανῆλθεν, καὶ ἡ λέαινα παρεγένετο ἀπὸ τῆς θήρας αὐτῆς. ἰδοῦσα δὲ ἡ Πολυξένη τὸ θηρίον ἐτρόμασεν καὶ εἶπεν· <Κατὰ> τὸν θεὸν Παύλου, συμπάθησόν μοι τὸ θηρίον καὶ μή με σκορπίσῃς ἕως οὗ λάβω τὸ βάπτισμα. τὸ δὲ θηρίον φοβηθὲν τὸν ὅρκον ἀνέλυσε παραχρῆμα, καὶ μηκόθεν στὰν

[1] κουφὴν cod.

ἠτένιζεν εἰς αὐτήν· ἡ δὲ εἶπεν· Ἰδοὺ τὸ θηρίον ὑπήκουσέ μου, δώσω κἀγὼ τόπον τῷ οἴκῳ αὐτῆς. καὶ εὐθέως ἤρξατο ὁδεύειν πρὸς ἀνατολάς· τὸ δὲ θηρίον προῆγεν αὐτῆς ἕως οὗ ἐξῆλθε τῆς ὕλης. ἡ δὲ Πολυξένη εἶπεν· Τί σοι ἀνταποδώσω ἀντίχαριν, ὦ θηρίον; ὁ θεὸς Παύλου ἀνταποδώσει σοι τὴν ἀντιχάριτα ταύτην. καὶ ἀκοῦσαν τὴν εὐχὴν εὐθέως ὑπέστρεψεν τὸ θηρίον εἰς τὸν τόπον αὐτοῦ· αὐτὴ δὲ κατελθοῦσα εὗρεν ὁδὸν δημοσίαν, καὶ στᾶσα ἐπ' αὐτῆς ἔκλαιε μὴ εἰδυῖα ποῦ πορευθῇ· καὶ πολλῶν παριόντων, πρὸς οὐδένα ἐτράπη· ἔλεγεν δέ· Ἴσως μνησθῇ μου ὁ θεὸς Παύλου, καὶ ὃς ἂν με κατελεήσῃ, πρὸς αὐτὸν πορεύσομαι.

XXVIII. Καὶ ἐν τῷ λέγειν αὐτὴν ταῦτα, καὶ ὁ τοῦ κυρίου ἀπόστολος Ἀνδρέας παρεγένετο, ἐπὶ τὸν τόπον ἐκεῖνον πορευόμενος· καὶ ὡς ἤγγισε τῇ Πολυξένῃ, ἐπενόησε τῇ καρδίᾳ ταραχήν τινα γενομένην ἐν ἑαυτῷ. στὰς οὖν εἰς προσευχήν, τὰς χεῖρας ἐπιζεύξας εἰς τύπον σταυροῦ, εἶπε· Κύριε Ἰησοῦ Χριστέ, ὁ μέτοχος τοῦ φωτὸς καὶ τῶν κρυπτῶν γνώστης, ὃν οὐδὲν λανθάνει τῶν ἐπὶ γῆς· ποίησον μετ' ἐμοῦ φιλανθρωπίαν καὶ ἔλεος καὶ σήμανόν μοι τὴν ταραχὴν ταύτην καὶ εἰρήνευσόν μου τὸν λογισμόν, ὁ ποιῶν εἰρήνην πάντοτε μετὰ τῶν ἀγαπώντων τὴν εἰρήνην. τότε ἡ Πολυξένη ἔδραμε πρὸς αὐτόν, καὶ λέγει αὐτῇ ὁ ἀπόστολος τοῦ κυρίου Ἀνδρέας· Μὴ ἐγγίσῃς μοι, τέκνον, ἀλλ' εἰπέ μοι τίς εἶ καὶ πόθεν. καὶ ἡ Πολυξένη εἶπεν· Ἐγὼ μέν, κύριέ μου, ξένη εἰμι τῶν ἐνταῦθα, ὁρῶ δὲ τὸ πρόσωπόν σου χαρίεν, καὶ τὰ λόγιά σου ὡς λόγια Παύλου, καὶ ὑπολαμβάνω καὶ σὲ τοῦ αὐτοῦ θεοῦ εἶναι. ὁ δὲ Ἀνδρέας συνῆκεν ὅτι περὶ τοῦ ἀποστόλου Παύλου λέγει, καὶ ἔφη πρὸς αὐτήν· Καὶ πόθεν σὺ ἐπίστασαι τὸν Παῦλον; ἡ δὲ εἶπεν· Ἐκ τῆς πατρίδος μου· εἰς τὴν Ἱσπανίαν γὰρ αὐτὸν κατέλιπον. καὶ ὁ Ἀνδρέας λέγει πρὸς αὐτήν· Καὶ πῶς σὺ ἐνταῦθα τυγχάνεις, τῆς χώρας πολὺ ἀφεστώσης; ἡ δὲ εἶπεν· Διὰ τὸ οὕτως προκεῖσθαί μοι καὶ συμβῆναι· ἀλλὰ δέομαι καὶ προσπίπτω τοῖς ἴχνεσί σου, σφράγισόν με καθάπερ Παῦλος σφραγίζει διὰ λούτρον παλιγγενεσίας, ἵνα κἀγὼ λοιπὸν ἡ ταπεινὴ γνωρισθῶ ὑπὸ τοῦ θεοῦ ἡμῶν· ἰδὼν γὰρ ὁ φιλάνθρωπος θεὸς τὴν θλῖψίν μου καὶ τὴν ταλαιπωρίαν, ἔπεμψέν σε τοῦ ἐλεῆσαί με. ὁ δὲ μέγας τοῦ κυρίου ἀπόστολος Ἀνδρέας λέγει πρὸς αὐτήν· Ἀπέλθωμεν, τέκνον, ὅπου ἐστὶν ὕδωρ.

XXIX. Καὶ δὴ πορευθέντων αὐτῶν οὐ πολύ, ἦλθον ἐπί τινα πηγὴν διειδεστάτην καὶ καθαράν. σταντὸς δὲ τοῦ μακαρίου Ἀνδρέου ἐπεύξασθαι ἐπὶ τῇ πηγῇ ἰδού τις παρθένος ὀνόματι Ῥεβέκκα ἐκ φυλῆς Ἰσραήλ, αἰχμάλωτος ἀχθεῖσα ἐν τῇ χώρᾳ ἐκείνῃ ἦλθε τοῦ ὑδρεύσασθαι ἐπὶ τὴν πηγήν, καὶ ἰδοῦσα τὸν μακάριον Ἀνδρέαν ἐκ τοῦ σχήματος ἐπέγνω αὐτόν. ἔλεγε γὰρ ἡ Ῥεβέκκα ὅτι Προφητοῦ σχῆμά ἐστι τοῦτο, καὶ ὅτι εἷς τῶν ἀποστόλων ἐστίν. καὶ προσκυνήσασα αὐτὸν εἶπεν· Ἐλέησόν με, δοῦλε τοῦ ὄντως θεοῦ, τὴν αἰχμάλωτον καὶ πεπραμένην τρίτον· τήν ποτε ὑπὸ προφητῶν τιμωμένην νῦν δὲ ὑπὸ εἰδωλολατρῶν ἐνυβριζομένην, καὶ ἀνακαλέσαι με τὴν ταπεινήν, ὁ εἰς πολλῶν ἁμαρτωλῶν ἀνακλῆσιν ἀποσταλείς. ὁ δὲ ἀπόστολος τοῦ Χριστοῦ Ἀνδρέας λέγει· Μεριμνήσει ὁ θεὸς καὶ τὰ περί σου, τέκνον, ὡς καὶ τὰ περὶ ταύτης τῆς ξένης· λάβετε οὖν λοιπὸν τὸ βάπτισμα, καὶ ἔσεσθε ὡς ὁμόεθνοι, δοξάζουσαι τὸν θεὸν ἀεί.

XXX. Στὰς οὖν ὁ ἀπόστολος προσηύξατο· καὶ ἰδοὺ παραγίνεται ἡ λέαινα δρομαία, καὶ στᾶσα ἠτένιζεν εἰς αὐτόν. ὁ δὲ ἀπόστολος τοῦ κυρίου Ἀνδρέας λέγει· Τί ἄρα βούλεται τὸ θηρίον τοῦτο; ἡ δὲ λέαινα ἀνοίξασα τὸ στόμα λέγει ἀνθρωπίνῃ φωνῇ· Ἀπόστολε τοῦ Χριστοῦ Ἀνδρέα, κατειλήφει με ἡ εὐχὴ τῆς ἐκ δεξιῶν σου ἱσταμένης· στήριξον οὖν αὐτὰς καὶ κατήχησον καὶ νουθέτησον εἰς τὴν ὀρθὴν καὶ ἀληθινὴν πίστιν τοῦ Χριστοῦ, ὅτι πάνυ ἐπιποθοῦσι τὸ ὄνομα τοῦ κυρίου· καὶ ὅρα τὸ θαυμαστὸν καὶ ἀνυπερήφανον τοῦ θεοῦ ὅτι καὶ ἐπὶ τὰ ἄλογα καὶ ἀτίθασσα θηρία ἐξέχεε τὸ ἔλεος αὐτοῦ. ὁ δὲ μακάριος Ἀνδρέας δακρύσας εἶπε· Τί εἴπω ἢ τί λαλήσω τὰ περὶ τοῦ ἐλέους σου, ὁ θεός; ὅτι οὕτως ἀντέχῃ τῶν ταπεινῶν πάντοτε, καὶ προνοῇ τῶν ἐν ἀγνοίᾳ, ἀνυπερήφανος καὶ πολυέλεος ὤν; καὶ πληρώσας τὴν εὐχὴν ἐβάπτισε τὰς παρθένους ἐπ' ὀνόματος τοῦ πατρὸς καὶ τοῦ υἱοῦ καὶ τοῦ ἁγίου πνεύματος. καὶ ἡ μὲν λέαινα εὐθέως ὥρμησεν ἐπὶ τὸ ὄρος, ταῖς δὲ παρθένοις εἶπεν ὁ ἀπόστολος Ἀνδρέας· Σπεύσατε, τέκνα, τοῦ εὐδοκιμῆσαι ἐνώπιον τοῦ θεοῦ καλῶς πολιτευομέναι ἐν τῇ ξενιτείᾳ, καὶ ἀπ' ἀλλήλων μὴ χωρισθῆτε· ὁ δὲ θεὸς ὁ ἀεὶ συνὼν τοῖς ἐπικαλουμένοις αὐτὸν διαφυλάξαι ὑμᾶς ἐν ἁγιωσύνῃ, ἀπελαύνων ἀφ' ὑμῶν τὸν πονηρόν· εὔχεσθε δὲ καὶ ὑπὲρ ἐμοῦ. ἡ δὲ Πολυξένη εἶπεν· Ἀκολουθήσομέν σοι ὅπου ἐὰν πορεύῃ.

καὶ ὁ ἀπόστολος Ἀνδρέας εἶπεν· Οὐκ ἐγνωρίσθη μοι, τέκνα, τοῦτο ὑπὸ κυρίου· μείνατε οὖν μετ' εἰρήνης, ἐλπίζουσαι ἐπὶ κύριον, καὶ αὐτὸς ὑμᾶς διαφυλάξει εἰς τέλος.

XXXI. Καὶ ἐπορεύθη Ἀνδρέας τὴν ὁδὸν αὐτοῦ χαίρων καὶ δοξάζων τὸν θεόν. ἡ δὲ Πολυξένη εἶπεν· Ποῦ πορευσόμεθα, ἀδελφή; καὶ Ῥεβέκκα λέγει· Ὅπου βούλει ἀπέλθωμεν, μήπως πέμψασα ἡ κυρία μου διαχωρίσῃ ἡμᾶς. καὶ ἡ Πολυξένη εἶπε· Δεῦρο ἀπέλθωμεν εἰς τὸ ὄρος πρὸς τὴν λέαιναν. καὶ ἡ Ῥεβέκκα εἶπε· Καὶ κρεῖττον ἡμῖν ἐστὶν μετὰ θηρίων οἰκεῖν καὶ ἀποθανεῖν λιμῷ, ἢ ὑπὸ Ἑλλήνων καὶ εἰδωλολατρῶν εἰς βόρβορον γάμου ἀναγκασθῆναι ἐμπεσεῖν. καὶ ἤρξαντο ὁδεύειν· καὶ ἰδοὺ κατ' οἰκονομίαν θεοῦ συναντῶσι κτηνίτην, ὃς ἰδὼν αὐτὰς λέγει· Ὑμεῖς οὐκ ἐστὲ τῆς χώρας ταύτης, καὶ ὡς ὁρῶ, οὐδὲν γήϊνον ἐπιφέρεσθε· κελεύσατε οὖν ἐκ τοῦ παιδὸς ὑμῶν ἄρτον φαγεῖν καὶ ἓν ἀργύριον λαβεῖν πρὸς τὸ μνημονεύειν τοῦ παιδὸς ὑμῶν ὁπόταν ἀγοράζητε ἄρτον. καὶ σπεύσας καθεῖλε τοὺς μαρσίππους ἀπὸ τῶν ὄνων καὶ στρώσας ἐπὶ τῆς γῆς ἀνέκλινε τὰς παρθένους καὶ λέγει αὐταῖς· Ἐπειδὴ ὁ οἶνος ὃν βαστάζει ὁ παῖς ὑμῶν ὑπὸ Ἑλλήνων συνήχθη, εἴπατέ μοι ποίας πιστέως ἐστέ, ἵνα οὕτως ἀπολαύσωμεν. ἡ δὲ Πολυξένη εἶπεν· Ἡμεῖς, ἀδελφέ, οἴνου οὐκ ἀπολαύομεν, ἐσμὲν δὲ τοῦ θεοῦ Παύλου. καὶ ὁ κτηνίτης λέγει· Ἐπὶ γῆς ἐστὶν ὁ θεὸς οὗτος; ἡ δὲ Πολυξένη ἔφη πρὸς αὐτόν· Ὁ θεὸς πανταχοῦ ἐστὶν, καὶ ἐν οὐρανῷ καὶ ἐπὶ γῆς. ὁ δὲ κτηνίτης, ἀκριβῶς θέλων μαθεῖν, εἶπεν· Ἆρα καὶ αὐτὸς ὁ Παῦλος τοῦτον ἔχει τὸν θεὸν τὸν ὑπὸ Φιλίππου κηρυσσόμενον; ἡ δὲ Πολυξένη, ἐπιγνοῦσα ὅτι χριστιανός ἐστιν, λέγει· Ναὶ, ἀδελφὲ, οὗτός ἐστι πάντων θεὸς, ὃν κηρύσσουσι Παῦλος καὶ Φίλιππος.

XXXII. Ὁ δὲ κτηνίτης ταῦτα ἀκούσας συνεχῶς ἐδάκρυεν. ἡ δὲ Πολυξένη εἶπεν· Ἆρα μὴ καί σε κατείληφεν ἡ προνοία τοῦ θεοῦ, ὅτι οὕτως ἐδάκρυσας; ἔφη ὁ κτηνίτης· Εἰ θέλεις μαθεῖν τί ἐδάκρυσα, ἄκουσον τἀλήθη· οὐ γὰρ χρὴ ἀποκνῆσαι τὰ περὶ τοῦ Χριστοῦ ἐξαγγέλλειν· ἐγὼ ἐμαθητεύθην ὑπὸ Φιλίππου τοῦ ἀποστόλου τοῦ Χριστοῦ, καὶ ἰδὼν πῶς ἡ μέριμνα αὐτοῦ πᾶσα ἦν εἰς τοὺς πτωχοὺς, ἔλαβον εἴ τι εἶχον, καὶ διεπώλησα· καὶ λαβὼν τὸ τίμημα, ἠγόραζον ἄρτους καὶ οἶνον καὶ διεδίδουν αὐτὰ εἰς τὰς πόλεις τοῖς δεομένοις· ὡς οὖν ἐποίουν τοῦτο ἐπὶ ἱκανὸν χρόνον, ἐν τῇ πλησίον πόλει εἷς τις λελωβημένος ἔκραξε λέγων (οὐκ αὐτὸς δὲ ἐλάλει ἀλλ' ὁ Σατανᾶς διὰ τοῦ στόματος αὐτοῦ)· Οὐδὲν θέλω· οὐ λαμβάνω τι παρά σου, ὅτι χριστιανὸς εἶ. καὶ ἐπανέστη μοι ὅλη ἡ πόλις καὶ ἐζήτουν με κρατῆσαι. ἔτρεχον δὲ ἄλλος ἀλλαχοῦ, μέσον αὐτῶν πορευομένου μου καὶ μηδενὸς ὁρῶντος με. ἐξελθὼν δὲ τῆς πόλεως ἔδωκα αἶνον καὶ δόξαν τῷ θεῷ ὅτι οὕτως μου ἀντεποιήθη· ηὐξάμην δὲ τῷ θεῷ μου ἵνα συναντήσω τινὶ γινώσκοντι τὸ πανάγιον αὐτοῦ ὄνομα, ὅπως ταῦτα διηγησάμενος ἀνέσεως τύχω· οἱ γὰρ τῆς χώρας ταύτης οὐδ' ὅλως βούλονται ἀκούειν τὰ περὶ Χριστοῦ, πλήρεις ὄντες ἀσεβείας καὶ ἀνάμεστοι κακίας. παρακαλῶ οὖν ὑμᾶς, λάβετε καὶ ὑμεῖς ἓν νόμισμα παρ' ἐμοῦ· εἰ δὲ δοκεῖ, καὶ ἐπὶ τοὺς ὄνους ἀναπαύσασθε. ἡ δὲ Πολυξένη εἶπεν· Εὕροις ἔλεος παρὰ τοῦ θεοῦ, ἀδελφέ· εἰ δὲ θέλεις τέλειον μισθὸν κομίσασθαι, διασῶσον ἡμᾶς ἕως τῆς θαλάσσης, ὅπως θεοῦ εὐδοκοῦντος ἀποπλεύσωμεν ἐπὶ τὴν Ἱσπανίαν.

XXXIII. Ὁ δὲ κτηνίτης ὥσπερ ὑπὸ θεοῦ φωνῆς προσταχθείς, προθύμως δεξάμενος τὰς παρθένους, ἐπορεύετο τὴν ὁδὸν χαίρων ἐν κυρίῳ. εἶπε δὲ τῇ Πολυξένῃ· Ἄλλαξόν σου τὸ σχῆμα ὡς ἀνήρ, μήπως διὰ τὴν ὡραιότητά σου ἁρπάξῃ σέ τις ἀπ' ἐμοῦ. καταλαβόντες δὲ πανδοχεῖον, ἔμειναν ἐκεῖσε. τῇ δὲ ἐπιούσῃ προηλθοῦσαι προῆγον σκοπεύουσαι τὴν ὁδόν· καὶ ἰδοὺ παρήρχετό τις ἔπαρχος ἐπὶ τὴν Ἑλλάδα πορευόμενος, ὃς ἰδὼν τὰς παρθένους ἐκέλευσεν ἁρπαγῆναι τὴν Πολυξένην ἐπὶ τὸ ἅρμα αὐτοῦ· ὁ δὲ κτηνίτης ἠκολούθει βοῶν καὶ λέγων· Οὐ βιάζεται ἔπαρχός τινι· τί ταῦτα ποιεῖτε; τότε τυπτήσαντες αὐτὸν ἀπεδίωξαν.

XXXIV. Ὁ δὲ πορευόμενος ἀπωδύρετο λέγων· Οἴμοι τῷ ἀθλίῳ καὶ ἐβδελυγμένῳ· οἴμοι τῷ νομίζοντι καλὸν ποιεῖν, νῦν δὲ κακοποιΐαν εἰργασάμην· οἴμοι ὅτι ἀπρόσδεκτός μου ὁ κόπος καὶ ὁ δρόμος ἐγένετο· εἴθε ἤμην πρὸ τῇ χθὲς ἡμέρᾳ ἀποθανὼν ἵνα μήδ' ὅλως ταύταις συνέτυχον. ἀλλὰ τί με ταλανίζεις, ὦ ψυχὴ ἀθλία; ἄγωμεν πρὸς τὸν τοῦ θεοῦ ἀπόστολον Φίλιππον· εἰ οὐκ ἔστιν μοι συγχώρησις, κρεῖττόν μοι ἐστὶν ἑλέσθαι οἱῳδήποτε τρόπῳ θάνατον ἢ ζῆν ἐν τοιούτῳ κακῷ καὶ πικρῷ συνειδότι. καὶ ἐλθὼν εὗρε τὸν ἀπόστολον τοῦ Χριστοῦ Φίλιππον, καὶ λέγει αὐτῷ· Ὦ μαθητὰ καὶ κῆρυξ τοῦ Χριστοῦ, οὕτως καὶ οὕτως μοι ἀπήντησε καὶ συνέβη· ἆρα ἔχει σωτηρίαν ἡ ψυχή μου; ὁ δὲ ἀπόστολος τοῦ Χριστοῦ Φίλιππος εἶπεν·

Ἀλύπως ἔχε, τέκνον, περὶ τούτου· ἀδυνατὸν γάρ ἐστι φθαρῆναι αὐτάς, ἐπειδὴ οὐδεὶς θεὸν νικᾷ ποτέ· καὶ γὰρ ταύτην Πολυξένην ἐγὼ ἐν πρώτοις ἐξελθοῦσαν ἐκ τῆς θαλάσσης παρέδωκά τινι ἀδελφῷ, ὃς καὶ αὐτὸς ἐλυπεῖτο πάνυ διὰ τὸ λαθραίως αὐτὴν ἀποδράσαι ἐκ τοῦ οἴκου αὐτοῦ, ὃν καὶ ἔπεισα μὴ λυπεῖσθαι· διὰ γὰρ τῆς θλίψεως αὐτῆς καὶ τῆς ξενιτείας πολλοὶ ἐπιγνώσονται τὸν θεόν.

XXXV. Ἤγαγεν οὖν τὴν Πολυξένην ὁ ἔπαρχος ἐν ᾗ ἐκαθέζετο πόλει, καὶ ἐκέλευσεν ἀποκλεισθῆναι ταύτην ἐν κουβουκλείῳ. τὴν δὲ Ῥεβέκκαν ἥρπασέ τις τῶν στρατιωτῶν· ἡ δὲ παρθένος λαθοῦσα κατέφυγεν εἰς τινὸς πρεσβύτιδος οἶκον, ἥτις εὐμενῶς δεξαμένη τὴν παρθένον, εὖ ἐποίησε μετ' αὐτῆς. καθεσθεῖσα δὲ ἔκλαιε λέγουσα· Οἴμοι, ἀδελφή μου Πολυξένη, ἐγὼ ἡ ταπεινὴ οὐκ ἐνόμιζον θλιβῆναί τινα ὥσπερ ἐμαυτήν· νῦν δὲ πέπεισμαι καὶ γινώσκω ὅτι πᾶσαί μου αἱ συμφοραὶ καὶ αἱ θλίψεις ὑπὲρ μιᾶς ἡμερᾶς τῶν σῶν οὐ συγκρίνονται· καὶ τὸ χαλεπώτερον, ἰδοὺ ἐχωρίσθην ἀπό σου καί εἰμι πάλιν αἰχμάλωτος· ἀλλὰ κἂν εἰς τὸν μέλλοντα αἰῶνα ἐπιζήτησόν με, ἀδελφή μου Πολυξένη. ἡ δὲ πρεσβῦτις λέγει αὐτῇ· Τί σοί ἐστιν, τέκνον, ὅτι οὕτως πικρῶς ὀδύρῃ; καὶ ἡ Ῥεβέκκα εἶπεν· Ἔασόν με, μῆτερ, ὀδυνηθῆναι καὶ θρηνῆσαι τὸν ἀνίατον καὶ πολύν μου πόνον τῆς καρδίας. ἡ δὲ πρεσβῦτις συμπαθήσασα αὐτῇ πάνυ ἔκλαυσε σφοδρῶς· διηγήσατο γὰρ αὐτῇ ἡ παρθένος πάντα τὰ συμβεβηκότα αὐτῇ, καὶ πῶς διὰ τῆς Πολυξένης ἐπίστευσε τῷ Χριστῷ. ὁμοίως δὲ καὶ ἡ Πολυξένη ἀποκλεισθεῖσα ἐν τῷ κουβουκλείῳ ἔλεγεν· Οἴμοι τῇ ταπεινῇ· φεῦ μοι τῇ ταλαιπώρῳ· νῦν ἔγνων ἀκριβῶς πῶς φθονεῖ ὁ διάβολος τῇ παρθενίᾳ· ἀλλά, κύριε Ἰησοῦ Χριστέ, ὁ τῶν ἁπάντων θεὸς, ἐπειδὴ οὐ τολμῶ ἐξ ἐμαυτῆς δεηθῆναί σοι, προσάγω σοι τὰς εὐχὰς τοῦ ἁγίου κήρυκός σου Παύλου, μὴ ἐάσῃς ὑπὸ τινὸς φθαρῆναι τὴν παρθενίαν μου.

XXXVI. Καὶ ἔτι αὐτῆς εὐχομένης, ἦλθον οἱ ὑπηρέται τοῦ ἀπαγαγεῖν αὐτὴν πρὸς τὴν κοίτην τοῦ ἐπάρχου. ἡ δὲ Πολυξένη εἶπε πρὸς αὐτούς· Ἀδελφοί, μὴ σπουδάζετε πρὸς ἀπώλειάν τινος· οὗτος γὰρ ὁ χρόνος ταχὺ παρελεύσεται· οἱ δὲ συνεργοῦντες τοῖς ἀπολλύουσι σὺν αὐτοῖς ἀπολοῦνται· βοηθεῖτε δὲ μᾶλλον τοῖς ξένοις ἵνα μὴ εὑρεθῆτε ξένοι τῶν ἀγγέλων τοῦ θεοῦ. οἱ δὲ ἄνδρες δυσωπηθέντες ἐκ τῶν λόγων τούτων, ἀπῆλθον πρὸς τὸν ἔπαρχον λέγοντες ὅτι Ἡ παρθένος ἀπὸ τοῦ φόβου συνεσχέθη πυρετῷ λάβρῳ. καί φησιν ὁ ἔπαρχος· Ἐάσατε αὐτήν. καὶ ἰδοὺ ὁ υἱὸς τοῦ ἐπάρχου νυκτὸς ἦλθε πρὸς τὴν Πολυξένην, ἡ δὲ ἰδοῦσα αὐτὸν ἐδειλίασεν· εἶπεν δὲ αὐτῇ ὁ νεανίας· Μὴ φοβοῦ, κόρη· ὅτι οὐ ζητῶ νυμφευθῆναί σοι νυμφίος φθορᾶς· οἶδα γὰρ ἀπὸ τῆς προσευχῆς σου ὅτι τοῦ οὐρανίου θεοῦ τυγχάνεις νύμφη. ἐγὼ γὰρ οἶδα τοῦτον τὸν θεὸν ὃς ὑπ' οὐδενὸς νικᾶται ποτέ· ἀνὴρ γάρ τις ἔνδοξος τῷ προσώπῳ ἐν Ἀντιοχείᾳ πρὸ χρόνων τινῶν ἐκήρυττε τοῦτον θεόν, ᾧ καὶ παρθένος τις πιστεύσασα, ἠκολούθει αὐτῷ, καὶ ἐκινδύνευσε διὰ τὴν εὐμορφίαν αὐτῆς, ᾗ ὄνομα Θέκλα, περὶ ἧς ἤκουσα πρὸς θηρία κατακριθεῖσαν· ἐγὼ οὖν συνεχῶς ἠτένιζον πρὸς τὸν ἄνδρα· αὐτὸς δὲ ἐπισημειωσάμενος εἶπέ μοι Προσχῇ σοι ὁ θεός, τέκνον· ἔκτοτε οὖν χάριτι Χριστοῦ οὐκ ἀπῄειν εἰς τὰς θυσίας τῶν εἰδώλων, ἀλλὰ ποτὲ μὲν ἀρρωστίαν προσποιούμενος ποτὲ δὲ εἰς ἀσχολίας τινὰς ἑαυτὸν παριστῶν, ἔλεγέ μοι ὁ πατήρ μου ὅτι Ἐπειδὴ οὐ σπεύδεις εἰς τὰς θυσίας τῶν θεῶν, διὰ τοῦτο οὐδὲ εὐρωστεῖς, μὴ ὢν ἄξιος τῶν θεῶν. ἐγὼ δὲ ἔχαιρον ἀκούων μὴ εἶναι ἄξιος τῶν θυσιῶν τῶν εἰδώλων· χάριτι δὲ θεοῦ ἐλήλυθας σὺ ὧδε, προνοία μου γινομένη. καὶ ἡ Πολυξένη εἶπε· Καὶ τί ἐστιν ὄνομα τῷ ἀνδρὶ ἐκείνῳ; καὶ ὁ νεανίας εἶπε· Παῦλος ὄνομα αὐτῷ. καὶ ἡ Πολυξένη εἶπεν· Εἰς τὴν πόλιν μου ἔστιν. καὶ ὁ νεανίας εἶπε· Δεῦρο οὖν, κόρη, βαλοῦσά μου τὸ σχῆμα, κάτελθε ἐπὶ τὸν αἰγιαλὸν κἀκεῖ με μεῖνον, κἀγὼ λαβὼν χρήματα ἐλεύσομαι ταχέως.

XXXVII. Καί τις τῶν παίδων παρακροασάμενος ἀνήγγειλε ταῦτα τῷ ἐπάρχῳ, ὃς θυμοῦ πολλοῦ πλησθείς, κατακρίνει αὐτοὺς εἰς θηρία βληθῆναι· βληθέντων δὲ αὐτῶν ἐν τῷ σταδίῳ, ἀπελύθη αὐτοῖς λέαινα πικρά· ἥτις δραμοῦσα περιεπλάκη τοῖς ποσὶ τῆς Πολυξένης καὶ περιέλειχε τὰ πέλματα τῶν ποδῶν αὐτῆς. τότε ἰδὼν ὁ ἔπαρχος καὶ πᾶσα ἡ πόλις τὸ φοβερὸν καὶ παράδοξον τοῦτο θαῦμα, ἔδωκαν αἶνον καὶ δόξαν τῷ φιλανθρώπῳ θεῷ, λέγοντες· Ὄντως εἷ, καὶ μόνος ἐστὶ θεὸς ὁ διὰ Πολυξένης ὀνομαζόμενος. οἱ γὰρ θεοὶ τῶν ἐθνῶν ἔργα χειρῶν ἀνθρώπων εἰσὶ, μὴ δυνάμενοί τινα σῶσαι ἢ ὠφελῆσαι· ἀπολέσθωσαν λοιπὸν καὶ αὐτοὶ καὶ οἱ ποιοῦντες αὐτά. καὶ εὐθέως λαβὼν ὁ ἔπαρχος τὸν υἱὸν αὐτοῦ καὶ τὴν Πολυξένην ἐν τῷ παλατίῳ ἤκουσε παρ' αὐτῶν καθεξῆς τὴν εἰς

Χριστὸν πίστιν καὶ εὐσέβειαν ἀπαραλείπτως, καὶ ἐπίστευσεν αὐτὸς καὶ πάντες οἱ ἐν τῇ πόλει· καὶ ἐγένετο χαρὰ μεγάλη καὶ δοξολογία εἰς θεόν· εἶπε δὲ ἡ Πολυξένη πρὸς τὸν ἔπαρχον· Μὴ ἀθύμει, κύριέ μου· ἐν τάχει γὰρ ἐλεύσεται ὁ τοῦ θεοῦ ἄνθρωπος, ὃς τελείως ὑμᾶς διδάξει, νουθετήσει, κατηχήσει, καὶ φωταγωγήσει εἰς τὴν ἐπίγνωσιν τοῦ Χριστοῦ. αὐτὴ δὲ συνταξαμένη ἔσπευδεν ἐπὶ τὴν Ἱσπανίαν ἀπελθεῖν.

XXXVIII. Ἐμοῦ δ' Ὀνησίμου πλέοντος ἐπὶ τὴν Ἱσπανίαν πρὸς τὸν Παῦλον, ἐδεξάμην παρὰ κυρίου ἀποκάλυψιν λέγουσάν μοι· Ὀνήσιμε, τὸ πλοῖον ἐν ᾧ σὺ εἶ νῦν μέλλει καταντᾷν εἰς τὰ μέρη τῆς Ἑλλάδος· εὑρήσεις δὲ εἰς τὸν αἰγιαλὸν τοῦ λιμένος παρθένους δύο μετὰ καὶ νεανίσκου ἑνός· ὑποὔργησον αὐτοῖς καὶ διάσωσον πρὸς τὸν Παῦλον. φθασάντων δὲ ἡμῶν ἐν τῷ τόπῳ κατὰ τὴν κέλευσιν τοῦ κυρίου, εὕρομεν τὰς παρθένους σὺν τῷ νεανίσκῳ ζητοῦντας πλοῖον. ὡς οὖν εἶδον ἡμᾶς αἱ παρθένοι, ἐπέγνωσαν ὅτι τῆς τοῦ Χριστοῦ ἐλπίδος ἐσμέν· καὶ προσδραμοῦσα ἡ Πολυξένη λέγει· Ὄντως ὁ τοῦ θεοῦ ἄνθρωπος κρυβῆναι οὐ δύναται· τὸ γὰρ χαρίεν καὶ εὐμενὲς τοῦ προσώπου δῆλον αὐτὸν ποιεῖ. ζητούντων δὲ ἡμῶν ἀποπλεῦσαι, προνοίᾳ θεοῦ ἐταράχθη ἡ θάλασσα· ἦν δὲ μετ' ἐμοῦ μαθητὴς Παύλου ὀνόματι Λούκιος, δυνατὸς ἐν λόγῳ τοῦ διδάξαι τὴν πόλιν· ἐπεμείναμεν οὖν ἡμέρας ἑπτά, καὶ ἀνέῳξεν ὁ θεὸς τῷ τόπῳ ἐκείνῳ θύραν πίστεως μεγάλην, καὶ ἐπίστευσαν χιλιάδες εἴκοσι, καὶ γέγονεν χαρὰ μεγάλη καὶ ἀγαλλίασις ἐν πάσῃ τῇ πόλει· γενομένου δὲ ἐπιτηδείου πλόος τοῦ ἀποπλεῖν ἡμᾶς, πάλιν ὁ ἔπαρχος παρεβιάσατο ἡμᾶς, καὶ ἐπεμείναμεν ἄλλας ἡμέρας ἑπτά, ἕως οὗ πάντες ἐπίστευσαν καὶ ἔχαιρον ἐν κυρίῳ.

XXXIX. Καὶ οὕτως λοιπὸν τῇ τοῦ Χριστοῦ προνοίᾳ προέπεμψεν ἡμᾶς ὁ ἔπαρχος μετὰ ἐφοδίων, συμπέμψας καὶ τὸν υἱὸν αὐτοῦ· πλευσάντων δὲ ἡμῶν ἡμέρας εἴκοσι, πάνυ ἐκοπίασεν ἡ Πολυξένη, καὶ παρεβάλομεν εἰς νῆσόν τινα χάριν ἀναπαύσεως· καὶ ἰδοὺ ἄνδρες τινὲς ἄγριοι καὶ πεπωρωμένοι, καταβάντες πρὸς ἡμᾶς καὶ ἰδόντες τὴν Πολυξένην παρεσκευάσαντο εἰς πόλεμον. χαρίτι δὲ Χριστοῦ οἱ ἡμέτεροι ἀντιποιούμενοι τῆς Πολυξένης ἐνίκησαν αὐτούς. ἦσαν δὲ οἱ ἀλλόφυλοι ἄνδρες πλείονες καὶ δυνατώτεροι· ἡ οὖν Πολυξένη, φοβουμένη μὴ πάλιν αἰχμάλωτος γένηται, ἔρριψεν ἑαυτὴν εἰς τὴν θάλασσαν· ὁ δὲ κυβερνήτης ἥρπασεν αὐτὴν μηδὲν κακὸν παθοῦσαν. ἐμβάντων δὲ ἡμῶν ἐν τῷ πλοίῳ ἐφύγομεν· ἦσαν γὰρ οἱ τόποι τραχεῖς καὶ κάθυλοι, καὶ ἐφοβήθημεν προσμεῖναι· καὶ δι' ἡμερῶν δώδεκα παρεγενόμεθα εἰς τὴν Ἱσπανίαν χάριτι θεοῦ.

XL. Ἰδὼν δὲ ἡμᾶς ὁ Παῦλος ἐχάρη πάνυ καὶ εἶπε· Καλῶς ἐληλύθατε, οἱ τεθλιμμένοι. ἡ δὲ Πολυξένη ἁψαμένη τῶν ποδῶν αὐτοῦ εἶπεν· Εἰ μὴ ὅτι προσέκειτό μοι ἡ θλῖψις αὕτη, ἐπεὶ ἐβλασφήμησα ἄν σε· νῦν δὲ δέομαι καὶ ἱκετεύω μὴ παραδοθῆναί με ἔτι εἰς τὰς τοιαύτας θλίψεις καὶ συμφοράς. ὁ δὲ Παῦλος δακρύσας εἶπεν· Οὕτως θλιβῆναι ἡμᾶς δεῖ, τέκνον, ἵνα τὸν ἀντιλήπτορα ἡμῶν Ἰησοῦν Χριστὸν ἐπιγνῶμεν.

XLI. Ἡμῶν δὲ τὰ γράμματα τῶν ἀδελφῶν ἀποδιδόντων τῷ Παύλῳ, δραμών τις ἀπήγγειλε τὴν Ξανθίππην τὴν παρουσίαν τῆς Πολυξένης· ἡ δὲ σπεύσασα ἦλθε πρὸς ἡμᾶς, καὶ ἰδοῦσα τὴν Πολυξένην ἐξελύθη ἀπὸ τῆς ἀφάτου χαρᾶς καὶ ἔπεσε χαμαί. ἡ δὲ Πολυξένη περιπλακεῖσα αὐτὴν καὶ ἐπὶ πολὺ ἀσπαζομένη ἀνεζωοποίησεν. τότε ἡ Ξανθίππη εἶπε πρὸς αὐτήν· Ἐγώ, γνησία μου ἀδελφὴ Πολυξένη, οὐδ' ὅλως προῆλθον ἐπὶ τεσσαράκοντα ἡμέρας δεομένη πολλὰ ὑπέρ σου τοῦ φιλανθρώπου θεοῦ ὅπως μὴ κλαπῇ ἡ παρθενία σου· καὶ εἶπέ μοι ὁ τοῦ θεοῦ κῆρυξ Παῦλος ὅτι Οὐ μὴ κλαπήσεται ἡ παρθενία αὐτῆς, ἐλεύσεται δὲ τάχιον· καὶ ὁ Πρόβος δὲ ἔλεγέ μοι ὅτι Δεδομένον ἦν αὐτῇ ὑπὸ θεοῦ οὕτως θλιβῆναι. ὁρᾷς δὲ πῶς διὰ πολλῶν προφάσεων σώζει πολλοὺς ὁ θεός; νυνὶ δέ, ἀδελφή μου ἀγαπητή, ἀπροσδοκήτως ἰδοῦσα τὸ πρόσωπόν σου, νῦν ἡδέως ἄρτι ἀποθανοῦμαι.

XLII. Ὁ δὲ καθαρπάσας αὐτὴν ἐζήτει πάλιν τὴν Πολυξένην ἐπανελθών· ὃν ὁ μέγας Παῦλος ἔπεισεν ἀποστῆναι αὐτῆς· πιστεύσας δὲ καὶ αὐτὸς ἐβαπτίσθη ὑπὸ Παύλου, ὡσαύτως δὲ καὶ ὁ μνηστὴρ τῆς Πολυξένης ἐπίστευσε, καὶ ἦν χαρὰ μεγάλη ἐν ὅλῃ τῇ πόλει τῆς Ἱσπανίας ἐπὶ τῇ ἀνευρέσει τῆς Πολυξένης· ἡ δὲ ἔκτοτε οὐδ' ὅλως ἀπελείπετο τοῦ μακαρίου Παύλου, φοβουμένη τοὺς πειρασμούς. τούτων οὖν οὕτως γινομένων, πάντες ἔχαιρον ἐν κυρίῳ, δοξάζοντες πατέρα καὶ υἱὸν καὶ ἅγιον πνεῦμα, τὸν ἕνα θεόν, ᾧ ἡ δόξα καὶ τὸ κράτος νῦν καὶ ἀεὶ καὶ εἰς τοὺς αἰῶνας τῶν αἰώνων. Ἀμήν.

ON THE STORY OF ZOSIMUS.

THE publication of this narrative is but the first step towards the opening of a considerable literature, as yet little known, which bears upon the famous legends of the Lost Ten Tribes, and of the Terrestrial Paradise[1]. It is so large a subject that I cannot undertake in this short Introduction to do more than point to some of the documents which it will be desirable further to investigate with the view of throwing light upon these myths: and one of these myths, that of the Lost Tribes, has gained so large an acceptance in our own day, that it will not be without interest to collect some of the earlier Christian literature of the subject. It will be right in the first place to set down the facts, as far as they are known to me, which relate to the document before us.

It is here printed on the authority of two MSS., one of which is late and imperfect. That on which I depend principally for the text is Cod. Par. Gr. 1217, of the xiith century, in which the book occupies ff. 145—153, being preceded by the life of S. Theodora, and followed by that of SS. Theophanes and Pansemne. This MS. is cited as A in the *apparatus criticus:* its text is at least intelligible throughout.

My other authority, cited as B, is the Bodleian MS. Canonic. Gr. 19, of the xvth or xvith century, which had already furnished a copy of the Testament of Abraham. Its text of Zosimus is, as I have said, only a fragment, extending to within a few words

[1] For the Jewish literature on the Tribes-legend, see Mr Neubauer's excellent articles in the *Jewish Quarterly Review*, 1888—89.

of the end of c. viii.: the scribe's colophon tells us that his archetype was imperfect. The text occupies ff. 289—292*b*, and is the 44th item in the volume, coming between the Didascalia of Macarius to the monks and the Acts of S. George the Martyr by Pancratius (*l.* Pasicrates).

No other MS. of the book has been accessible to me: there is one at Moscow (MS. Synod. 290, no. 14) noticed by Matthaei, and from him in Fabricius, *Bibl. Gr.* xi. 724 ed. Harles. Doubtless other copies exist in European libraries, concealed by faulty description.

There are, further, versions of the book, both printed and in MS. The Slavonic apocryphal literature, from which we may expect very valuable accessions to our knowledge, contains this book also. I subjoin the brief notice of it given by Kozak in his excellent list of the Slavonic Apocrypha (*Jahrb. f. Prot. Theol.* xviii. 158).

No. xliv. "Peregrinatio Zosimae ad Brachmanos." It stands as no. 50 in the Slavonic Index of forbidden books. It has been printed by Tichonravov in *Pamjatniki otrečhennoj russkoj litteratury* ii. 78—81 and 81—92: also by Vesselovskij in the *Journal des Ministeriums für Volksaufklärung*, June 1884, pp. 158—164.

At the prayer of Zosimas an Angel takes him to the land of the happy Brachmani, where for some time he lives: their mode of life is described. He then returns to his cave with the help of the Angel, and before his death delivers to his disciples the description of the Brachmani. In the same list will be found a notice of a similar document of which the hero is Agapetus.

A second version of the story exists in Syriac: of this there are at Paris two copies, and an abridgement (Zotenberg, *Cat. MSS. Syrr.*, nos. 234, 235, 256), and at least one in the British Museum (Wright, *Cat. MSS. Syrr.* 960, no. 34). This professes to have been translated from Hebrew into Greek, and from Greek into Syriac, this latter version being attributed to Jacob of Edessa. The title given is merely 'Vision of Zosimus concerning the Rechabites,' and it seems likely that the text will be found to correspond closely enough with the Greek.

Of a third version, the Ethiopic, we know rather more. In Wright's *Catalogue of the Ethiopic MSS. in the Brit. Mus.* (Cod.

381, no. 4), and in Zotenberg's catalogue of the Ethiopic MSS. in the Bibliothèque Nationale (Cod. 146, no. 6) a good many extracts are given, as well as an analysis. It will be useful to combine the information which we gather from the two accounts.

The title is:

A history of the Holy Men in the days of Jeremiah the Prophet.

'Hearken, brethren; we will tell you an unheard of history concerning the holy and righteous men which were in the days of Jeremias the prophet the son of Chelcias. There reigned a king named Sedecias, the son of Josias, and he walked not in the ways of his father, but made to himself graven images and idols and worshipped those images in secret: and he began to say openly "I am <not> the son of David, of the house of Judah!" And these words were heard in Jerusalem and in all the country round about. And when the righteous men heard this from Jerusalem they sorrowed in their heart with a great sorrow and went and told Jeremias the prophet. And when he heard these words he lamented and mourned exceedingly, and stood before the Lord and said: "O Lord God of my fathers, Abraham, Isaac and Jacob, wilt thou do all these things in my days? am I thy servant a sinner?" And the Lord answered Jeremias and said to him: "Fear not, my servant Jeremias."'

Jeremiah rebukes Zedekiah: his disciples Baruch and Hormizd are mentioned. He is imprisoned, is fed by Abimelech (Ebed-melech) and released by an angel after three days. He conceals the sacred vessels in a cave on the mount of olives, which is sealed by an angel.

By God's command he then leads out of Jerusalem all those who are righteous and keep the law: the Rechabites are apparently not specially mentioned. Their wives and children accompany them. They all strip themselves of their clothes and are carried by an angel to an island where they dwell in perfect happiness: and here God makes known to them the destiny of Israel.

After the return from the captivity, Alexander comes to Jerusalem. 'And he gathered together the priests of Israel and their princes; and he answered and said unto them: Give me the scarlet cloak (chlamys) of the kings of Judah.' They refuse it, and are all massacred save one. 'And one escaped of them and entered in and stood at the threshold of the Holy House and struck the threshold with his feet three times and said: Zacharias, Zacharias, art thou not satisfied with us? behold all they are slain that slew thee. For aforetime Zacharias the son of Barachias prophesied concerning the coming of our Lord, saying "Rejoice, O daughter of Sion," etc. And because of this, therefore they slew him upon the threshold of the Holy House,' where his blood continued to boil[1].

'And after the king had killed the priests, he took the scarlet mantle and wore it for three days: and after that he put that robe from off him...and said: O Lord, my Lord, what wilt thou that I should do unto this robe? And he left it: and he went and came to the land of the blessed and passed through unto them and inquired of them concerning their coming and their abiding in that land.' Having learned their history, he departs.

'And after that our Lord had ascended into heaven, the apostles preached in all lands and baptized much people in the name of the Father and of the Son and of the Holy Ghost. And churches were built in all lands.

'Now there was one monk who dwelt on the banks of the Jordan in a certain cave (?), and his name was Gerasimus. And he took the Book of the King Alexander and read therein, and he came to the history of those blessed and holy men and he prayed in his heart and said: O Lord Jesus Christ, I pray and beseech thee that I may go unto them.'......

His prayer is granted. He rides on a lion's back to the shore of the great sea: here two trees extend their branches, and he catches hold of them and is wafted across the sea to the island. He tells the inhabitants that he came from Greece to Jerusalem, where he received the baptism of Christ in the river Jordan. He had then taken vows in a convent dedicated to S. John, where were 59 monks. Here he had lived forty-six years. He tells them further how he had reached their island. In return, they tell him their own story: *inter alia* 'And the Lord made us

[1] This legend, which is not uncommon in Jewish books, is generally associated with the massacre under Nebuzar-Adan.

dwell in this land and clothed us with heavenly clothing, both us and our wives, and gave us food from these trees and drink from this fountain: and our wives dwell apart from us from year to year. They do not come together with us save once, and they do not sleep with us' (cf. c. x.). They are warned of the approach of Lent by the withering of the trees, and the drying up of the fountain (cf. c. xii.). They are subject to death (cf. c. xiii.). They know of Christ through the promises of the prophets. Here a summary of Jewish history from the time of Moses is inserted, which contains an extract from the *Conflict of Adam.* They had been shewn in a series of visions the circumstances of the birth and life of Christ. Abbâ Gerasimus is finally compelled to leave the island because he had tried to make his host tell a lie (cf. c. vi.).

This Ethiopic version of the story has taken great liberties with its original. The Alexander-Romance and the *Rest of the words of Baruch,* with other legends, have been used in the first part of the story, and the Christian element in the second part has been much enlarged. In the Ethiopic Romance of Alexander (not that analysed by Dr Budge in his *Alexander the Great*) the episode of the Greek hero's visit to the Islands of the Blest occurs in cc. viii., ix. (see Zotenberg's analysis, *Cat. MSS. Éth.* p. 244). He catches certain large but mild birds which he induces, by tying pieces of meat in front of their eyes, to carry him over the sea to the Islands in question: here the sun rises when it sets for us: the water of the spring is sweet, and there are fountains of wine. In the neighbourhood of this country, it would seem, he meets Enoch and Elias in a 'spiritual tent': after an interview, in which they describe their manner of life, a fiery chariot comes and takes them away.

Lastly, there is an Arabic version of the book: copies of this exist at Paris. (Anc. fonds 170, 171. Supplément 91, 92, 93.)

For the purpose of comparison with our text, I will in the next place print two extracts from two widely different books which bear upon the story of the Lost Tribes. I have elsewhere (*Psalms of Solomon,* notes on Ps. xi.: *Revel. of Peter,* p. 70) called attention to the similarity that exists between these passages. One is taken from the Ethiopic *Conflict of Matthew,* translated by Malan (*Conflicts of the Holy Apostles,* p. 44): this book itself goes back to a Coptic original. The other passage is found, in two forms closely resembling one another, in the poems of Commodian (cir. 250). I quote from Dombart's text.

I. (*a*) *Instr.* ii. 1. *De populo absconso sancto omnipotentis Christi Dei uiui.*

Desidet <populus> absconsus ultimus sanctus,
Et quidem ignotus a nobis ubi moretur.
Per nouem tribuum <cum> agant et dimidiam ipsi
Omissae duae tribuum haec sunt et dimidia nobis.
24 .... illa est gens uera caelestis.
Non natus ante patrem moritur ibi, neque dolores
In suis corporibus sentiunt uel ulcera nata.
Pausantes in lecto suo mature recedunt
Omnia conplentes legis, ideoque tutantur.

(*b*) *Carmen Apologeticum* 941 sqq.

Tunc Deus omnipotens, terminet ut cuncta, quae dixi,
Producet populum celatum tempore multo.
Sunt autem Iudaei trans Persida flumine clausi
Quos usque in finem uoluit Deus ibi morari
Captiuitas illos ibidem redegit ut essent;
Ex duodena tribu noue<m> semis ibi morantur.
Mendacium ibi non est [sed] neque odium ullum;
Idcirco nec moritur filius suos ante parentes;
Nec mortuos plangunt nec lugunt more de nostro,
Expectant quoniam resurrectionem[que] futuram.
Non animam ullam uescuntur additis escis,
Sed olera tantum, quod sit sine sanguine fuso.
Iustitia pleni inlibato corpore uiuunt,
In illis nec genesis exercet impia uires[1].
Non febres accedunt in illis, non frigora saeua,
Obtemperant quoniam uniuersa candide legis;
Quae nos et ipsi sequemur pure uiuentes;
Mors tantum aderat et labor, nam cetera surda.

[1] Compare Clem. *Recogn.* viii. 48; ix. 19. Eus. *Praep. Ev.* vi. 10. 14, 35.

II. Malan, *Conflicts of the Holy Apostles*, p. 44. "And it came to pass when Peter and Andrew came from Syria that they confirmed the people in the truth, and taught them the faith.

And as they were walking in the road they met Matthew, and they all joined together in a spiritual greeting.

And Matthew said to them: Whence come ye now? They replied: From the country of Syria. And Matthew said to them: I also come from the country of Prokumonos, which means 'rejoicing.' And they told one another of the trouble they had met with.

And Matthew said to them: In the city in which I was, does our Lord dwell at all times with the people, and converses with them; and His seat is in the Church; and He teaches them His commandments.

And when I came into their city I preached to them and brought them glad tidings in His name. But they said to me: We also know this name; and tarry here until the morrow, that thou mayest see Him who has taught it to us.

Then on the morrow came our Lord sitting upon a brilliant cloud. And when I saw Him I rejoiced in my spirit, and cried saying: Give ye glory to the King of Glory. And we abode three days to bless the Church. And at the end of the third day He blessed us, and went up into the heavens in great glory.

And I asked them: Whence were ye thought worthy of this great honour, that our Lord should converse with you?

And they said unto me: Hast thou not heard the good news respecting the nine orders and a half order [of angels] whom God brought to the earth?

And about mid-day Gabriel, the Angel of God, came to us, and with him came also to us a hundred and forty-four thousand children who had been slain, and who had not defiled their garments in the world; and as they said *Hallelujah!* we said it with them. And we want neither gold nor silver in our land, neither do we eat flesh or drink wine; but we feed on honey and drink of the dew. And we do not look on our wives with the lust of sin, and all our first-born sons we present unto the Lord as an offering, to serve in His holy temple all the days of their life from three years; and the water we drink is not from springs, but from the leaves of trees growing in gardens. Neither do we wear garments made by the hand of man; nor is a word of lying heard in our land. No man marries two wives neither does the son die before his father. The young do not speak before the old; our women dwell with us, they neither corrupt us nor we them; and when the wind blows we smell through it the smell of gardens (Eden ?). In our land there is neither summer nor winter, neither cold nor hoar frost; but on the contrary, a breath of life.

And when I heard this of them I wished to dwell among them; and my ears grew weary of hearing their voice.

Then Peter and Andrew blessed God for His having revealed to their eyes the place to which they were to go."

It is almost self-evident that the words, 'nine orders and a half order [of angels] whom God brought to the earth,' contain a mistranslation. The true rendering must be, 'nine tribes and a half tribe whom God brought to this land.' The allusion to the 144000 Innocents brings the passage above into connexion with Greek legend: for in the Greek *Acta Matthaei* (Tischendorf, *Acta Apost. Apocr.* p. 168) we have an indication that in a part of these Acts now lost, which preceded the portion which we possess, Matthew had seen a vision of Paradise and of the souls of the Innocents. Out of the several clauses which prove this, it will be enough to quote one. Matthew says to our Lord, who appears to him in the form of a child: *ὅτι μὲν ἴδον σε ἐν τῷ παραδείσῳ ὡς ἔψαλλες μετὰ τῶν ἄλλων νηπίων τῶν ἀναιρεθέντων ἐν Βηθλεὲμ, ἀκριβῶς ἐπίσταμαι· πῶς δὲ ἐνταῦθα ἐλήλυθας ἄφνω πάνυ με τοῦτο θαυμάζει.*

The recurrence of the description of the Lost Tribes in three documents so widely separated in origin and date as are the Story of Zosimus, the Conflict of Matthew, and the poems of Commodian, seems to me to point to the fact that in some earlier lost book, and that most likely a Jewish Apocalypse[1], there occurred a

[1] If a conjecture is to be hazarded, I would suggest that the *Prophecy of Eldad and Modad* may have dealt with the matter. The Targum says that, according to some, these two elders prophesied of Armillus and the last times. If this were so, we might be able to see a reason for the assumption of the name Eldad by the famous impostor who in the ninth century pretended to have visited the Ten Tribes in their distant dwelling place. See Neubauer l.c. p. 98 sqq. The impassable river

description, perhaps more detailed than any that we possess, of the manner of life of this mysterious people in their hidden abode. Whether the people in question were the Rechabites or the nine and a half tribes, is not quite obvious: but it may be provisionally said that it is more likely that the small clan of the Rechabites, with their ascetic customs, would find favour with the Christian monastic imagination, than that the nine and a half tribes would be substituted for them.

As to the history of the Greek document before us, we have seen (p. 87) that it was placed on the Slavonic Index of prohibited books. One other fact is known to me. The Canon of Nicephorus Homologeta (c. 850) condemns certain late Apocryphal books (Fabric. *Cod. Apocr. N. T.* i. 951).

Canon

3. *Τὴν* Ἀ*ποκάλυψιν* Π*αύλου καὶ*
τὰ λεγόμενα βροντολόγια καὶ σεληνοδρόμια ἢ
καλανδολόγια[1] *οὐ χρὴ δέχεσθαι, βέβηλα γὰρ πάντα.*

4. *Τὴν* Ἀ*ποκάλυψιν* Ἔσδρα[2] *καὶ*
Ζ*ωσιμᾶ καὶ*
τὰ δύο μαρτύρια τοῦ ἁγίου Γ*εωργίου καὶ*
τῶν ἁγίων μαρτύρων Κ*ηρύκου* (Κ*υριακοῦ*)
καὶ Ἰ*ουλίττης καὶ*
τὴν βίβλον Μ*άρκου καὶ* (or *τοῦ*) Δ*ιαδόχου*
οὐ χρὴ δέχεσθαι, ἀπόβλητα γὰρ καὶ οὐ δεκτά.

There seems to be no reason to doubt that the book condemned under the name of Ἀ*ποκάλυψις* Ζ*ωσιμᾶ* is that here printed. If so, we gain the knowledge that it was sufficiently popular in the ninth century to be worth condemning. That the topic of which it treats had been popular among Christians since the third century at least has been already shown by the con-

Eumeles in Zosimus recalls the famous river of stones, the Sambatyon (p. 102). The story that the life of these Israelites is wonderfully prolonged, and that no child dies before its parents (see Commodian) occurs in Eldad's account (p. 101).

The Rechabites are mentioned in a xvith century account by Abraham Yagel (p. 415).

[1] Such as those attributed to David and Esdras.

[2] Probably that edited by Tischendorf, *Apocall. Apocrr.*

vincing evidence of Commodian. In the form in which it now appears it need not be earlier than the fifth or sixth century.

I claim for it a certain vigour of imagination. It seems to me to rise to a considerable pitch of excellence in its description of the death of the righteous: and the circumstances of the expulsion of Zosimus from the Earthly Paradise, and of his conflict with the devil are examples of a kind of designedly humorous writing, which we are too apt to ascribe to a deficiency in the sense of humour when we meet with it in quasi-sacred literature.

The design of the little book is plain enough. It is meant to set before the monastic communities of the East an ideal of the ascetic life.

Διήγησις Ζωσίμου εἰς τὸν βίον τῶν μακάρων.

[κύριε εὐλόγησον.]

I. Κατ᾽ ἐκεῖνον τὸν καιρὸν ἐκ τῆς ἐρήμου ὑπῆρχεν ἀνήρ τις ὀνόματι Ζώσιμος, ὃς οὐκ ἔφαγεν ἄρτον ἐπὶ ἔτη τεσσαράκοντα, καὶ οἶνον οὐκ ἔπιεν καὶ πρόσωπον ἀνθρώπου οὐχ ἑόρακεν· οὗτος ἦν παρακαλῶν τὸν θεὸν ἵνα ἴδῃ τὴν διοίκησιν τῶν μακάρων· καὶ ἰδοὺ ἄγγελος κυρίου ἀπεστάλη λέγων αὐτῷ· Ζώσιμε, ἄνθρωπε τοῦ θεοῦ, ἰδοὺ ἀπεστάλην ἀπὸ τοῦ Ὑψίστου, τοῦ τῶν ὅλων θεοῦ, εἰπεῖν σοι ὅτι πεπορεύσῃ εἰς τοὺς μάκαρας, οὐ κατοικήσεις δὲ μετ᾽ αὐτῶν. ἀλλὰ μὴ ὑψώσῃς τὴν καρδίαν σου εἰπών· Ἔτη τεσσαράκοντα ἄρτον οὐκ ἔφαγον· ὁ γὰρ λόγος τοῦ θεοῦ ὑπὲρ ἄρτον ἐστὶν, καὶ τὸ πνεῦμα τοῦ θεοῦ ὑπὲρ οἶνόν ἐστιν· τὸ γὰρ εἰπεῖν σε Πρόσωπον ἀνθρώπου οὐκ εἶδον· ἰδοὺ τὸ πρόσωπον τοῦ μεγάλου βασιλέως ἐγγύς σου. ὁ δὲ Ζώσιμος ἔφη· Οἶδα ὅτι ὅσα ἂν θέλῃ ὁ κύριος δύναται. ὁ δὲ ἄγγελος εἶπεν πρὸς αὐτόν· Γνῶθι καὶ τοῦτο, ὅτι πρὸς ἕνα τῶν γευμάτων αὐτῶν οὐκ εἶ ἄξιος· πλὴν ἀναστὰς πορεύου.

A = Cod. Par. Gr. 1219. B = Cod. Bodl. Canon. Gr. 19.

Title; λόγος τῶν ἁγίων μακαρίων τοῦ ὁσίου πατρὸς ἡμῶν ζωσίμου εὐλόγησον B 1, 2 ἐκ—ὀνόματι] ἐν τῇ ἐρήμω ἦν παρακαλῶν τὸν θν̅ ὑπάρχων ἀνὴρ ὀνόματι B 2 ἐπὶ] om A 4, 5 ἴδῃ—μακάρων] ἀξιωθῇ εἰδεῖν τοὺς μακαρίους B 5 ἀπεστάλη] ἐπέστη B 6 ἀπὸ τοῦ] ἐκ θεοῦ B 7, 8 ὅτι—μετ᾽ αὐτῶν] ὡς ἂν πορεύσῃ σὺν ἐμοὶ καὶ ἴδῃς τοὺς μακαρίους καὶ λάβοις τὰς αὐτῶν διηγήσεις καὶ τὰς πράξεις B 9 εἰπών] καὶ μὴ εἴπῃς ἐν σεαυτῷ ὅτι B ὁ γὰρ] καὶ γὰρ ὁ B 10, 11 καὶ τὸ πνεῦμα—Πρόσωπον] καὶ ὑπὲρ πᾶσαν βρῶσιν αν͞ω͞νινην τὸ γὰρ λογίσασθαί σοι ὅτι πρόσωπον B 11 εἶδον] οἶδες οὐκ ἐστίν σοι πολὴν B 12, 13 ἐγγύς—δύναται] ἔγγιστά σου ἦν καθεκάστην· ὁ δὲ ζώσιμος ἔφη· ἐγὼ οἶδα ὅτι γῆ καὶ σποδὸς εἰμὶ καὶ ἐξουθένημα λαοῦ· πάντα γὰρ δυνατὰ τῷ θεῷ B 15 γευμάτων αὐτῶν] γιγάντων B

II. Ἐγὼ δὲ Ζώσιμος ἐξελθὼν ἐκ τοῦ σπηλαίου μου, τοῦ θεοῦ με προάγοντος, ἐπορευόμην μὴ ἐπιστάμενος τὴν ὁδὸν ποῦ ἀπέρχομαι· καὶ ὁδεύσας ἡμέρας τεσσαράκοντα ὠλιγοψύχησεν τὸ πνεῦμά μου καὶ ἐξελύθη τὸ σῶμά μου, καὶ ἀκηδιάσας ἐκαθέσθην, καὶ ἦν προσευχόμενος ἐν τῷ τόπῳ ἐκείνῳ ἐπὶ ἡμέρας τρεῖς· καὶ ἰδοὺ ἦλθεν ζῶον ἐκ τῆς ἐρήμου, ὄνομα αὐτῷ κάμηλος· καὶ θήσας τὰ γόνατα εἰς τὴν γῆν ἔλαβέν με εἰς τὸν τράχηλον αὐτοῦ καὶ ἐπορεύθη εἰς τὴν ἔρημον καὶ ἀπέθετό με. καὶ ἦν ἀλαλαγμὸς τῶν θηρίων ἐκεῖ πολὺς, καὶ βρυγμὸς, καὶ ἰὸς θανατηφόρος. ἔμφοβος δὲ γενόμενος προσηυξάμην πρὸς κύριον, καὶ ἐγένετο σεισμὸς ἐν τῷ τόπῳ ἐκείνῳ πολὺς μετ' ἤχους· καὶ ἐφύσησεν λαῖλαψ ἀνέμου καὶ ἐκίνησέν με ἀπὸ τῆς γῆς καὶ ὕψωσέν με εἰς τὸ πτερύγιον αὐτοῦ, καὶ ἤμην προσευχόμενος καὶ πορευόμενος, καὶ ἔστησέν με ἐπὶ τόπου ποταμῶδους· καὶ ὄνομα τῷ ποταμῷ Εὐμέλης. καὶ ἰδοὺ βουλομένου μου διέρχεσθαι τὸν ποταμὸν, ἐβόησέν τις ὡς ἀπὸ τοῦ ὕδατος λέγων· Ζώσιμε, ἄνθρωπε τοῦ θεοῦ, οὐ δυνάσαι διελθεῖν δι' ἐμοῦ· οὐ γὰρ δύναται ὁ ἄνθρωπος τὰ ὕδατά μου διακόψαι, ἀλλ' ἢ κατανόησον ἄνω τῶν ὑδάτων ἕως τοῦ οὐρανοῦ. καὶ κατανοήσας εἶδον τεῖχος νεφέλης κρατοῦν ἀπὸ τῶν ὑδάτων ἕως τοῦ οὐρανοῦ. καὶ εἶπεν ἡ νεφέλη· Ζώσιμε, ἄνθρωπε τοῦ θεοῦ, δι' ἐμοῦ οὐ διέρχεται πετεινὸν ἐκ τοῦ κόσμου τούτου, οὐδὲ πνοὴ ἀνέμου οὐδὲ αὐτὸς ὁ ἥλιος, οὐδὲ ὁ πειράζων ἐν τῷ κόσμῳ τούτῳ δύναται διελθεῖν δι' ἐμοῦ.

III. Ἐγὼ δὲ ἐξέστην ἐπὶ τοῖς ῥήμασιν τούτοις καὶ ἐπὶ τῇ φωνῇ τῇ λεγούσῃ μοι ταῦτα· καὶ ἐμοῦ προσευχομένου, ἰδοὺ δύο δένδρα ἀνεφύησαν ἀπὸ τῆς γῆς, καλοειδῆ καὶ εὐπρεπέστατα,

II 1 *ἐξελθὼν*] *ἀναστὰς* B 1—3 *μου—τεσσαράκοντα*] *καθὰ ἐνετείλατό μοι ὁ ἄγγελος οὐκ οἴδειν ποῦ ἀπέρχωμαι ἐπὶ ἡμέρας ὁδοιπορήσας ἱκανὰς* B 4 *μου* (*pri.*)] om B 4, 5 *ἀκηδιάσας—ἦν*] *ἀκηδιάσθην κ. ἐκαθέστην κ. ἤμην* B 6 *ὄνομα αὐτῷ*] *ὀνόματι* B 7 *θήσας—γῆν*] *θῆς τὰ γώνατα αὐτῆς* B 8 *εἰς*] om A *ἀπέθετό με*] *ἀπέλθετώ με ἐκεῖ* B 9 *βρυγμὸς*] *βρωμὸς* B 10 *ἔμφοβος δὲ γενόμ.*] *φοβηθεὶς δὲ ἐγὼ* B 11 *σεισμὸς*] *συσυσμὸς* B *πολὺς*] om B 13 *εἰς*] *ἐπὶ* B 14 *καὶ πορευόμ.*] *σὺν τῶ ἀνέμω καὶ οὐκ ἐγίνωσκον ποῦ πορεβόμην* B *τόπου ποταμ.*] *ποταμοῦ* B 15 *τῷ ποτ. Εὐμ.*] *τοῦ ποταμοῦ ἐκείνου εὔμιλος* B 15, 16 *διέρχεσθαι*] *πορέβεσθαι καὶ διέρχ.* B 16 *τις—ὕδατος*] *τὸ ὕδωρ* B 18 *ὁ*] om B *διακόψαι*] *διελθεῖν* B *ἀλλ' ἢ κατανόησον*] *ἀλλὰ κατανόησον καὶ ἴδε* B 19 *ἄνω*] *ἀπὸ* B *κατανοήσας*] *κατενόησα καὶ* B 20 *κρατοῦν—ἕως*] *κρατουμένης ἕως* B 21 *νεφέλη*] + *πρός με* B 22, 23 *οὐδὲ—ἥλιος*] om B

III 25, 26 *καὶ ἐπὶ—ταῦτα*] om B 27 *ἀνεφύησαν*] *ἀνεφάνησαν* A γέμοντα καρπῶν εὐωδίας· καὶ κλιθὲν τὸ δένδρον ἐντεῦθεν ἔλαβέν με ἐπὶ τὴν κορυφὴν αὐτοῦ, καὶ ὑψώθη σφόδρα ἀνάμεσον τοῦ ποταμοῦ, καὶ ὑπήντησέν μοι τὸ ἄλλο δένδρον καὶ ἐδέξατό με ἐν τοῖς κλάδοις αὐτοῦ, καὶ κλιθὲν ἔστησέν με ἐπὶ τὴν γῆν, καὶ ἀνυψώθησαν τὰ ἀμφότερα δένδρα, καὶ ἔστησάν με ἀπὸ τοῦ ποταμοῦ πέραν. καὶ ἀνεπαυσάμην ἡμέρας τρεῖς ἐν τῷ τόπῳ ἐκείνῳ, καὶ πάλιν ἀναστὰς ἐπορευόμην ὅπου δ' ἂν οὐκ ἐγίνωσκον, καὶ ἦν ὁ τόπος ἐκεῖνος πλήρης εὐωδίας πολλῆς, καὶ οὐκ ἦν ὄρος ἔνθα καὶ ἔνθα, ἀλλ' ἦν ὁ τόπος ἐκεῖνος πεδινὸς ἀνθοφορῶν, ὅλος ἐστεφανωμένος, καὶ πᾶσα ἡ γῆ εὐπρεπής.

IV. Καὶ εἶδον ἐκεῖ ἄνθρωπον γυμνὸν καθήμενον καὶ εἶπον ἐν ἑαυτῷ· Ἄρα μὴ οὗτός ἐστιν ὁ πειράζων; καὶ ἐμνήσθην τῆς φωνῆς τῆς νεφέλης ὅτι εἶπέν μοι ὅτι Οὐ διέρχεται δι' ἐμοῦ οὔτε αὐτὸς ὁ πειράζων ἐν τῷ κόσμῳ. καὶ οὕτως θαρρήσας εἶπον πρὸς αὐτόν· Χαίροις, ἀδελφέ. καὶ αὐτὸς ἀποκριθεὶς εἶπέν μοι· Ἡ χάρις τοῦ θεοῦ μου μετά σου. καὶ πάλιν εἶπον πρὸς αὐτόν· Εἰπέ μοι, ἄνθρωπε τοῦ θεοῦ, τίς εἶ; καὶ ἀποκριθεὶς εἶπέν μοι· Σὺ γὰρ τίς εἶ; καὶ ἀποκριθεὶς ἐγὼ εἶπον πάντα τὰ περὶ ἐμοῦ, καὶ ὅτι ηὐξάμην πρὸς κύριον καὶ ἤνεγκέν με ἐν τῷ τόπῳ τούτῳ. καὶ ἀποκριθεὶς εἶπέν μοι· Κἀγὼ γινώσκω ὅτι ἄνθρωπος τοῦ θεοῦ εἶ σύ· εἰ δὲ μή γε, οὐκ ἂν διῆλθες τὴν νεφέλην καὶ τὸν ποταμὸν καὶ τὸν ἀέρα· τὸ γὰρ πλάτος τοῦ ποταμοῦ ὡς ἀπὸ μιλίων τριάκοντα, ἡ δὲ νεφέλη ἕως τοῦ οὐρανοῦ, τὸ δὲ βάθος τοῦ ποταμοῦ ἕως τῶν ἀβύσσων.

V. Καὶ πληρώσας τὸν λόγον τοῦτον ὁ ἄνθρωπος εἶπεν πάλιν· Σὺ ἐκ τῆς ματαιότητος τοῦ κόσμου ἦλθες ὧδε; ἐγὼ δὲ εἶπον αὐτῷ· Διατί γυμνὸς ὑπάρχεις; καὶ εἶπεν· Πόθεν ἔγνως ὅτι γυμνὸς ὑπάρχω; σὺ γὰρ φορῶν δέρματα ἐκ τῶν προβάτων

1 τὸ δένδρον ἐντ.] τὸ ἐν δένδρων B 2 ἐπὶ] εἰς B ὑψώθη—ἀνάμεσον] ἀνυψώθη σφόδρα καὶ ἐκλήθην ἀνάμ. B 3 μοι] om A 4, 5 ἀνυψώθ.] ὑψώθ. B 7 δ' ἂν] om B 8, 9 ἔνθα] ἔνθεν (bis) B 9 ἀνθοφ.] ἄφθορος A 9, 10 ἐστεφαν.] στεφαν. B

IV 11 καθήμενον] om B 12 ἑαυτῷ] αὐτῷ B 13, 14 δι' ἐμοῦ οὔτε αὐτὸς] om B 14 κόσμῳ] + τούτῳ B 16 τοῦ θεοῦ μου] om A 17 ἀποκριθεὶς] πάλιν ἀποκρ. B 18, 19 καὶ ἀποκριθεὶς—ὅτι] κἀγὼ ἀποκρ. λέγω αὐτῷ Ὅτι B 21 σύ] om B εἰ—διῆλθες] οὐ γὰρ οὐκ ἦν πῶς ἦν δυνατὸν τοῦ διελθεῖν B 22 τὸν ἀέρα] τῷ ἀέρι A ποταμοῦ] οὐρανοῦ B 23 ἕως ἐκ B 24 ἀβύσσων] + ἐστὶν B

V 25 ὁ ἄνθρ.] om B 26 πάλιν] μοι B κόσμου] + ἦν καὶ B 27 αὐτῷ] om B 27—1 (p. 99) καὶ εἶπεν—φθειρόμ.] κ. πάλιν ἀποκριθεὶς λέγει μοι· Ἐπέγνω σεαυτῷ τῆς γῆς ὑπάρχεις, καὶ αὐτὰ φθειρόμενα σὺν τῷ σώματί σου· ἀλλὰ κατανόησον <ἐν> τῷ ὑψώματι τοῦ οὐρανοῦ καὶ θέασαι τὸ ἔνδυμά μου ποῖόν ἐστιν. καὶ θεασάμενος ἐν τῷ οὐρανῷ εἶδον τὸ πρόσωπον αὐτοῦ ὡσεὶ πρόσωπον ἀγγέλου, καὶ τὸ ἔνδυμα αὐτοῦ ὡς ἀστραπὴν, ἡ ἐξ ἀνατολῶν εἰς δυσμὰς πορευομένη, καὶ ἐφοβήθην σφόδρα, νομίσας ὅτι υἱὸς θεοῦ ἦν, καὶ ἐγενήθην ἔντρομος, πεσὼν ἐπὶ τὴν γῆν. καὶ δεδωκὼς χεῖρα ἀνέστησέν με λέγων· Ἀνάστα· κἀγὼ εἷς εἰμὶ τῶν μακάρων· δεῦρο σὺν ἐμοὶ, ὅπως ἄξω σε πρὸς τοὺς πρεσβυτέρους. καὶ κρατήσας τῆς χειρός μου συμπεριεπάτησέν μοι καὶ ἤγαγέν με ἐπί τινα ὄχλον, καὶ ἦσαν ἐν τῷ ὄχλῳ ἐκείνῳ πρεσβῦται ὅμοιοι υἱοὶ θεοῦ· καὶ ἦσαν παριστάμενοι νεανίσκοι τοῖς πρεσβυτέροις. ἀπελθόντος δὲ ἐμοῦ ἔγγιστα αὐτῶν, εἶπαν· Οὗτος ἐκ τῆς ματαιότητος τοῦ κόσμου ἐλήλυθεν ὧδε· δεῦτε δεηθῶμεν κυρίου καὶ φανερώσει ἡμῖν τὸ μυστήριον τοῦτο. μὴ ἄρα τὸ τέλος ἔφθασεν, ὅτι ἄνθρωπος τῆς ματαιότητος ἦλθεν ὧδε; καὶ ἀναστάντες ἐδεήθησαν τοῦ κυρίου ὁμοθυμαδόν· καὶ ἰδοὺ ἄγγελοι δύο κατέβησαν ἐκ τῶν οὐρανῶν καὶ εἶπαν· Μὴ φοβήθητε τὸν ἄνδρα, ὅτι ἀπέσταλκεν αὐτὸν ὁ θεὸς, ἵνα ποιήσῃ ἑπτὰ ἡμέρας καὶ λάβῃ τὰς διοικήσεις ὑμῶν, καὶ τότε ἐκπορεύεται καὶ ἀπελεύσεται ἐν τῷ τόπῳ αὐτοῦ. οἱ δὲ ἄγγελοι τοῦ θεοῦ εἰπόντες ταῦτα ἀνέβησαν εἰς τὸν οὐρανὸν ἐνώπιον τῶν ὀφθαλμῶν ἡμῶν.

VI. Τότε παρέδωκάν με οἱ πρεσβύτεροι τῶν μακάρων τινὶ τῶν ὑπηρετῶν, λέγοντες· Φύλαξον αὐτὸν ἕως ἡμερῶν ἑπτά. παραλαβών με οὖν ὁ ὑπηρέτης ἀπήγαγέν με εἰς τὸ σπήλαιον

ἄνθρωπε ὅτι γυμνὸς ὑπάρχεις τέλειος καὶ ἐπὶ τούτω κέχρησαι κ. δέρμα προβάτων κ. αὐτὰ φθήρωνται B 3 ποῖον] ὁποῖον B θεασάμ.] ἐθεασάμην ἐγὼ ὁ ταπεινὸς B εἶδον] καὶ ἰδὼν B 5 ἡ] om B πορευομένη] πορεβόμενον B 6 σφόδρα νομίσας] om A ἦν] ἐστὶν B ἐγενήθην] ἐγενόμην B 7 δεδ. χεῖρα] δεδ. μοι χ. αὐτοῦ B 8 'Ανάστα] om A εἰμὶ] + ἐκ B μακάρων] μακαρίων B σὺν ἐμοὶ] om A 9 ὅπως ἄξω] ἵνα ἀπάξω B πρεσβ.] μακαρίους B κρατήσας] + με ἐκ B 10 μου] om B συμπεριεπ. μοι] συμπεριεπάτη μετ' ἐμοῦ B ὄχλον] + πολλὴν B 11 ὅμοιοι υἱοὶ θεοῦ] ὅμοι υἱοι θῦ A; ὅμοιοι υἱω τῶ θω̄ B 12 πρεσβυτέροις] πρεσβύταις B δὲ ἐμοῦ] μου δὲ A 13 οὗτος] + ὁ ἄνθρωπος B τοῦ κόσμου] om B 14 ὧδε] om A κυρίου] κω̄ τῶ θω̄ B 15 τέλος] + ἡμῶν B 16 ἦλθεν] ἐλήλυθεν B ἀναστάντες] + ἐπορεύθησαν καὶ B τοῦ κυρίου] κω̄ τῶ θω̄ B 17 δύο] om B 18 εἶπαν] + αὐτοὺς B φοβήθ.] φοβεῖσθε B 19 διοικήσεις] διηγήσεις B 20 τότε ἐκπορ.] πάλιν πορ. B καὶ ἀπελ.—αὐτοῦ] εἰς τὸν ἴδιον τόπον B 21 ἀνέβησαν] ἀνήλθωσαν B

VI 23 τῶν μακ.] om B τινὶ] ἕνα A 25 με οὖν] δέ με B

αὐτοῦ, καὶ ἤμεθα ὑποκάτω δένδρου διοικούμενοι. ἀπὸ γὰρ τῆς ἕκτης ὥρας ἕως ἕκτης, τότε ἠσθίομεν· καὶ τὸ ὕδωρ ἐξήρχετο ἀπὸ τῆς ῥίζης τοῦ δένδρου γλυκὺ ὑπὲρ τὸ μέλι· καὶ ἐπίνομεν πρὸς τὸν κόρον ἡμῶν, καὶ πάλιν τὸ ὕδωρ ἐδίδυσκεν εἰς τὸν τόπον αὐτοῦ. ἤκουσεν δὲ πᾶσα ἡ πατριὰ τῶν ἐκεῖσε περὶ ἐμοῦ, ὅτι Ἦλθεν ἄνθρωπος ἐκ τῆς ματαιότητος τοῦ κόσμου ὧδε. καὶ ἐσαλεύθη πᾶσα ἡ πατριά· καὶ ἦλθον ἰδεῖν με, ὅτι ξένον αὐτοῖς ἐφάνη. ἦσαν οὖν ἐπερωτῶντές με πάντα, κἀγὼ ἤμην ἀναγγέλλων αὐτοῖς· καὶ ὠλιγοψύχησα τῷ πνεύματί μου καὶ τῷ σώματί μου, καὶ παρεκάλεσα τὸν ἄνθρωπον τοῦ θεοῦ τὸν ὑπηρετοῦντά μοι καὶ εἶπον· Παρακαλῶ σε, ἀδελφέ, ἐὰν ἔλθωσίν τινες ἰδεῖν με, ἀνάγγειλον αὐτοῖς ὅτι Οὐκ ἔστιν ὧδε, ἵνα ἀναπαύσωμαι μικρόν. καὶ ἐβόησεν ὁ ἄνθρωπος τοῦ θεοῦ λέγων· Οἴμοι, ὅτι

Protev. Jac. xiii. 1.

<ἡ> ἱστορία τοῦ Ἀδὰμ <ἐν> ἐμοὶ ἀνεκεφαλαιώθη. ἐκεῖνον γὰρ διὰ τῆς Εὔας ἠπάτησεν ὁ Σατανᾶς, καὶ ἐμὲ ὁ ἄνθρωπος οὗτος διὰ τῆς κολακείας ψεύστην με θέλει ἀποκαταστῆσαι ὄντος αὐτοῦ ὧδε· ἀπαγάγετέ με ἐντεῦθεν, ἐπεὶ φεύξομαι ἀπὸ τῆς κώμης· ἰδοὺ γὰρ βούλεται κατασπείρειν ἐν ἐμοὶ σπέρματα τοῦ κόσμου τῆς ματαιότητος. καὶ κατεπανέστησάν μου πᾶς ὁ ὄχλος καὶ οἱ πρεσβύτεροι καὶ εἶπον· Ἀπελθὲ ἀφ' ἡμῶν, ἄνθρωπε· οὐκ οἴδαμεν πόθεν ἐλήλυθας πρὸς ἡμᾶς. ἐγὼ δὲ ἔκλαυσα κλαυθμῷ μεγάλῳ, καὶ ἀπέστη ἀπ' ἐμοῦ ἡ φρόνησις· καὶ ἐβόησα πρὸς τοὺς πρεσβυτέρους λέγων· Συγχωρήσατέ μοι, κύριοί μου. καὶ οἱ πρεσβύτεροι καταπαύσαντες ἡσυχίαν παρέσχον. τότε

1 δένδρου διοικ.] τῶν δένδρων B 2 ἕως ἕκτης] καὶ μετὰ τὴν ἐνάτην B τὸ] om B ἐξήρχ.] ἐξέχεε B 3 τῆς ῥίζης] om A τὸ] om B ἐπίνομεν] + ἐξ αὐτοῦ B 4 ἐδίδυσκεν] ὑπέστρεφεν B 5 αὐτοῦ] om B πατριὰ] πατρίδα AB (πᾶσα πατρίδα ἐκεῖσαι B) 6 ματαιότ. τοῦ] ματαίου B 7 ἐσαλεύθη πᾶσα ἡ πατρ.] ἐκυνίθη πᾶσα ψυχὴ B 7, 8 ἰδεῖν—ἐφάνη] πρὸς τοῦ ἰδεῖν με, ὅτι ξενὸν πρᾶγμα ἐλογιοῦντο περὶ ἐμοῦ B 8 πάντα] περὶ τοῦ κόσμου τούτου ἅπαντα B 9 αὐτοῖς κ. ὠλιγοψ.] ἕνα ἕνος ἑκάστου· ἀγανακτήσας δὲ κ. ὀλιγοψυχήσας B 10 τοῦ θεοῦ] om B 10, 11 ὑπηρετοῦντα] ὑπηρετήσαντα B 11 εἶπον] + πρὸς αὐτόν B ἐὰν] ἵνα B τινες] τοῦ B 12 ἀνάγγ.] ἵνα ἀναγγείλης B 12, 13 ἵνα ἀναπ. μικρ.] ὅπως μικρ. ἀναπ. B 13 λέγων] καὶ εἶπεν B 15 γὰρ] om B 16 οὗτος] τοῦ θῦ B κολακείας] κοιλίας αὐτοῦ B με] om A 16, 17 θέλει—ὧδε] κατέστησεν ὁ δὲ εἶπεν ὅτι ψευσται [= ψεύσαι] ὅτι οὐκ ἐστὶν ὧδε· καὶ εἶπεν τοῖς ὄχλοις B 17 με] αὐτὸν B ἐπεὶ] εἰ δὲ μὴ B 17, 18 ἀπὸ τ. κώμ.] τὴν κώμην A 18 κατασπείρειν] κατασπεῖραι B ἐν] om A 18, 19 σπέρματα—ματαιότ.] ὁ ανος τοῦ θῦ τῆς ματαιότ. τοῦ κόσμου αὐτοῦ B 20 καὶ οἱ πρεσβ.] om B εἶπον] + πρὸς ἐμέ B 21 οἴδαμεν] + γὰρ B 23 μου] om B 24 καταπ.—παρέσχον] κατέπαυσαν τοὺς νεωτέρους καὶ ἐποίησαν ἡσυχίαν μεγάλην B

ἐξηγησάμην αὐτοῖς τὰ ἀπ' ἀρχῆς ἕως δεῦρο, καὶ ὅτι Ἐδεήθην τοῦ θεοῦ ἐλθεῖν πρὸς ὑμᾶς, καὶ κατηξίωσέν με. καὶ οἱ πρεσβύτεροι εἶπον· Καὶ νῦν τί θέλεις ἵνα ποιήσωμέν σοι; ἐγὼ δὲ εἶπον αὐτοῖς· Θέλω λαβεῖν ἐξ ὑμῶν τὰς διοικήσεις ὑμῶν.

VII. Οἱ δὲ ἐχάρησαν χαρὰν μεγάλην, καὶ ἄραντες πλάκας λιθινὰς κατέγραψαν τοῖς ὄνυξιν αὐτῶν οὕτως· Ἀκούσατε, ἀκούσατε, υἱοὶ τῶν ἀνθρώπων, ἡμῶν τῶν γενομένων μακάρων, ὅτι καὶ ἡμεῖς ἐξ ὑμῶν ἐσμέν· ὅτε γὰρ ἐκήρυξεν Ἱερεμίας ὁ προφήτης ὅτι ἡ πόλις Ἱερουσαλὴμ παραδοθήσεται εἰς χεῖρας τῶν ὀλοθρευόντων, διέρρηξεν τὰ ἱμάτια αὐτοῦ, καὶ περιεζώσατο σάκκον περὶ τὴν ὀσφὺν αὐτοῦ, καὶ κατεπάσατο σποδὸν ἐπὶ τὴν κεφαλὴν αὐτοῦ, καὶ χοῦν ἔλαβεν ἐπὶ τῆς κοίτης αὐτοῦ, καὶ εἶπεν παντὶ τῷ λαῷ ἀποστραφῆναι ἀπὸ τῆς ὁδοῦ αὐτῶν τῆς πονηρᾶς. ἤκουσεν δὲ καὶ ὁ πατὴρ ἡμῶν Ῥηχὰβ ὁ υἱὸς Ἀμιναδὰβ καὶ εἶπεν πρὸς ἡμᾶς· Ἀκούσατε υἱοὶ Ῥηχὰβ καὶ θυγατέρες τοῦ πατρὸς ὑμῶν, καὶ ἀποδύσασθε τὰ ἱμάτια ὑμῶν ἐκ τοῦ σώματος ὑμῶν, καὶ κεράμιον οἴνου οὐ πίεσθε, καὶ ἄρτον ἐκ τοῦ πυρὸς οὐ φάγεσθε, καὶ σίκερα καὶ μέλι οὐ πίεσθε ἕως τοῦ εἰσακοῦσαι κύριον τῆς δεήσεως ὑμῶν. ἡμεῖς δὲ εἴπαμεν ὅτι Ἃ ἐνετείλατο ἡμῖν ποιήσομεν καὶ ἀκουσόμεθα. καὶ ἀπερρίψαμεν ἐκ τοῦ σώματος ἡμῶν τὴν περιβολὴν ἡμῶν καὶ οὐκ ἐφάγομεν ἄρτον ἐκ πυρὸς καὶ οὐκ ἐπίομεν κεράμιον οἴνου οὔτε μέλι οὔτε σίκερα, καὶ ἐκλαύσαμεν κλαυθμῷ μεγάλῳ καὶ ἐδεήθημεν τοῦ κυρίου, καὶ ἤκουσεν τῆς προσευχῆς ἡμῶν καὶ ἀπέστρεψεν τὴν ὀργὴν αὐτοῦ ἀπὸ τῆς πόλεως Ἱερουσαλὴμ, καὶ ἐγενήθη τῇ πόλει Ἱερουσαλὴμ ἔλεος παρὰ κυρίου, καὶ ἠλέησεν τὸν λαὸν αὐτοῦ, καὶ ἀπέστρεψεν τὴν ὀργὴν αὐτοῦ τὴν θανατηφόρον.

1 δεῦρο] τέλους B 1, 2 ἐδεήθην τοῦ θεοῦ] ἐπαρεκάλεσα τῷ φιλανθρώπω θῶ B 2 καὶ κατηξ. με] om B 3 εἶπον (*pri.*)] + πρός με B ἵνα] om B σοι] om B 4 λαβεῖν] ἵνα λάβω B. διοικ.] πράξεις κ. τὰς διηγήσεις B

VII 5 ἐχάρησαν] ἐχάρη B 6 τοῖς ὄνυξιν αὐτῶν] αὐτῶν τοῖς ὄν. B 6, 7 ἀκούσατε (*sec.*)] om B 7 γενομένων μακάρων] μακαρίων B 9 Ἱερουσαλὴμ] ἡμῶν B 9, 10 τῶν ὀλοθρευόντων] ὀλοθρευτῶν B 10 τὰ ἱμ. αὐτοῦ] αὐτῶν τὰ ἱμ. B 11 περὶ τ. ὀσφ. αὐτ.] om B κατεπάσατο] κατεσπάσατο A (ἐπὶ τ. κεφ. αὐτ. κατεπ. σποδ. B) 12 κοίτης] κλίνης B 12, 13 παντὶ τῷ λαῷ] πάντα τὸν λαὸν B 13 ἀποστραφῆναι] ἀπόστητε κ. ἀποστράφηται B αὐτῶν] ἡμῶν B 14 καὶ (*pri.*)] om B ὁ (*sec.*)] om A 15, 16 καὶ θυγ.—ὑμῶν καὶ] τοῦ π. ἡμ. καὶ θυγ. B 17 ὑμῶν] om. B 17, 18 καὶ ἄρτον—φάγεσθε] om B 18 σίκερα] συγκέρα B 18, 19 εἰσακ.—ὑμῶν] ἂν εἰσακούσαι κς ὁ θς ἡμῶν τῆς δεήσ. ἡμῶν B 19, 20 Ἃ—ποιήσομεν] ὅτι ἐὰν εἴπῃς ἡμᾶς μετὰ θεὸν ποιησώμεν B 21 περιβολὴν ἡμ.] περιβολαίαν ἣν ἐφοροῦμεν B 22 οὔτε...οὔτε] οὐ...καὶ B 24 ἤκουσεν] ἐπήκουσεν B 25—27 ἀπὸ τ. π.λεως—ὀργὴν αὐτοῦ] om B per homoeoteleuton

VIII. Καὶ μετὰ ταῦτα ἀπέθανεν ὁ βασιλεὺς τῆς πόλεως Ἱερουσαλὴμ, καὶ ἀνέστη βασιλεὺς ἕτερος· καὶ συνηθροίσθη πᾶς ὁ λαὸς πρὸς αὐτὸν καὶ κατάδηλον ἐποίησαν αὐτὸν περὶ ἡμῶν, καὶ εἶπαν· Εἰσίν τινες ἐκ τοῦ λαοῦ σου οἵτινες ἤλλαξαν τὴν ὁδὸν αὐτῶν ἀφ' ἡμῶν. καλέσας οὖν αὐτοὺς ὁ βασιλεὺς ἐπηρώτησεν αὐτοὺς ἕνεκεν τίνος πεποιήκασιν τοῦτο· καὶ μετεκαλέσατο ἡμᾶς καὶ ἐπηρώτησεν· Τίνες ἐστὲ καὶ ποίας θρησκείας ἢ ἐκ ποίας πατρίδος; καὶ εἴπαμεν αὐτῷ· Υἱοί ἐσμεν παιδός σου, πατὴρ δὲ ἡμῶν Ῥηχὰβ υἱὸς Ἰωναδάβ· καὶ ὅτε ἐκήρυξεν Ἱερεμίας ὁ προφήτης ζῶντος τοῦ πατρός σου τοῦ βασιλέως, ἐκήρυξεν θάνατον τῇ πόλει Ἱερουσαλὴμ ὅτι Ἔτι τριῶν ἡμερῶν καὶ πᾶσα ἡ πόλις θανατωθήσεται. ἀκούσας δὲ ὁ βασιλεὺς ὁ πατήρ σου μετέγνω ἐπὶ ταῖς ἁμαρτίαις αὐτοῦ καὶ ἐξέθετο δόγμα πᾶσιν τοῦ ἀποστρέψαι ἐκ τῆς ὁδοῦ αὐτῶν τῆς πονηρᾶς. ἀκούσας δὲ ὁ πατὴρ ἡμῶν ὁ παῖς σου ἐνετείλατο ἡμῖν λέγων Κεράμιον οἴνου οὐ πίεσθε καὶ ἄρτον ἐκ τοῦ πυρὸς οὐ φάγεσθε ἕως τοῦ εἰσακοῦσαι κύριον τῆς δεήσεως ὑμῶν· ἡμεῖς δὲ ἐπηκούσαμεν τῆς ἐντολῆς τοῦ πατρὸς ἡμῶν, καὶ ἐγυμνώσαμεν τὰ σώματα ἡμῶν, καὶ οἶνον οὐκ ἐπίομεν, καὶ ἄρτον οὐκ ἐφάγομεν, καὶ προσηυξάμεθα πρὸς κύριον περὶ τῆς πόλεως Ἱερουσαλὴμ, καὶ ἠλέησεν κύριος τὸν λαὸν αὐτοῦ καὶ ἀπέστρεψεν τὴν ὀργὴν αὐτοῦ· καὶ εἴδομεν, καὶ ὠνήθη ἡ ψυχὴ ἡμῶν, καὶ εἴπαμεν· Καλὸν εἶναι ἡμᾶς οὕτως.

IX. Καὶ εἶπεν πρὸς ἡμᾶς ὁ βασιλεύς· Καλῶς πεποιήκατε·

VIII 3, 4 αὐτὸν—κ. εἶπαν] πρὸς αὐτὸν καὶ εἶπον περὶ ἡμ. B 4 σου] om B 5 ὁδὸν] δόξαν B ἀφ' ἡμῶν] om B καλ. οὖν αὐτοὺς] καὶ καλ. ἡμᾶς B 6, 7 αὐτοὺς ἕνεκεν—ἐπηρώτ.] om B 7 κ. ποίας θρησκ.] om A 8, 9 Υἱοί—Ἰωναδάβ] ἡμεῖς· ἐκ τοῦ λαοῦ ἐσμὲν παῖδεσου· ἐκ πόλεως ιλημ. κ. εἶπεν ὁ βασιλεύς· καὶ τίνος ἔσται ὑμεῖς. κ. ὕπωμεν (εἴπομεν) αὐτῶ· ἐσμὲν τοῦ παῖδός σου· πηρ ὁ ἡμῶν ῥηχὰβ υἱὸς ἀμηναδάμ B 10, 11 ζῶντος—ἡμερῶν] ζωεντος τοῦ πρς σου βασιλεὺς ἐν τῇ πόλει ιηλμ λέγων· ἔτη τρεῖς ἡμέρας B 11 πᾶσα] om B 12 δὲ] om B ὁ πατήρ σου] om B 13 ἐπὶ] ἐκ B δόγμα πᾶσιν] δόγμασιν A τοῦ] om B 14 αὐτῶν τῆς πονηρᾶς] αὐτοῦ τοῦ πονηροῦ B 15 ὁ παῖς σου] ῥηχὰβ B Κεράμιον] om A 16 ἄρτον] ἄρτου AB ἐκ τοῦ] om B τοῦ (sec.)] οὗ B 17 κύριον] κς ὁ θς B ἐπηκούσαμεν] ἐπακούσαντες B 18 πατρὸς ἡμ.] βασιλέως B 19 οἶνον] κεράμιον οἴνου B ἄρτον] + ἐκ τοῦ πυρὸς B 21 ἀπέστρ.] ἀνέστρ. B ὀργὴν αὐτοῦ] B ends with these words, and appends the following note:

Γυνώσκεται δὲ ἀκουσταὶ καὶ ἀναγνῶσται ὅτι τὸ ἀντίβολον οὐκ ἴχεν τὸν λόγον σωστόν· τοῦ (? τοῦτο) δὲ ηὕρικατε· ποῦβετἴς· αὐτῶ ἡ δόξα κ. τὸ κράτος εἰς τοὺς αἰῶνας τῶν αἰώνων· ἀμήν.

νῦν οὖν καταμίχθητε μετὰ τοῦ λαοῦ μου, καὶ φάγεσθε ἄρτον καὶ πίεσθε οἶνον καὶ δοξάσατε τὸν κύριον ὑμῶν· καὶ ἔσεσθε ὑπακούοντες θεῷ καὶ βασιλεῖ. ἡμεῖς δὲ εἴπαμεν ὅτι Οὐ παρακούομεν τὸν θεόν. τότε ὀργισθεὶς ὁ βασιλεὺς ἔθετο ἡμᾶς ἐν φυλακῇ. καὶ ἦμεν διανυκτερεύοντες τὴν νύκτα ἐκείνην· καὶ ἰδοὺ φῶς ἔλαμψεν ἐν τῷ οἰκήματι, καὶ ἄγγελος ἀπεστέγασεν τὴν φυλακὴν, καὶ ἐκράτησεν τῆς κορυφῆς ἡμῶν, καὶ ἐξήγαγεν ἡμᾶς ἀπὸ τῆς φυλακῆς, καὶ ἔθετο ἡμᾶς πρὸς τὸ ὕδωρ τοῦ ποταμοῦ, καὶ εἶπεν πρὸς ἡμᾶς· Ὅπου πορεύεται τὸ ὕδωρ, πορεύεσθε καὶ ὑμεῖς. καὶ ἐβαδίσαμεν σὺν τῷ ὕδατι καὶ σὺν τῷ ἀγγέλῳ. ὅτε οὖν ἤνεγκεν ἡμᾶς πρὸς τὸν τόπον τοῦτον, ἐψύγη ὁ ποταμὸς καὶ ἀπώλετο τὸ ὕδωρ ἀπὸ τῆς ἀβύσσου καὶ περιετείχισεν τὴν πατρίδα ταύτην, καὶ ἦλθεν τεῖχος νεφέλης καὶ ἐπεσκίασεν ἐπάνω τοῦ ὕδατος· καὶ οὐ διέστησεν ἡμᾶς ἐπὶ πᾶσαν τὴν γῆν, ἀλλ' ἔδωκεν ἡμῖν τὴν πατρίδα ταύτην.

X. Ἀκούσατε, ἀκούσατε υἱοὶ τῶν ἀνθρώπων, τὴν διοίκησιν τῶν μακάρων. ἔθετο γὰρ ἡμᾶς ὁ θεὸς ἐπὶ τῆς γῆς ταύτης· καὶ γάρ ἐσμεν εὐσεβεῖς, ἀλλ' οὐκ ἀθάνατοι· ἀνέτειλεν γὰρ ἡ γῆ καρπὸν εὐωδέστατον, καὶ ἐξέρχεται ἐκ τῶν κορμῶν τῶν δένδρων ὕδωρ γλυκὺ ὑπὲρ τὸ μέλι· καὶ ταῦτα ἡμῖν βρῶσις καὶ πόσις. ἔσμεν δὲ καὶ προσευχόμενοι νυκτὸς καὶ ἡμέρας· πᾶσα δὲ ἡ σπουδὴ ἡμῶν τοῦτό ἐστιν. ἀκούσατε, υἱοὶ τῶν ἀνθρώπων· ὅτι παρ' ἡμῖν ἄμπελος οὐκ ἔστιν, οὔτε ἄρουρα, οὔτε ἔργα ἐκ ξύλου οὔτε σιδήρου, οὔτε οἶκός ἐστιν ἡμῖν οὔτε οἰκοδομή· οὔτε πῦρ, οὔτε ξίφος οὔτε ἀργὸς σίδηρος οὔτε ἐργάσιμος, οὔτε ἀργύριον, οὔτε χρυσίον, οὔτε ἀὴρ βαρύτατος οὔτε πικρότατος· οὔτε εἰσὶν ἐξ ἡμῶν λαμβάνοντες ἑαυτοῖς γυναῖκας <εἰ μὴ> ἕως οὗ ποιήσωσιν δύο τέκνα· καὶ μετὰ τὸ δύο τέκνα ποιῆσαι ἀφίστανται ἀπ' ἀλλήλων καί εἰσιν ἐν ἁγνείᾳ μὴ γινώσκοντες ὅτι ἦσάν ποτε ἐν συνηθείᾳ τοῦ γάμου, ἀλλ' ὡς ὅτι ἀπ' ἀρχῆς ἐν τῇ παρθενίᾳ ὑπάρχοντες. μένει <δὲ> τὸ ἓν τέκνον εἰς τὸν γάμον, καὶ τὸ ἓν εἰς τὴν παρθενίαν.

XI. Καὶ οὐκ ἔστιν ἀριθμὸς χρόνου, οὔτε ἑβδομάδες οὔτε μῆνες οὔτε ἐνιαυτός· πᾶσα γὰρ ἡ ἡμέρα ἡμῶν μία ἡμέρα ἐστίν. ἐπὶ δὲ τῶν σπηλαίων ἡμῶν ἀπόκεινται φύλλα τῶν δένδρων, καὶ αὕτη ἐστὶν ἡ κοίτη ἡμῶν ὑποκάτω τῶν δένδρων· οὐκ ἔσμεν

IX 14 διέστησεν] διεύτησεν A (? διῴκησεν) X 26 πικρότατος] ποιφάτατος A
XI 33 ἀριθμὸς χρόνου] ἀριθμοῦ χρόνος A 34 μία ἡμέρα] μία ἡμῶν A

δὲ γυμνοὶ τῷ σώματι ὡς δὴ ἀλογίζεσθε ὑμεῖς· ἔχομεν γὰρ τὸ ἔνδυμα τῆς ἀθανασίας καὶ οὐκ αἰσχυνόμεθα ἀλλήλους· ἐν δὲ τῇ ἕκτῃ ὥρᾳ ἐσθίομεν κατὰ πᾶσαν ἡμέραν· κατέρχεται γὰρ ὁ καρπὸς τοῦ δένδρου ἀφ᾽ ἑαυτοῦ ἐν τῇ ἕκτῃ ὥρᾳ, καὶ ἐσθίομεν πρὸς τὸν κόρον ἡμῶν καὶ πίνομεν, καὶ πάλιν τὸ ὕδωρ διδύσκει εἰς τὸν τόπον αὐτοῦ. οἴδαμεν δὲ καὶ ὑμᾶς τοὺς ἐν τῷ κόσμῳ τῷ αὐτόθι, καὶ τοὺς ἐν ἁμαρτίαις ὄντας, καὶ τὰ ἔργα ὑμῶν· ὅτι καθ᾽ ἑκάστην ἡμέραν οἱ ἄγγελοι τοῦ θεοῦ ἔρχονται καὶ ἀπαγγέλλουσιν ἡμῖν καὶ τὸν ἀριθμὸν τῶν ἐτῶν ὑμῶν· ἡμεῖς δὲ εὐχόμεθα ὑπὲρ ὑμῶν πρὸς τὸν κύριον· ὅτι καὶ ἡμεῖς ἐξ ὑμῶν ἐσμὲν καὶ ἐκ τοῦ γένους ὑμῶν· ἀλλ᾽ ὅτι καὶ ἐξελέξατο ἡμᾶς ὁ θεὸς καὶ ἔθετο ἡμᾶς ὁ θεὸς ἐν τῷ τόπῳ τούτῳ ἀναμαρτήτους· καὶ οἱ ἄγγελοι τοῦ θεοῦ οἰκοῦσιν μεθ᾽ ἡμῶν κατὰ πᾶσαν ἡμέραν καὶ λέγουσιν ἡμῖν πάντα τὰ περὶ ὑμῶν, καὶ χαίρομεν μετὰ τῶν ἀγγέλων περὶ τῶν ἔργων τῶν δικαίων, ἐπὶ δὲ τὰ ἔργα τῶν ἁμαρτωλῶν λυπούμεθα καὶ κλαίοντες προσευχόμεθα πρὸς κύριον ἵνα παύσηται ἀπὸ τῆς ὀργῆς καὶ φείσηται τῶν ἁμαρτημάτων ὑμῶν.

XII. Ὅταν δὲ ἔλθῃ ὁ χρόνος τῆς τεσσαρακοστῆς, πάντα παύονται τὰ δένδρα ἀπὸ τῶν καρπῶν, καὶ βρέχει τὸ μάννα ἐκ τοῦ οὐρανοῦ ὅπερ ἔδωκεν τοῖς πατράσιν ἡμῶν· ἔστιν δὲ τὸ μάννα ὑπὲρ τὸ μέλι γλυκύ· καὶ οὕτως γινώσκομεν ὅτι ἐνήλλακται ὁ καιρὸς τοῦ ἐνιαυτοῦ. ὅταν δὲ ἔλθῃ ὁ καιρὸς τοῦ ἁγίου πάσχα, τότε πάλιν ἀνατέλλει τὰ δένδρα τὸν καρπὸν τῆς εὐωδίας· καὶ οὕτως γινώσκομεν ὅτι ἀρχὴ ἐνιαυτοῦ ἐστίν· ἡ δὲ ἑορτὴ τῆς ἀναστάσεως τοῦ κυρίου ἐν πολλῇ ἀγρυπνίᾳ ἐκτελεῖται· ἐσόμεθα γὰρ ἀγρυπνοῦντες ἡμέρας τρεῖς καὶ νύκτας τρεῖς.

XIII. Οἴδαμεν δὲ καὶ τὸν χρόνον ἡμῶν τῆς τελειώσεως· οὐ γὰρ ἔστιν αἰκισμὸς καὶ βάσανος οὐδὲ κόπος τῷ σώματι ἡμῶν, οὔτε ἀκηδία οὔτε ἀρρώστημα, ἀλλ᾽ ἔστιν εἰρήνη καὶ ἀνεκτότης πολλὴ καὶ ἀγάπη. οὔτε γὰρ ὀχλεῖται ἡ ψυχὴ ἡμῶν ὑπὸ τῶν ἀγγέλων τοῦ ἐξελθεῖν· χαίρουσιν γὰρ οἱ ἄγγελοι ὅταν παραλαμβάνωσιν ἡμῶν τὰς ψυχάς, χαίρουσιν δὲ καὶ αἱ ψυχαὶ σὺν τοῖς ἀγγέλοις ὅταν βλέπωσιν αὐτούς· ὥσπερ ἐκδέχεται νύμφη τὸν νυμφίον, οὕτως ἐκδέχεται ἡ ψυχὴ ἡμῶν τὸν εὐαγγελισμὸν

XII 21 ὅπερ] ἅπερ A

τῶν ἁγίων ἀγγέλων, οὐδὲν περισσὸν λέγοντες ἀλλ᾿ ἢ μόνον τοῦτο· Καλεῖ σε ὁ κύριος. τότε ἡ ψυχὴ ἐξέρχεται τοῦ σώματος καὶ προσέρχεται τοῖς ἀγγέλοις· καὶ ἰδόντες τὴν ψυχὴν ἄσπιλον ἐξερχομένην χαίρουσιν οἱ ἄγγελοι, καὶ ἁπλώσαντες τὰς στολὰς αὐτῶν δέχονται αὐτήν· τότε μακαριοῦσιν αὐτὴν οἱ ἄγγελοι λέγοντες· Μακαρία σὺ ψυχή, ὅτι ἐπληρώθη τὸ θέλημα τοῦ κυρίου ἐν σοί.

XIV. Ὁ δὲ χρόνος τῆς ζωῆς ἡμῶν οὗτός ἐστιν· εἰ ἐν νεότητι ἐξερχόμενος ἐκ τοῦ σώματος, αἱ ἡμέραι τῆς ζωῆς αὐτοῦ αἱ ἐντεῦθεν ἔτη τριακόσια ἑξήκοντα· ὁ δὲ ἐν τῷ γήρει ἐξερχόμενος ἐκ τοῦ σώματος, αἱ ἡμέραι τῆς ζωῆς αἱ ἐντεῦθεν ἔτη ἑπτακόσια ὀγδοήκοντα ὀκτώ. δεδήλωται δὲ ἡμῖν ἀπὸ τῶν ἀγγέλων ἡ ἡμέρα τῆς συμπληρώσεως ἡμῶν. ὅτε δὲ ἔλθωσιν οἱ ἄγγελοι τοῦ θεοῦ λαβεῖν ἡμᾶς, πορευόμεθα μετ᾿ αὐτῶν· καὶ οἱ πρεσβύτεροι ἰδόντες τοὺς ἀγγέλους συνάγουσιν πάντα τὸν λαόν, καὶ ἀπερχόμεθα μετὰ τῶν ἀγγέλων ψάλλοντες ἕως ἀπέλθωσιν οἱ ἄγγελοι ἐπὶ τὸν τόπον τῆς κατοικίας ἡμῶν. διὰ δὲ τὸ μὴ ἔχειν ἡμᾶς σκεῦος, οἱ ἄγγελοι τοῦ θεοῦ δι᾿ ἑαυτῶν ποιοῦσιν τὴν θήκην τοῦ σώματος ἡμῶν· καὶ οὕτως κατέρχεται ὁ καλούμενος ὑπὸ τοῦ θεοῦ, πάντες δὲ ἀσπαζόμεθα αὐτὸν ἀπὸ μικροῦ ἕως μεγάλου, προπέμποντες καὶ συντασσόμενοι· καὶ τότε ἡ ψυχὴ ἐξέρχεται ἀπὸ τοῦ σώματος, καὶ ἀσπάζονται αὐτὴν οἱ ἄγγελοι· ἡμεῖς δὲ θεωροῦμεν τὸ εἶδος τῆς ψυχῆς ὡς εἶδος φωτὸς πεπληρωμένην καθ᾿ ὅλου τοῦ σώματος χωρὶς τοῦ ἄρσενος καὶ τῆς θηλείας.

XV. Τότε οἱ ἄγγελοι ἀναλαμβάνοντες ᾄδουσιν ᾆσμα καὶ ὕμνον ψάλλοντες τῷ θεῷ, καὶ πάλιν ἄλλα τάγματα τῶν ἀγγέλων μετὰ σπουδῆς ὑπαντῶσιν ἀσπαζόμενοι τὴν ψυχὴν τὴν προσερχομένην καὶ εἰσερχομένην εἰς τὰ στερεώματα· καὶ ὅτε ἀπέλθῃ εἰς τὸν τόπον ἐν ᾧ δεῖ προσκυνεῖν τὸν θεόν, αὐτὸς ὁ υἱὸς τοῦ θεοῦ μετὰ τῶν ἀγγέλων δέχεται τὴν ψυχὴν τοῦ μάκαρος καὶ προσφέρει πρὸς τὸν ἄχραντον πατέρα τῶν αἰώνων· καὶ πάλιν ὅταν ψάλλωσιν οἱ ἄγγελοι ἄνω, ἡμεῖς ὄντες κάτω ὑπακούομεν αὐτῶν, καὶ πάλιν ἡμεῖς ψάλλομεν καὶ αὐτοὶ ὑπακούουσιν ἐν τῷ οὐρανῷ ἄνω, καὶ οὕτως ἀνάμεσον ἡμῶν καὶ τῶν ἀγγέλων ἀνέρχεται ἡ δοξολογία τῆς ὑμνολογίας· ὅτε δὲ ἡ ψυχὴ τοῦ μάκαρος πεσοῦσα ἐπὶ πρόσωπον προσκυνῇ τὸν κύριον, τότε καὶ ἡμεῖς πεσόντες προσκυνοῦμεν τῇ αὐτῇ ὥρᾳ τὸν κύριον· ὅτε δὲ ἀναστήσῃ αὐτὴν ὁ κύριος, τότε καὶ ἡμεῖς ἀνιστάμεθα· καὶ ὅτε ἀπέρχεται εἰς τὸν ὡρισμένον τόπον, καὶ ἡμεῖς ἀπερχόμεθα ἐν τῇ ἐκκλησίᾳ, πληροῦντες τὴν εὐχαριστίαν τοῦ κυρίου.

Ταῦτα γράψαντες, καὶ πᾶσαν τὴν διοίκησιν τῶν μακάρων, ἐδώκαμεν τῷ ἀδελφῷ Ζωσίμῳ, καὶ προεπέμψαμεν αὐτὸν ἕως τοῦ τόπου τῶν δένδρων πρὸς τῷ ποταμῷ τῷ Εὐμέλῃ.

XVI. Ἐγὼ δὲ Ζώσιμος ἐδεήθην πάλιν τῶν μακάρων ἵνα δεηθῶσιν ὑπὲρ ἐμοῦ πρὸς τὸν κύριον ἵνα δέξωνταί με τὰ δένδρα τοῦ περάσαι με· καὶ κράξαντες πάντες πρὸς κύριον εἶπαν· Ὁ θεὸς ὁ δείξας ἡμῖν τὰ θαυμάσιά σου καὶ ποιήσας ἐλθεῖν τὸν δοῦλόν σου Ζώσιμον πρὸς ἡμᾶς ἐκ τοῦ κόσμου τῆς ματαιότητος, πάλιν ἀποκατάστησον αὐτὸν εἰς τὸν τόπον αὐτοῦ μετ᾽ εἰρήνης· καὶ κέλευσον κλιθῆναι τὰ δένδρα ταῦτα καὶ ἀναλαβεῖν τὸν δοῦλόν σου καὶ στῆσαι αὐτὸν εἰς τὸ πέραν. καὶ πληρωσάντων αὐτῶν τὴν εὐχήν, εὐθέως ἐκλίθησαν τὰ δένδρα ἐνώπιον αὐτῶν καὶ ἐδέξαντό με καθὼς καὶ τὸ πρωήν, καὶ σταθεὶς πέραν τοῦ ποταμοῦ ἔκραξα φωνῇ μεγάλῃ καὶ εἶπον· Ἄνθρωποι τῆς δικαιοσύνης, οἱ ὄντες ἀδελφοὶ τῶν ἁγίων ἀγγέλων, δότε μοι εὐχὴν μετ᾽ εἰρήνης· ἰδοὺ γὰρ πορεύομαι ἀφ᾽ ὑμῶν. καὶ ποιήσαντες εὐχὴν ἔκραξαν πάντες λέγοντες· Εἰρήνη, εἰρήνη σοι, ἀδελφέ.

XVII. Τότε ηὐξάμην πρὸς κύριον καὶ ἦλθέν μοι λαῖλαψ τοῦ ἀνέμου, καὶ ἔλαβέν με ἐπὶ τῶν πτερύγων αὐτοῦ καὶ εἵλκυσέν με ἕως τοῦ τόπου οὗ ηὗρέν με καθήμενον, καὶ ἀνέλυσέν <με> μετ᾽ εἰρήνης. καὶ ἄρας φωνὴν εἶπεν πρός με ὁ ἄνεμος· Μακάριος εἶ, Ζώσιμε, ὅτι κατηριθμήθης μετὰ τῶν μακάρων. καὶ ἦλθεν τὸ ζῷον ἐκ τῆς ἐρήμου, ᾧ ὄνομα κάμηλος, καὶ ἔλαβέν με ἐπὶ τὸν τράχηλον αὐτοῦ καὶ ἤνεγκέν με ὀγδοήκοντα καὶ πέντε μονάς, καὶ ἔθηκέν με εἰς τὸν τόπον οὗ ηὗρέν με προσευχόμενον· καὶ ἀνέλυσεν μετ᾽ εἰρήνης κράζων καὶ λέγων· Μακάριος εἶ, Ζώσιμε, ὅτι μετὰ τῶν μακάρων κατηριθμήθης.

XVIII. Ἰδὼν δέ με ἐγκωμιαζόμενον ὁ Σατανᾶς ἠθέλησεν πειράσαι με, καὶ ἀκοντίσαι ἀπὸ τῆς μονῆς. ἦλθεν δὲ ἄγγελος τοῦ θεοῦ καὶ εἶπέν μοι· Ζώσιμε, ἰδοὺ ἔρχεται ὁ Σατανᾶς πειράσαι σε, ἀλλ᾽ ἔσται πολεμῶν ὑπέρ σου ὁ κύριος· ἡ γὰρ δόξα τῆς πίστεώς σου †δεῖ σε ἔχει† τὸν Σατανᾶν. καὶ ἐφάνη ἄγγελος τοῦ θεοῦ κράζων καὶ λέγων· Καλῶς ἐλήλυθας, μάκαρ τοῦ

XVII 25 Μακάριος εἶ] μακαριῶσι A   30 κατηριθμήθης] ἐκατηριθμήθης A
XVIII 35 δεῖ σε] ? δῆσαι

Χριστοῦ· δεῦρο ἀπάξω σε ἐπὶ τὸ σπήλαιον τὸ γινόμενον κατοικητήριον τοῦ σώματός σου· ἔσται γὰρ τὸ σπήλαιόν σου μαρτύριον τῆς ἐρήμου, ἴασις τῶν προσερχομένων ἀσθενῶν, πειρατήριον καὶ βάσανος τῶν δαιμόνων. καὶ κρατήσας τῆς χειρός μου ἐνίσχυσέν με καὶ διήγαγέν με δι' ἡμερῶν τεσσαράκοντα εἰς τὸ σπήλαιον ἐν ᾧ ἤμην κατοικῶν· καὶ ἐγενήθη τράπεζα δικαιοσύνης, καὶ ἤμην αὐλιζόμενος μετὰ τῶν ἀγγέλων τοῦ θεοῦ· ἔθηκα δὲ τὰς πλάκας τὰς δοθείσας μοι ἀπὸ τῶν ἁγίων μακάρων ἐπὶ τοῦ βήματος τοῦ θυσιαστηρίου τοῦ ἐν τῷ σπηλαίῳ μου.

XIX. Καὶ ἰδοὺ ἀναβάντων τῶν ἀγγέλων τοῦ θεοῦ παρεγένετο ὁ διάβολος, σχῆμα ἔχων ἄγριον, καὶ θυμοῦ ἀγόμενος καὶ χολῆς, καὶ εἶπεν πρός με· Ἐγὼ ᾔδειν ὅτι οὕτως ποιῆσαί σε εἶχεν ὁ θεὸς ὡς καὶ τοὺς μάκαρας, καὶ ἔχουσιν εἶναι ἀναμάρτητοι καὶ εἶναι αὐτοὺς ὑπὲρ τοὺς ἀγγέλους, καὶ διὰ τοῦτο εἰσήνεγκα διάνοιαν πονηρὰν, καὶ εἰσῆλθον εἰς τὸ σκεῦος τῆς ὄφεως, πανουργῶν πρὸς πανοῦργον· καὶ διὰ τοῦτο ἐποίησα παραβῆναι τὸν Ἄδαμ τὸν πρῶτον ἄνθρωπον, γεύσασθαι αὐτὸν ἀπὸ τοῦ ξύλου τῆς ζωῆς· ἐπειδὴ δὲ παρήγγειλεν αὐτὸν ὁ θεὸς μὴ φαγεῖν ἀπ' αὐτοῦ, ἵνα ἔμεινεν ἴσος τῆς δόξης τοῦ θεοῦ καὶ τῶν ἁγίων ἀγγέλων, καὶ σὺ πάλιν ἀπελθὼν ἤνεγκας τὴν ἐντολὴν ταύτην, ἵνα μὴ ὦσιν ἀναμάρτητοι, ἐγώ σοι δείξω πῶς ἀπολέσω σε καὶ πάντας τοὺς δεχομένους τὴν ἐντολὴν ταύτην ἵνα μὴ ὦσιν ἀναμάρτητοι, καὶ τὴν βίβλον ἣν ἤνεγκας.

XX. Καὶ ταῦτα εἰπὼν ὁ διάβολος ἐπορεύθη ἀπ' ἐμοῦ· καὶ μεθ' ἡμέρας ὀκτὼ ἤγαγεν μεθ' ἑαυτοῦ χιλίους τριακοσίους ἑξήκοντα δαίμονας· καὶ ἥρπασέν με ἀπὸ τοῦ σπηλαίου προσευχόμενον· καὶ ἔτυπτόν με σφαιρίζοντες ἐν ἑαυτοῖς ἡμέρας τεσσαράκοντα. καὶ μετὰ τὰς τεσσαράκοντα ἡμέρας ἔκλαυσεν ὁ διάβολος ἔμπροσθέν μου καὶ εἶπεν· Οὐαί μοι ὅτι δι' ἕνα ἄνθρωπον τὸν κόσμον ἀπώλεσα· ἐνίκησέν με γὰρ διὰ τῆς προσευχῆς αὐτοῦ. καὶ ἤρξατο τρέχειν ἀπ' ἐμοῦ· ἐγὼ δὲ κρατήσας αὐτὸν ἔστησα καὶ εἶπον· Οὐ μὴ ἀποδράσῃς καὶ φύγῃς ἀπ' ἐμοῦ ἕως οὗ ὀμόσῃς μοι τοῦ μηκέτι ἄνθρωπον πειράσαι. καὶ κλαύσας κλαυθμῷ μεγάλῳ καὶ βιαίῳ· ὤμοσέν μοι ἐν τῷ στερεώματι τοῦ οὐρανοῦ Ἕως οὗ ἡ κατοικία σου ἐστὶν, καὶ μετά σε, οὐ μὴ ἀπέλθω ἐπὶ τὸν τόπον ἐκεῖνον. τότε ἀπέλυσα αὐτὸν, ἐκπέμψας εἰς τὸ αἰώνιον πῦρ, καὶ τοὺς μετ' αὐτοῦ δαίμονας. τότε ἦλθεν ὁ

XVIII 2 ἔσται] ἔστω A

ἄγγελος ὁ συνευδοκήσας μοι ἐπὶ τῆς τραπέζης, καὶ ἤγαγέν με ἐν τῷ σπηλαίῳ μου μετὰ δόξης πολλῆς.

XXI. Ἔζησα δὲ μετὰ τοῦτο ἔτη τριάκοντα ἓξ, καὶ διέδωκα τὴν διοίκησιν τῶν μακάρων τοῖς πάτρασιν τοῖς ἐν τῇ ἐρήμῳ. ἔκλαυσεν δὲ ὁ διάβολος διὰ τὰς πλάκας τῆς διοικήσεως τῶν μακάρων, ὅτι Ἐὰν περιέλθῃ τοῦτο ἐν τῷ κόσμῳ, γέγονα καταγέλος, καὶ οὗτοι μενοῦσιν ἀναμάρτητοι, κἀγὼ μόνος ἐν τῇ μωρίᾳ. καὶ μετὰ τὴν συνπλήρωσιν τῶν τριάκοντα ἓξ ἐτῶν, παρεγένοντο οἱ ἄγγελοι τοῦ θεοῦ πρός με καθάπερ καὶ πρὸς τοὺς μάκαρας.

Συνήχθησαν δὲ πάντες οἱ μοναχοὶ καὶ πᾶς ὁ ἀκούσας· καὶ ἀνεγνώσθη ἐπὶ πάντων ἡ διαθήκη αὕτη· καὶ ἐν τῇ τοιαύτῃ πολιτείᾳ παρέδωκεν τὴν ψυχὴν τῷ θεῷ.

XXII. Ἐγὼ δὲ †Κρύσεως†, εἷς ὢν τῶν ἐν τῇ ἐρήμῳ, ἐκβαλὼν ἔδωκα πᾶσιν τοῖς θέλουσιν μανθάνειν καὶ ὠφελεῖσθαι. οἱ οὖν ἄγγελοι τοῦ θεοῦ συνεκόμισαν τὸ σῶμα τοῦ ἁγίου Ζωσίμου ὡς πολύτιμον δῶρον, καὶ ἐθεασάμεθα τὴν ψυχὴν τοῦ μακαρίου ὑπὲρ τὸν ἥλιον πεφωτισμένον ἑπταπλασίως· ἀνέβησαν δὲ ἐπὶ τὸν τόπον παραχρῆμα φοίνικες ἑπτὰ, καὶ ἐπεσκίασαν τὸ σπήλαιον· ἀνέβη δὲ καὶ πηγὴ ὕδατος ἐπὶ τοῦ τόπου ἐκείνου, ὕδωρ ἅγιον, καὶ ἕως τῆς ἡμέρας ταύτης ἴασις καὶ σωτηρία πάντων τῶν προσερχομένων ἀσθενῶν. εἰρήνη πᾶσιν τοῖς ἀκούουσιν τὴν μνήμην τοῦ ἁγίου Ζωσίμου. ἔστιν δὲ ὁ κύριος συνήγορος καὶ ὄφελος πάντων εἰς τοὺς ἀτελευτήτους αἰῶνας τῶν αἰώνων. Ἀμήν.

XXII 14 δὲ †Κρύσεως†] δὲκρύσεως A

INTRODUCTION TO THE APOCALYPSE OF THE VIRGIN.

THE Apocalypse of the Virgin, here printed *in extenso* for the first time so far as I know, has long been known to exist. Hardly any collection of Greek MSS. is without one or more copies of it; and similar documents, if not actual versions of this Greek text, are to be found in Slavonic (see Kozak's list of Slavonic Apocrypha in *Jahrbuch f. Prot. Theol.* Dec. 1891) and in Ethiopic (see Dillmann's *Catal. Codd. Aeth. Mus. Brit.* p. 21). I think it not worth while to enumerate the copies known to me; nor have I consulted more than a very few of them. I have simply printed the text of the book from the oldest copy I could find.

This I would assign to the XIth century. It occupies eight and a half leaves (ff. 342—350 *b*) in the Bodleian MS. marked Auct. E. 5. 12[1] (Cat. MSS. Bodl. i. 659). The Catalogue assigns the volume to the end of the XIIth century: but it is the opinion of some who have seen photographs of several pages that it is of an earlier time.

The contents are miscellaneous, including Homilies, Canons and Lives of Saints. The Apocalypse of the Virgin is the twelfth item out of 23: the eleventh is the Martyrdom of S. Demetrius, the thirteenth is a Homily on Job attributed to S. Chrysostom. The volume also contains the Acts of Andrew and Matthew (No. 6), the Martyrdom of Andrew (No. 7), and the Martyrdom of Thecla (No. 22). It was from this MS. that Hearne in 1715 edited that part of the Acts of Paul and Thecla which had been

[1] The other press-marks are: 5771 (*Cat. MSS. Angl.*), Huntington 457, Misc. Gr. 77.

wanting in the Baroccian MS. used by Grabe. The MS. is written in a beautiful hand, and one that seems to me remarkable. It is as a rule easy to read, but in the leaves containing the Apocalypse of the Virgin the ink has faded and has been renewed in modern times. To the orthography no praise can be awarded: I have never seen a text so crowded with itacisms. It may be as well to say at once that I have tacitly corrected these, but that I have preserved or noted neo-Greek forms of words—inflections and particles—whenever they occur.

In his *Apocalypses Apocryphae*, p. xxvii, Tischendorf has printed from the Oxford MS. the beginning of this book, as far as the word *κέλευσμα* (c. i., l. 10).

The Bodleian possesses a XVIth century copy of this Apocalypse in MS. Rawl. Auct. G. 4 (Misc. Gr. 142). In this the text is much shorter, and the language even more modern.

It may possibly be that I shall be criticised, either for not having collated a number of MSS. for the constitution of the text of this book, or, from another point of view, for having spent pains on editing so late and so dismal a work at all. The former, it appears to me, would be the better grounded objection of the two. It is evident that there are very wide differences between the copies of this book. For instance, a Venice MS. excerpted by Tischendorf (*ubi supra*) has an additional episode at the end, containing an account of the Virgin's visit to Paradise. It is said to be very short and in the nature of an appendix to the book. That it is really no part of the original work is clear, I think, from the opening words of the Apocalypse which, alike in the Venice and in the Oxford MS., only mention the place of punishment as the object of the Virgin's visit. Had it fallen in my way to obtain a copy of the Venice text I should have done so; and further, it would no doubt result from the comparison of a number of MSS. that several distinct recensions of the Apocalypse would be recognisable. Such an examination I have not been able to undertake, and it seemed better, since the opportunity was offered of issuing the present collection of texts, to include in it at once the oldest available text of this Apocalypse than to spend time in collecting and examining evidence which must be late and might be unimportant.

On the other hand, it does seem to me that the book is worth printing in some shape. I will concede to any critic that it is extremely monotonous, quite contemptible as literature, and even positively repulsive in some parts. But it is a member, and was a very popular member, of a most noteworthy class of books. The history of Apocalyptic literature cannot be written until all the available specimens of that literature have been made accessible. If nothing be gained by their publication save the knowledge that they are valueless, that gain is an appreciable one; and it will be allowed that it is more satisfactory to derive it from an independent examination of the original documents than to rely for it upon the verdict of some one else.

However, the Apocalypse of the Virgin does not merely furnish us with negative information. It throws, or may be made to throw, a good deal of light upon the dates and the mutual relations of the older documents upon which it is a variation.

In the first place, the idea of attributing a revelation of any kind to the Virgin is most likely taken from the literature connected with the Assumption. The Greek narrative attributed to S. John represents the Virgin as going every day to the Sepulchre to pray; and here she receives warning of her approaching death from Gabriel, who descends from heaven (as in the *Apocalypse*) to make the announcement. At the end of the Arabic narrative (ed. Max Enger) and in the Syriac *History of the Departure of my Lady Mary*, and also in the *Obsequies of the Virgin*[1], there are sections describing the visit of the Virgin to Hell and to Paradise which are of an apocalyptic nature. That the obligation, if any exists, must be on the side of the Apocalypse, does not seem doubtful. I would name the Assumption legends, then, as one source of the document before us.

Next to this, and more wide-reaching in its influence, is the Apocalypse of Paul. The leading idea of the Apocalypse of the Virgin, that of the intercession for the lost and the obtaining of a respite from torment for them, forms an episode in the Pauline Apocalypse. And those who will consult the passages of that

[1] See Wright, *Journal of Sacred Literature*, and *Contributions to the Apocryphal Literature of N. T.*

work, indicated in the marginal references attached to this text, will see that this is no isolated case. Indeed, Paul is expressly mentioned (with other saints) as not having interceded for a particular class of sinners (c. iv.). This idea of intercession for the lost I believe to have been suggested by Abraham's intercession for Sodom (Gen. xviii.), an incident alluded to in 4 Esdras (vii. 35): and very likely the first use made of it in Apocalyptic literature was in the Abrahamic apocryphon of which the main lines are preserved in the Testament of Abraham. It is amplified in the Apocalypse of Paul, and still further in that of the Virgin. Intercession for sinners generally is a leading idea in 4 Esdras, in the Apocalypse of Baruch, in the Apocalypse of Esdras, and in the Homily or Apocalypse of Sedrach: but in these books the intercession is not directly connected with any vision of torment[1].

The Apocalypse of Paul then, itself influenced in this particular, it may be, by the Testament of Abraham, has been a main source from which the author of the Apocalypse of the Virgin drew.

I should be inclined further to say that, not only through the medium of the Pauline vision but directly, our author is under obligation to the Apocalypse of Peter. In my edition of that book (p. 69) I said that the Apocalypse of the Virgin showed 'a large number of coincidences' with it. This statement requires guarding. I have marked ten places where some resemblance exists, but in some of them the immediate source is likely to be the Apocalypse of Paul. The recurrence of the resemblance to Frag. 6 of Peter is, however, striking: and there is no improbability whatever in the supposition that the Petrine Apocalypse existed down to a comparatively late date, perhaps the xth century, in a few copies. In fact, such evidence as we possess points to its having so survived, at least in Palestine.

I have further inserted some marginal references to the Apocalypse of Esdras. I cannot undertake to say that this too is a source of our book: in fact, it is not improbably of later date;

[1] To this statement the Apocalypse of Esdras forms a partial exception. Under this name I denote the late Greek book published by Tischendorf.

the one MS. which has preserved it is of the xvth century. As to the date which should be assigned to this production it is not easy to pronounce. To say that it is of the Byzantine period is vague if obvious: if we place it in or about the ninth century we shall probably not be far wrong.

In matters purely orthographical I have tacitly corrected the MS.: actual departures from the text are noted, and the reading of the MS. is given at the bottom of the page. Pointed brackets < > denote my own supplements, square brackets serve to mark words which should probably be omitted.

ΑΠΟΚΑΛΥΨΙΣ ΤΗΣ ΑΓΙΑΣ ΘΕΟΤΟΚΟΥ

περὶ τῶν κολασέων.

I. Ἤμελλεν ἡ παναγία θεοτόκος πορεύεσθαι πρὸς τὸ ὄρος τῶν ἐλαιῶν τοῦ προσεύξασθαι· προσευχομένης δὲ αὐτῆς πρὸς κύριον τὸν θεὸν ἡμῶν εἶπεν· Ἐπὶ τοῦ ὀνόματος τοῦ πατρὸς καὶ τοῦ υἱοῦ καὶ τοῦ ἁγίου πνεύματος κατελθάτω ὁ ἀρχάγγελος Γαβριὴλ, ὅπως εἴπῃ μοι περὶ τῶν κολασέων καὶ περὶ τῶν ἐπουρανίων καὶ ἐπιγείων καὶ καταχθονίων. καὶ ἅμα τῷ λόγῳ εἰποῦσα κατῆλθεν ὁ ἀρχάγγελος Μιχαὴλ μετὰ τοὺς ἀγγέλους τῆς ἀνατολῆς καὶ τῆς δύσεως καὶ ἀγγέλους τῆς μεσημβρίας καὶ τοῦ βορρᾶ, καὶ ἠσπάσαντο τὴν κεχαριτωμένην καὶ εἶπαν πρὸς αὐτήν· Χαῖρε τοῦ πατρὸς τὸ ἀπαύγασμα, χαῖρε τοῦ υἱοῦ ἡ κατοίκησις, χαῖρε τοῦ ἁγίου πνεύματος τὸ κέλευσμα, χαῖρε τῶν ἑπτὰ οὐρανῶν τὸ στερέωμα, χαῖρε τῶν ἕνδεκα ὀχυρωμάτων τὸ στερέωμα, χαῖρε τῶν ἀγγέλων τὸ προσκύνημα, χαῖρε τῶν προφητῶν ὑψηλοτέρα ἕως τοῦ θρόνου τοῦ θεοῦ. ἡ δὲ ἁγία θεοτόκος εἶπεν πρὸς τὸν ἄγγελον· Χαῖρε Μιχαὴλ ἀρχιστράτηγε, ὁ τοῦ ἀοράτου πατρὸς ὁ λειτουργὸς, χαῖρε Μιχαὴλ ἀρχιστράτηγε, καὶ τοῦ υἱοῦ μου συνόμιλε, χαῖρε Μιχαὴλ ἀρχιστράτηγε, τῶν ἑξαπτερύγων ὁ ἔπαινος, χαῖρε Μιχαὴλ ἀρχιστράτηγε, ὁ τυραννῶν κατὰ ἁπάντων[1] καὶ τῷ θρόνῳ τοῦ δεσποτοῦ ἀξίως παριστάμενος, χαῖρε Μιχαὴλ ἀρχιστράτηγε, ὁ μέλλων σαλπίσαι καὶ ἐξυπνίσαι τοὺς ἀπ' αἰῶνος κεκοιμημένους· χαῖρε Μιχαὴλ ἀρχιστράτηγε, πρῶτε πάντων ἕως τοῦ θρόνου τοῦ θεοῦ.

II. Ὁμοίως καὶ πάντας τοὺς ἀγγέλους εὐφημήσασα ἡ κεχαριτωμένη ἐδέετο διὰ τοὺς κολαζομένους τὸν ἀρχιστρά-

[1] $κ^{ρ}$ το απα των

τηγον, λέγουσα· Ἀνάγγειλόν μοι τὰ ἐπὶ τῆς γῆς πάντα. καὶ εἶπεν αὐτῇ ὁ ἀρχιστράτηγος ὅτι Ἐὰν εἴπῃς μοι, ἡ κεχαριτωμένη, ἐγώ σοι ἀναγγελῶ. ἡ δὲ κεχαριτωμένη εἶπεν πρὸς αὐτόν· Πόσαι κολάσεις εἰσὶν ὅπου κολάζονται τὸ γένος τῶν ἀνθρώπων; καὶ εἶπεν πρὸς αὐτὴν ὁ ἀρχάγγελος· Ἀναρίθμητοι κολάσεις εἰσίν. εἶπεν δὲ πρὸς αὐτὸν ἡ κεχαριτωμένη· Ἀνάγγειλόν μοι τὰ ἐν τῷ οὐρανῷ καὶ ἐπὶ τῆς γῆς.

III. Τότε ἐκέλευσεν ὁ ἀρχιστράτηγος Μιχαὴλ ἀποκαλυφθῆναι τοὺς ἀγγέλους τοὺς ἐπὶ δυσμῶν, καὶ ἔχανεν ὁ
Paul 31 ᾅδης, καὶ εἶδεν τοὺς ἐν τῷ ᾅδῃ κολαζομένους· καὶ ἐκεῖ κατέκειτο πλῆθος ἀνδρῶν καὶ γυναικῶν, καὶ ὀδυρμὸς μέγας ἐγένετο. καὶ ἠρώτησεν ἡ κεχαριτωμένη τὸν ἀρχιστράτηγον· Τίνες εἰσὶν οὗτοι, καὶ τί τὸ ἁμάρτημα αὐτῶν; καὶ εἶπεν ὁ ἀρχιστράτηγος· Οὗτοί εἰσιν, παναγία, οἱ τὸν πατέρα καὶ υἱὸν καὶ ἅγιον πνεῦμα μὴ προσκυνήσαντες, καὶ διὰ τοῦτο ὧδε οὕτως κολάζονται.

Pet. 6 IV. Καὶ εἶδεν ἐφ᾽ ἕτερον τόπον σκότος μέγα· καὶ εἶπεν
Paul 37 ἡ παναγία· Τί τὸ σκότος τοῦτο, καὶ τίνες εἰσιν οἱ κολαζόμενοι; καὶ εἶπεν ὁ ἀρχιστράτηγος· Πολλαὶ ψυχαὶ κατακεῖνται ἐν τῷ σκότει τούτῳ. καὶ εἶπεν ἡ παναγία· Ἀρθήτω τὸ σκότος τοῦτο, ὅπως ἴδω καὶ ταύτην τὴν κόλασιν. καὶ εἶπεν ὁ ἀρχιστράτηγος τῇ κεχαριτωμένῃ· Οὐκ ἔστιν δυνατόν, παναγία, ἵνα ἴδῃς καὶ ταύτην τὴν κόλασιν. καὶ ἀπεκρίθησαν οἱ ἄγγελοι οἱ φυλάσσοντες αὐτοὺς, καὶ εἶπον· Παραγγελίαν ἔχομεν παρὰ τοῦ ἀοράτου πατρὸς ἵνα μὴ ἴδωσιν τὸ φῶς ἕως οὗ ἐκλάμψῃ ὁ υἱός σου ὁ εὐλογημένος. καὶ ἐν λύπῃ γεναμένη ἡ παναγία πρὸς τοὺς ἀγγέλους ἀνέτεινεν τὸ ὄμμα αὐτῆς πρὸς τὸν ἄχραντον τοῦ πατρὸς λόγον, καὶ εἶπεν· Ἐν ὀνόματι τοῦ πατρὸς καὶ τοῦ υἱοῦ καὶ τοῦ ἁγίου πνεύματος ἀρθήτω τὸ σκότος, ὅπως ἴδω καὶ ταύτην τὴν κόλασιν. καὶ εὐθέως ἐπήρθη τὸ σκότος ἐκεῖνο καὶ τοὺς ἑπτὰ οὐρανοὺς ἐκάλυψεν· κἀκεῖ κατέκειτο πλῆθος ἀνδρῶν τε καὶ γυναικῶν, καὶ ὀδυρμὸς μέγας ἐγένετο καὶ βοὴ μεγάλη ἤρχετο. καὶ ἰδοῦσα αὐτοὺς ἡ παναγία ἐδάκρυσεν καὶ εἶπεν πρὸς αὐτούς· Τί ποιεῖτε, ἄθλιοι; πῶς ἔχετε, ταλαίπωροι; καὶ πῶς ἐνταῦθα εὑρέθητε; καὶ οὐκ ἦν φωνὴ οὐδὲ ἀκρόασις. καὶ εἶπον

οἱ ἄγγελοι οἱ φυλάσσοντες αὐτούς· Τί οὐ λαλεῖτε τῇ κεχαριτωμένῃ; καὶ εἶπαν οἱ κολαζόμενοι πρὸς αὐτήν· Ἡμεῖς, ἡ κεχαριτωμένη, ἀπὸ τοῦ αἰῶνος οὐκ εἴδομεν φῶς, καὶ οὐ δυνάμεθα ἀνανεῦσαι τὴν ἄνω. καὶ κατεχεῖτο[1] πίσσα κοχλάζουσα ἐπ' αὐτούς· καὶ ἰδοῦσα αὐτοὺς ἡ παναγία ἔκλαυσεν· καὶ πάλιν εἶπον πρὸς αὐτὴν οἱ κολαζόμενοι· Πῶς δι' ἡμᾶς ἐρώτησας, ἅγια δέσποινα θεοτόκε; ὁ υἱός σου ὁ εὐλογημένος ἐπὶ τῆς γῆς ἦλθεν καὶ δι' ἡμᾶς οὐ κατερώτησεν, οὔτε Ἀβραὰμ ὁ προπάτωρ, οὔτε Ἰωάννης ὁ βαπτίστης, οὔτε Μωϋσῆς ὁ μέγας προφήτης, οὔτε ὁ ἀπόστολος Παῦλος[2], καὶ εἰς ἡμᾶς οὐκ ἐπέφαναν[3]· καὶ πῶς, παναγία θεοτόκε, τὸ τεῦχος τῶν Χριστιανῶν, ἡ παρακαλοῦσα πολλὰ διὰ τοὺς Χριστιανούς, πῶς <δι'> ἡμᾶς κατερώτησας; τότε εἶπεν ἡ παναγία θεοτόκος πρὸς τὸν ἀρχιστράτηγον Μιχαήλ· Τί τὸ ἁμάρτημα αὐτῶν; καὶ εἶπεν ὁ ἀρχιστράτηγος Μιχαήλ· Οὗτοί εἰσιν οἱ τὸν πατέρα καὶ τὸν υἱὸν καὶ τὸ ἅγιον πνεῦμα μὴ πιστεύσαντες, καὶ σὲ θεοτόκον μὴ ὁμολογήσαντες ὅτι ἐκ σοῦ ἐτέχθη ὁ κύριος Paul 41 ἡμῶν Ἰησοῦς Χριστὸς καὶ σάρκα προελάβετο, καὶ διὰ τοῦτο ἐνταῦθα κολάζονται. καὶ πάλιν δακρύσασα ἡ παναγία θεοτόκος εἶπεν πρὸς αὐτούς· Διὰ τί τοσαῦτα ἐπλανήθητε, ταλαίπωροι; οὐκ ἠκούσατε ὅτι τὸ ἐμὸν ὄνομα ὀνομάζει πᾶσα ἡ κτίσις; καὶ ταῦτα εἰποῦσα ἡ παναγία πάλιν ἔπεσεν τὸ σκότος ἐπ' αὐτοὺς ὡς ἦν ἀπ' ἀρχῆς.

V. Καὶ εἶπεν ὁ ἀρχιστράτηγος· Ποῖ θέλεις, ἡ κεχαριτωμένη, ἀπελθεῖν; ἐπὶ τὰς δυσμὰς ἢ ἐπὶ μεσημβρίαν; καὶ εἶπεν ἡ κεχαριτωμένη· Ἐπὶ μεσημβρίαν ἵνα ἀπέλθωμεν. καὶ εὐθέως παρέστησαν τὰ χερουβὶμ καὶ τὰ σεραφὶμ καὶ τετρακόσιοι ἄγγελοι, καὶ ἐξήγαγον τὴν κεχαριτωμένην ἐπὶ τὰς μεσημβρίας, ὅπου ὁ ποταμὸς ἐξήρχετο τοῦ πυρός, καὶ Paul 31 ἐκεῖ κατέκειτο πλῆθος ἀνδρῶν τε καὶ γυναικῶν, οἱ μὲν ἕως τῆς ζώσης, ἄλλοι ἕως τοῦ τραχηλοῦ, καὶ ἄλλοι ἕως τῆς κορυφῆς· καὶ ἰδοῦσα αὐτοὺς ἡ παναγία θεοτόκος ἐβόησεν φωνῇ μεγάλῃ πρὸς τὸν ἀρχιστράτηγον καὶ εἶπεν· Τίνες εἰσὶν οὗτοι, καὶ τί τὸ ἁμάρτημα αὐτῶν, οἱ ἐγκειμένοι ἕως τῆς ζώσης εἰς τὸ πῦρ; καὶ εἶπεν ὁ ἀρχιστράτηγος· Οὗτοί

[1] κατέκειτω [2] Παῦβλος
[3] καὶ σι μας σου και πεφαναν

εἰσιν, παναγία, πατρὸς καὶ μητρὸς κατάραν κληρονομήσαντες, καὶ διὰ τοῦτο ὧδε οὕτως κολάζονται ὡσεὶ κατηραμένοι.

VI. Καὶ εἶπεν ἡ παναγία· Καὶ τίνες εἰσιν οὗτοι ἕως τοῦ στήθους ἐγκειμένοι εἰς τὸ πῦρ; καὶ εἶπεν ὁ ἀρχιστράτηγος· Οὗτοί εἰσιν οἵτινες τοὺς συνδέκνους ἔριψαν καὶ εἰς πορνείαν ἐρύπωσαν, καὶ διὰ τοῦτο ὧδε οὕτως κολάζονται.

VII. Καὶ εἶπεν ἡ παναγία πρὸς τὸν ἀρχιστράτηγον· Τίνες εἰσιν οὗτοι ἕως τοῦ τραχηλοῦ ἐγκειμένοι εἰς τὴν φλόγα τοῦ πυρός; καὶ εἶπεν ὁ ἀρχιστράτηγος· Οὗτοί εἰσιν, παναγία, οἵτινες ἀνθρώπων κρέα ἔφαγον. καὶ εἶπεν ἡ παναγία· Καὶ πῶς ἐστιν δυνατὸν ἵνα φάγῃ ἄνθρωπος ἑτέρου ἀνθρώπου κρέα; καὶ εἶπεν ὁ ἀρχιστράτηγος· Ἄκουσον, παναγία, καὶ ἐγώ σοι ἀπαγγελῶ· οὗτοί εἰσιν Paul Lat. 40 οἵτινες κατέφερον τὰ ἴδια τέκνα ἐκ τῆς κοιλίας αὐτῶν, καὶ Pet. 12 ἔρριψαν αὐτὰ βρώματα τοῖς κυναρίοις, καὶ οἵτινες ἔδωκαν τοὺς ἀδελφοὺς αὐτῶν ἐνώπιον βασιλέων καὶ ἀρχόντων, οὗτοι ἔφαγον κρέα ἀνθρώπου, καὶ διὰ τοῦτο οὕτως κολάζονται.

VIII. Καὶ εἶπεν ἡ παναγία· Τίνες οὗτοι ἕως τῆς κορυφῆς ἐγκειμένοι εἰς τὸ πῦρ; καὶ εἶπεν ὁ ἀρχιστράτηγος· Οὗτοί εἰσιν, παναγία, οἵτινες τὸν τίμιον σταυρὸν κρατοῦσιν καὶ ὀμνύουσιν εἰς ψεῦδος[1]· Μὰ τὴν δύναμιν τοῦ σταυροῦ τοῦ κυρίου. οἱ ἄγγελοι τρέμουσιν καὶ μετὰ φόβου προσκυνοῦσιν, καὶ οἱ ἄνθρωποι κρατοῦσιν καὶ ὀμνύουσιν εἰς ψεῦδος καὶ οὐκ οἴδασιν τί μαρτυροῦσιν· καὶ διὰ τοῦτο ὧδε οὕτως κολάζονται.

Pet. 6 IX. Καὶ εἶδεν ἡ παναγία εἰς ἕτερον τόπον ἄνθρωπον κρεμάμενον ὑπὸ πόδας, καὶ σκώληκες κατήσθιον αὐτόν· Pet. 9 καὶ ἠρώτησεν τὸν ἀρχιστράτηγον· Τίς ἐστιν οὗτος, καὶ τί τὸ ἁμάρτημα αὐτοῦ; καὶ εἶπεν ὁ ἀρχιστράτηγος· Οὗτός ἐστιν ὁ τόκον λαμβάνων ἐκ τοῦ χρυσίου αὐτοῦ, καὶ διὰ Pet. 16 τοῦτο ὧδε οὕτως κολάζεται.

Paul 37 X. Καὶ ἴδεν γυναῖκα κρεμαμένην ἐκ τῶν δύο ὤτων, Pet. fr. 6 καὶ πάντα τὰ θηρία ἤρχοντο ἐκ τοῦ στοματος αὐτῆς καὶ κατέτρωγον αὐτήν· καὶ ἠρώτησεν ἡ κεχαριτωμένη τὸν ἀρχιστράτηγον· Τίς ἐστιν αὕτη, καὶ τί τὸ ἁμάρτημα αὐτῆς; καὶ εἶπεν ὁ ἀρχιστράτηγος· Αὕτη ἐστιν ἡ

[1] ψεύδους

παρακροωμένη εἰς τοὺς οἴκους τοὺς ἀλλοτρίους καὶ τῶν πλησίον αὐτῆς, καὶ συμβάλλουσα πρὸς τὸ ποιεῖν μαχὰς λόγους πονηρούς, καὶ διὰ τοῦτο ὧδε οὕτως κολάζεται.

XI. Καὶ ταῦτα ἰδοῦσα ἡ παναγία θεοτόκος ἔκλαυσεν καὶ εἶπεν πρὸς τὸν ἀρχιστράτηγον· Καλὸν ἦν τὸν ἄνθρωπον ἵνα μὴ γεννηθῇ. καὶ εἶπεν ὁ ἀρχιστράτηγος· Ἀμήν, παναγία, οὐχ ἑόρακας τὰς μεγάλας κολάσεις. καὶ εἶπεν ἡ παναγία πρὸς τὸν ἀρχιστράτηγον· Δεῦρο Μιχαὴλ ὁ μέγας ἀρχιστράτηγος, καὶ ἄπαγέ με ὅπως ἴδω πάσας τὰς κολάσεις. καὶ εἶπεν ὁ ἀρχιστράτηγος· Ποῦ θέλεις, ἡ κεχαριτωμένη, ἵνα ἐξέλθωμεν; <καὶ εἶπεν> ἡ κεχαριτωμένη· Ἐπὶ τὰς δυσμάς· καὶ εὐθέως παρέστησαν τὰ χερουβὶμ, καὶ ἐξήγαγον τὴν κεχαριτωμένην ἐπὶ τὰς δυσμάς.

XII. Καὶ ἴδεν νεφέλην πυρὸς ἁπλουμένην, καὶ κατέκειτο πλῆθος ἀνδρῶν καὶ γυναικῶν. καὶ εἶπεν ἡ παναγία· Τί τὸ ἁμάρτημα αὐτῶν; καὶ εἶπεν ὁ ἀρχιστράτηγος· Οὗτοί εἰσιν, παναγία, οἱ τὸ ὄρθρον τῆς κυριακῆς κατακεῖνται ὡσεὶ νεκροί, καὶ διὰ τοῦτο ὧδε οὕτως κολάζονται. καὶ εἶπεν ἡ παναγία· Ἐάν τις οὐ δύναται ἐγερθῆναι, τί ποιήσει; καὶ εἶπεν ὁ ἀρχιστράτηγος· Ἄκουσον, παναγία· ἐάν τινος ἐξάψῃ ὁ οἶκος ἐκ τεσσάρων καὶ κυκλώσῃ αὐτὸν καὶ οὐ δύναται ἐξελθεῖν, ἔχει συγχώρησιν. Cf. Pet. 10

XIII. Καὶ ἴδεν εἰς ἕτερον τόπον σκάμνια πύρινα, καὶ ἐπ' αὐτὰ ἐκάθηντο πλῆθος ἀνδρῶν τε καὶ γυναικῶν καὶ ἐκαίοντο ἐν αὐτά. καὶ ἠρώτησεν ἡ παναγία· Τίνες εἰσὶν οὗτοι, καὶ τί τὸ ἁμάρτημα αὐτῶν; καὶ εἶπεν ὁ ἀρχιστράτηγος· Οὗτοί εἰσιν, παναγία, <οἳ> εἰ<ς> τὸν πρεσβύτερον μὴ ἐγειρόμενοι ὅταν εἰσέρχωνται εἰς τὴν ἐκκλησίαν τοῦ θεοῦ, καὶ διὰ τοῦτο ὧδε οὕτως κολάζονται.

XIV. Καὶ ἴδεν ἡ παναγία εἰς ἕτερον τόπον δένδρον σιδηροῦν, καὶ εἶχεν κλώνους σιδηροῦς, καὶ ἐκρεμνοῦντο ἐν αὐτῷ πλῆθος ἀνδρῶν καὶ γυναικῶν ἐκ τῶν γλωσσῶν. καὶ ἰδοῦσα αὐτοὺς ἡ παναγία ἐδάκρυσεν, καὶ ἠρώτησεν τὸν ἀρχιστράτηγον λέγουσα· Τίνες εἰσὶν οὗτοι, καὶ τί τὸ ἁμάρτημα αὐτῶν; καὶ εἶπεν ὁ ἀρχιστράτηγος· Οὗτοί εἰσιν ἐπίορκοι, βλάσφημοι, καταλαληταί, οἵτινες ἐχώρισαν

Paul Lat. rec. II. Br. p. 75 Pet. 7

ἀδελφοὺς ἀπὸ ἀδελφῶν. καὶ εἶπεν ἡ παναγία· Πῶς ἐστιν δυνατὸν χωρίσαι ἀδελφοὺς ἀπὸ ἀδελφῶν; καὶ εἶπεν ὁ ἀρχιστράτηγος· Ἄκουσον, παναγία, καὶ ἐγώ σοι περὶ τούτου ἀναγγελῶ· ἐάν τινες[1] ἀπὸ ἔθνους ἔμελλον[2] βαπτίζεσθαι, καὶ εἶπεν αὐτοῖς ἕν<α> λόγον· Σὺ μιαροφάγε ἔθνος ἄπιστον· ὅτι οὕτως ἐβλασφήμησεν, καὶ ἀδιάλειπτον λήψεται τὴν τιμωρίαν.

XV. Καὶ εἶδεν ἡ παναγία εἰς ἕτερον τόπον κρεμώμενον ἄνθρωπον ἐκ τεσσάρων, καὶ ἐκ τῶν ὀνύχων αὐτοῦ ἐξήρχετο
Pet. 14 αἷμα σφοδρῶς, καὶ ἡ γλῶσσα αὐτοῦ ἐδεσμοῦτο ἐν φλογὶ πυρὸς, καὶ οὐκ ἠδύνατο στενάξαι καὶ εἰπεῖν τὸ Κύριε ἐλέησόν με. καὶ ἰδοῦσα ἡ παναγία ἔκλαυσεν καὶ εἶπεν αὐτὴ τὸ Κύριε ἐλέησον, τρίτον· καὶ μετὰ τὸ ποιῆσαι τὴν εὐχὴν ἦλθεν ὁ ἄγγελος ὁ ἐπὶ τῆς μάστιγος ἔχων τὴν ἐξουσίαν καὶ ἀνέλυσεν τὴν γλῶσσαν τοῦ ἀνθρώπου· καὶ ἠρώτησεν ἡ παναγία τὸν ἀρχιστράτηγον· Τίς ἐστιν οὗτος ὁ ἐλεεινὸς, ὁ ἔχων τοιαύτην κόλασιν; καὶ εἶπεν ὁ ἀρχιστράτηγος· Οὗτός ἐστιν, παναγία, ὁ οἰκονόμος ὅστις οὐκ ἐποίησεν τὸ θέλημα τοῦ θεοῦ, ἀλλ' ἔτρωγεν τὰ τῆς ἐκκλησίας πράγματα καὶ ἔλεγεν Ὁ δουλεύων τοῦ ναοῦ ἐκ τοῦ ναοῦ θρεφθήσεται[3]· καὶ διὰ τοῦτο ὧδε οὕτως κολάζεται. καὶ εἶπεν ἡ παναγία· Κατὰ τὴν πίστιν αὐτοῦ γενηθήτω αὐτῷ. καὶ πάλιν ἐδέσμευσεν τὴν γλῶσσαν αὐτοῦ.

XVI. Καὶ εἶπεν ὁ ἀρχιστράτηγος Μιχαήλ· Δεῦρο, παναγία, καὶ ὑποδείξω σοι ποῦ κολάζονται οἱ ἱερεῖς. καὶ ἐξῆλθεν ἡ παναγία καὶ εἶδεν πρεσβυτέρους κρεμαμένους ἐκ τῶν εἴκοσι ὀνύχων, καὶ πῦρ ἐξήρχετο ἐκ τῆς κορυφῆς αὐτῶν. καὶ ἰδοῦσα αὐτοὺς ἡ παναγία ἠρώτησεν τὸν ἀρχιστράτηγον· Τίνες εἰσὶν οὗτοι, καὶ τί τὸ ἁμάρτημα αὐτῶν; καὶ εἶπεν ὁ ἀρχιστράτηγος· Οὗτοί εἰσιν, παναγία, οἱ τῷ θρόνῳ τοῦ θεοῦ παριστάμενοι, καὶ ὅτε ἐμέλιζον τὸ σῶμα τοῦ κυρίου ἡμῶν Ἰησοῦ Χριστοῦ, ἐξέπιπτον οἱ μαργαρῆτες, καὶ ὁ φοβερὸς θρόνος τοῦ οὐρανοῦ ἐσαλεύετο, καὶ τὸ ὑποπόδιον τοῦ κυρίου ἡμῶν Ἰησοῦ Χριστοῦ ἔτρεμεν, καὶ αὐτοὶ οὐκ ἐσύνιον· καὶ διὰ τοῦτο ὧδε οὕτως κολάζονται.

XVII. Καὶ εἶδεν ἡ παναγία ἄνθρωπον, καὶ θηρίον πτερωτὸν ἔχοντα τρεῖς κεφαλὰς ὡσεὶ φλόγα πυρός· αἱ μὲν

[1] τινος [2] ἔμελεν [3] θρηφήσεται

δύο κεφαλαὶ πρὸς τοὺς ὀφθαλμοὺς αὐτοῦ, καὶ ἡ τρίτη κεφαλὴ[1] *πρὸς τὸ στόμα αὐτοῦ. καὶ ἰδοῦσα αὐτὸν ἡ παναγία ἠρώτησεν τὸν ἀρχιστράτηγον·* Τίς *ἐστιν οὗτος ὅτι οὐ δύναται αὐτὸν ἐξελέσθαι ἐκ τοῦ στόματος τοῦ δράκοντος; καὶ εἶπεν πρὸς αὐτὴν ὁ ἀρχιστράτηγος·* Οὗτός *ἐστιν, παναγία, ὁ ἀναγνώστης ὁ μὴ ποιῶν κατὰ τὰ ἄξια τοῦ ἁγίου εὐαγγελίου τὸν αὐτὸν τρό<πον*[2]*†· καὶ διὰ τοῦτο οὕτως ὧ>δε κολάζεται.*

XVIII. Καὶ *εἶπεν ὁ ἀρχιστράτηγος·* Δεῦρο, *παναγία, καὶ ὑποδείξω σοι ποῦ κολάζεται τὸ ἀγγελικὸν καὶ ἀρχαγγελικὸν σχῆμα. ἐξῆλθεν καὶ εἶδεν αὐτοὺς ἐγκειμένους εἰς τὸ πῦρ, καὶ ἔτρωγεν αὐτοὺς ὁ σκώληξ ὁ ἀκοίμητος· καὶ* Cf. Pet. 12 *εἶπεν ἡ παναγία·* Τίνες *εἰσὶν οὗτοι, καὶ τί τὸ ἁμάρτημα αὐτῶν; καὶ εἶπεν ὁ ἀρχιστράτηγος·* Οὗτοί *εἰσιν, παναγία, οἱ τὸ ἀρχαγγελικὸν καὶ ἀποστολικὸν σχῆμα φορέσαντες. ἄκουσον, παναγία, περὶ τούτου· ἐπὶ τῆς γῆς*[3] *πατριάρχαι καὶ ἐπίσκοποι ἐκαλοῦντο, καὶ τὸ ὄνομα αὐτῶν οὐκ ἠξίωσαν· ἐπὶ τῆς γῆς* Εὐλογεῖτε *ἅγιοι ἤκουον, καὶ ἐν τῷ οὐρανῷ ἅγιοι οὐκ ἐκλήθησαν, ὅτι οὐκ ἐποίησαν ὡς τὸ ἀρχαγγελικὸν σχῆμα φορέσαντες· καὶ διὰ τοῦτο ὧδε οὕτως κολάζονται.*

XIX. Καὶ *εἶδεν γυναῖκας κρεμωμένας ἐκ τῶν ἀκρονύχων αὐτῶν καὶ φλὸξ πυρὸς ἐξήρχετο ἐκ τοῦ στόματος αὐτῶν καὶ κατέκαιεν αὐτάς· καὶ πάντα τὰ θηρία ἐξερχόμενα ἐκ* Cf. Pet. fr. 6 *τοῦ πυρὸς κατέτρωγον αὐτὰς καὶ στενάζουσαι ἐβόουν·* Ἐλεήσατε *ἡμᾶς, ἐλεήσατε, ὅτι ἡμεῖς κολαζόμεθα χεῖρον πάντων τῶν ἐν ταῖς κολάσεσιν ὄντων. καὶ ἰδοῦσα αὐτὰς ἡ παναγία ἐδάκρυσεν, καὶ ἠρώτησεν τὸν ἀρχιστράτηγον* Μιχαήλ· Τίνες *εἰσὶν οὗτοι, καὶ τί τὸ ἁμάρτημα αὐτῶν; καὶ εἶπεν ὁ ἀρχιστράτηγος·* Οὗτοί *εἰσιν, παναγία, πρεσβυτέραι αἵτινες τοὺς πρεσβυτέρους οὐκ ἐτίμησαν, ἀλλὰ μετὰ τὸ ἀποθανεῖν τὸν πρεσβύτερον ἄνδρας ἔλαβον, καὶ διὰ τοῦτο οὕτως ὧδε κολάζονται.*

[1] *αἱ τρεῖς κεφαλαὶ*

[2] F. 346 of the MS ends with *τρό ...*: f. 346 *b* begins with *δὲ κολάζεται.* On the margin of this page is a line in a later hand, excessively contracted, which I am unable wholly to decipher, but which does not seem to contain the needed supplement: this cannot in any case be more than a few words.

[3] *ἐπὶ τ. γῆς περὶ τούτου*

XX. Καὶ εἶδεν ἡ παναγία τὸν αὐτὸν τρόπον καὶ δια- Cf. Pet. fr. 6, Esdr. p. 29 κόνισσαν κρεμαμένην ἐν ἀκρημνίᾳ, καὶ θηρίον δε<κα>κέφαλον ἔτρωγεν τοὺς μασθοὺς αὐτῆς. καὶ ἠρώτησεν ἡ παναγία· Τί ἐστιν τὸ ἁμάρτημα αὐτῆς; καὶ εἶπεν ὁ ἀρχιστράτηγος· Αὕτη ἐστὶν, παναγία, ἀρχιδιακόνισσα ἥτις τὸ σῶμα αὐτῆς εἰς πορνείαν ἐρύπωσεν, καὶ διὰ τοῦτο ὧδε οὕτως κολάζεται.

XXI. Καὶ εἶδεν ἄλλας γυναῖκας ἐγκειμένας εἰς τὸ πῦρ, καὶ πάντα <τὰ> θηρία κατέτρωγον αὐτάς. καὶ ἠρώτησεν ἡ παναγία τὸν ἀρχιστράτηγον· Τίνες εἰσὶν οὗτοι, καὶ τί τὸ ἁμάρτημα αὐτῶν; καὶ εἶπεν· Αὗταί εἰσιν αἱ μὴ ποιήσασαι[1] τὸ θέλημα τοῦ θεοῦ, φιλάργυροι, καὶ αἱ λαμβάνουσαι[2] τοὺς τόκους τῶν λογαρίων, καὶ αἱ ἄσεμνοι.

XXII. Καὶ ἀκούσασα ταῦτα ἡ παναγία ἐδάκρυσεν καὶ εἶπεν· Οὐαὶ τοὺς ἁμαρτωλούς. καὶ εἶπεν ὁ ἀρχιστράτηγος· Τί κλαίεις, παναγία; ἢ μὴν οὐχ ἑόρακας τὰς μεγάλας κολάσεις. καὶ εἶπεν ἡ κεχαριτωμένη· Δεῦρο, Μιχαὴλ, ὁ μέγας ἀρχιστράτηγος τῶν ἄνω δυνάμεων, ἀνάγγειλόν μοι ὅπως ἴδω πάσας τὰς κολάσεις. καὶ εἶπεν ὁ ἀρχιστράτηγος· Ποῦ θέλεις ἵνα ἀπέλθωμεν, παναγία; ἐπὶ τὰς ἀνατολὰς, ἢ ἐπὶ τὰ ἀριστερὰ μέρη τοῦ παραδείσου; καὶ εἶπεν ἡ παναγία· Ἐπὶ τὰ ἀριστερὰ τοῦ παραδείσου.

XXIII. Καὶ ἅμα τῷ λόγῳ εἰποῦσα, παρέστησαν τὰ χερουβὶμ καὶ τὰ σεραφὶμ καὶ ἐξήγαγον τὴν κεχαριτωμένην ἐπὶ τὰ ἀριστερὰ μέρη τοῦ παραδείσου· καὶ ἰδοὺ ἔκειτο ποταμὸς μέγας, καὶ ἦν ἡ ἰδέα τοῦ ποταμοῦ ἐκείνου σκοτεινοτέρα πίσσης, καὶ ἐν αὐτῷ ἔκειντο πλῆθος ἀνδρῶν τε Paul 31 καὶ γυναικῶν· ἐκόχλαζεν ὡς κάμινος χαλκείων, καὶ ὡς ἀγρία θάλασσα ἦν τὰ κύματα αὐτῆς ἐπάνω τῶν ἁμαρτωλῶν· καὶ ὅταν ἀνέβαινον τὰ κύματα, ἐβύθιζεν τοὺς ἁμαρτωλοὺς μυρίας πηχέας καὶ οὐκ ἐδύναντο ἀνανεῦσαι καὶ εἰπεῖν· Ἐλέησον ἡμᾶς, δικαιοκρίτα· ἔτρωγεν γὰρ αὐτοὺς ὁ σκώληξ ὁ ἀκοίμητος, καὶ οὐκ ἦν ἀριθμὸς τῶν τρωγόντων αὐτούς. Pet. 6 καὶ ἰδόντες τὴν παναγίαν θεοτόκον οἱ ἄγγελοι οἱ κολάζοντες αὐτοὺς ἀνεβόησαν μιᾷ φωνῇ· Ἅγιος ὁ θεὸς ὁ σπλαγχνιζόμενος διὰ τῆς θεοτόκου· εὐχαριστοῦμέν σοι, υἱὲ τοῦ θεοῦ, ὅτι ἀπὸ τοῦ αἰῶνος οὐκ εἴδαμεν φῶς, καὶ σήμερον διὰ τῆς θεοτόκου εἴδαμεν φῶς. καὶ πάλιν ἐβόησαν μιᾷ φωνῇ,

[1] ποιήσαντες [2] λαμβάνοντες

λέγοντες· Χαῖρε, κεχαριτωμένη θεοτόκε· χαῖρε, λαμπὰς τοῦ ἀδύτου φωτός· χαῖρε καὶ σὺ, ἀρχιστράτηγε Μιχαὴλ, ὁ πρεσβεύων ἀπὸ πάσης τῆς κτίσεως· ἡμεῖς γὰρ ὁρῶντες τοὺς ἁμαρτωλοὺς κολαζομένους μεγάλως λυπούμεθα. καὶ ἰδοῦσα ἡ παναγία τοὺς ἀγγέλους τεταπεινωμένους διὰ τοὺς ἁμαρτωλοὺς ἔκλαυσεν καὶ εἶπεν· Οὐαὶ τοὺς ἁμαρτωλοὺς καὶ τοὺς γείτονας αὐτῶν. καὶ εἶπεν ἡ παναγία· Ἄς ἴδωμεν τοὺς ἁμαρτωλούς. καὶ ἐλθοῦσα ἡ κεχαριτωμένη μετὰ τοῦ ἀρχαγγέλου Μιχαὴλ καὶ πᾶσαι αἱ στρατιαὶ τῶν ἀγγέλων ἦραν μίαν φωνὴν, λέγοντες· Κύριε ἐλέησον. καὶ μετὰ τὸ ποιῆσαι τὴν εὐχὴν ἐκτενῆ, ἔπαυσεν ὁ κλύδων τοῦ ποταμοῦ καὶ ἐπράϋναν τὰ κύματα τὰ πύρινα καὶ ἐφάνησαν οἱ ἁμαρτωλοὶ ὡς κόκκον σινάπεως· καὶ ἰδοῦσα αὐτοὺς ἡ παναγία ἔκλαυσεν καὶ εἶπεν· Τίς ἐστιν ὁ ποταμὸς οὗτος, καὶ τί τὰ κύματα αὐτοῦ; καὶ εἶπεν ὁ ἀρχιστράτηγος· Οὗτος ὁ ποταμός ἐστιν τὸ πῦρ τὸ ἐξώτερον, καὶ οἱ βασανιζόμενοί εἰσιν οἱ Ἰουδαῖοι οἱ σταυρώσαντες τὸν κύριον ἡμῶν Ἰησοῦν Χριστὸν τὸν υἱὸν τοῦ θεοῦ, καὶ οἱ τὸ ἅγιον βάπτισμα ἀρνησάμενοι, καὶ οἱ πορνεύοντες περὶ ἄφλεκτον μύρον τῆς συντεκνίας, καὶ ὁ πορνεύων εἰς μητέρα καὶ θυγατέρα, καὶ οἱ φάρμακοι, καὶ οἱ ἀποκτείνοντες μετὰ ξίφους, καὶ αἱ πνίγουσαι τὰ βρέφη. καὶ εἶπεν ἡ παναγία· Κατὰ τὴν πίστιν αὐτῶν γενηθήτω αὐτοῖς. καὶ εὐθέως ἔδυσαν τὰ κύματα ἐπάνω τῶν ἁμαρτωλῶν καὶ τὸ σκότος ἐπεκάλυψεν[1] αὐτούς. καὶ εἶπεν ὁ ἀρχιστράτηγος· Ἄκουσον, ἡ κεχαριτωμένη· ἐάν τις βληθῇ ἐν τῷ σκότει τούτῳ, οὐκέτι αὐτοῦ μνεία γίνεται Paul 41
ἐνώπιον τοῦ θεοῦ. καὶ εἶπεν ἡ παναγία θεοτόκος· Οὐαὶ τοὺς ἁμαρτωλοὺς, ὅτι ἀτελεύτητός ἐστιν ἡ φλὸξ τοῦ πυρός.

XXIV. Καὶ εἶπεν ὁ ἀρχιστράτηγος· Δεῦρο, παναγία, καὶ ὑποδείξω σοι τὴν λίμνην τοῦ πυρός· καὶ θεώρησον ποῦ κολάζεται τὸ γένος τῶν Χριστιανῶν. καὶ ἐξῆλθεν ἡ παν- Esdr. p. 28
αγία καὶ εἶδεν· καὶ τοὺς μὲν ἤκουεν, τους δὲ οὐκ ἐθεώρει· καὶ ἠρώτησεν τὸν ἀρχιστράτηγον· Τίνες εἰσὶν οὗτοι, καὶ τί τὸ ἁμάρτημα αὐτῶν; καὶ εἶπεν ὁ ἀρχιστράτηγος· Οὗτοι εἰσιν, παναγία, οἱ βαπτισθέντες καὶ τῷ Χριστῷ λόγιον συνταξάμενοι, τὰ δὲ ἔργα τοῦ διαβόλου ποιήσαντες, καὶ ἀπώλεσαν τὸν καιρὸν τῆς μετανοίας αὐτῶν· καὶ διὰ τοῦτο ὧδε οὕτως κολάζονται.

[1] ἀπεκάλυψεν

XXV. Καὶ εἶπεν· Δέομαι, μίαν αἴτησιν αἰτοῦμαι παρά σου, ἂς κολάζωμαι καὶ ἐγὼ μετὰ τοὺς Χριστιανούς, ὅτι τέκνα τοῦ υἱοῦ μου εἰσίν. καὶ εἶπεν ὁ ἀρχιστράτηγος· Σὺ ἐν παραδείσῳ ἀναπαύει, ἁγία δέσποινα θεοτόκε. καὶ εἶπεν ἡ παναγία· Δέομαί σου, κίνησον τὰ δεκατέσσαρα στερεώματα καὶ τοὺς ἑπτὰ οὐρανούς, καὶ εὐξώμεθα διὰ τοὺς Χριστιανοὺς ὅπως ἐπακούσῃ ἡμῶν κύριος ὁ θεὸς καὶ
Paul 43 ἐλεήσῃ αὐτούς. καὶ εἶπεν ὁ ἀρχιστράτηγος· Ζῇ κύριος ὁ θεὸς, τὸ ὄνομα τὸ μέγα, ἑπτάκις τῆς ἡμέρας καὶ ἑπτάκις τῆς νυκτὸς, ὅταν τὸν ὕμνον τὸν δεσποτικὸν προσάγωμεν, μνείαν ποιοῦμεν διὰ τοὺς ἁμαρτωλούς, καὶ εἰς οὐδὲν ἡμᾶς λογίζεται ὁ κύριος.

XXVI. Καὶ εἶπεν ἡ παναγία· Δέομαί σου, ἀρχιστράτηγε, κέλευσον τὰς στρατιὰς τῶν ἀγγέλων καὶ ἀράτω με εἰς τὸ ὕψος τοῦ οὐρανοῦ καὶ ῥήξατέ με ἔμπροσθεν τοῦ ἀοράτου πατρός. καὶ εὐθέως ἐκέλευσεν ὁ ἀρχιστράτηγος, καὶ παρέστη τὸ ἅρμα τὸ χερουβικὸν καὶ τῶν σεραφὶμ, καὶ ὕψωσαν τὴν κεχαριτωμένην εἰς τὸ ὕψος τοῦ οὐρανοῦ καὶ ἔστησαν αὐτὴν ἔμπροσθεν τοῦ ἀοράτου πατρός· καὶ ἐξέτεινεν τὰς χεῖρας αὐτῆς εἰς τὸν ἄχραντον τοῦ πατρὸς θρόνον καὶ εἶπεν· Ἐλέησον, δέσποτα, τοὺς ἁμαρτωλοὺς Χριστιανούς, ὅτι εἶδον αὐτοὺς κολαζομένους καὶ οὐ βαστάζω τὸν θρῆνον αὐτῶν· ἂς ἐξέλθω καὶ ἂς κολάζωμαι ἐγὼ μὲ τοὺς ἁμαρτωλοὺς Χριστιανούς. καὶ ἦλθεν φωνὴ πρὸς αὐτὴν λέγουσα·
Esdr. pp. 25, 26 Πῶς ἔχω αὐτοὺς ἐλεῆσαι, ὅτι οὐκ ἠλέουν αὐτούς; ἡ δὲ ἁγία θεοτόκος εἶπεν πρὸς τὸν ἄχραντον τοῦ πατρὸς θρόνον· Οὐ δέομαι, δέσποτα, διὰ τοὺς ἀπίστους Ἰουδαίους, ἀλλὰ διὰ τοὺς Χριστιανοὺς παρακαλῶ τὴν σὴν εὐσπλαγχνίαν. καὶ ἦλθεν δευτέρα φωνὴ ἐκ τοῦ ἀοράτου πατρὸς λέγουσα· Πῶς ἔχω ἐλεῆσαι αὐτοὺς, ὅτι τοὺς ἰδίους ἀδελφοὺς οὐκ ἠλέησαν; καὶ εἶπεν ἡ παναγία· Δέσποτα, τοὺς ἁμαρτωλοὺς ἐλέησον· ἔπιδε ἐπὶ τὰς κολάσεις, ὅτι πᾶσα ἡ κτίσις τὸ ὄνομά μου[1] ὀνομάζει ἐπὶ τῆς γῆς· καὶ ὅταν ἐξέρχηται ἡ ψυχὴ ἀπὸ τοῦ σώματος Ἁγία δέσποινα θεοτόκε, βοᾷ λέγουσα[2]. τότε εἶπεν αὐτῇ ὁ κύριος· Ἄκουσον, παναγία θεοτόκε, εἴ τις τὸ ὄνομά σου ὀνομάζει καὶ ἐπικαλεῖται, ἐγὼ αὐτὸν οὐκ ἐγκαταλείπω, οὔτε ἐν τῷ οὐρανῷ, οὔτε ἐπὶ τῆς γῆς.

[1] σου [2] λέγωντα

XXVII. Καὶ εἶπεν ἡ παναγία· Ποῦ ἐστιν ὁ Μωϋσῆς; ποῦ εἰσιν πάντες οἱ προφῆται καὶ πατέρες οἱ μηδέποτε ἁμαρτήσαντες; ποῦ εἶ, ἅγιε Παῦλε τοῦ θεοῦ; ποῦ ἡ ἁγία κυριακή, τὸ καύχημα τῶν Χριστιανῶν; ποῦ ἡ δύναμις τοῦ τιμίου καὶ ζωοποιοῦ σταυροῦ, ὁ τὸν Ἀδὰμ καὶ τὴν Εὔαν ἐκ τῆς ἀρχαίας κατάρας ῥυσάμενος; τότε Μιχαὴλ καὶ πάντες οἱ ἄγγελοι ἦραν μίαν φωνὴν λέγοντες· Ἐλέησον, δέσποτα, τοὺς ἁμαρτωλούς. τότε ἐλάλησεν καὶ Μωϋσῆς· Ἐλέησον, δέσποτα, οὓς ἐγὼ τὸν νόμον σου ἔδωκα. τότε ἐβόησεν καὶ Ἰωάννης· Ἐλέησον, δέσποτα, οὓς ἐγὼ <τὸ εὐαγγέλιόν σου ἔδωκα. τότε ἐβόησεν καὶ Παῦλος· Ἐλέησον, δέσποτα, οὓς ἐγὼ> τὰς ἐπιστολάς σου ἔφερον ἐν τῇ ἐκκλησίᾳ. καὶ εἶπεν κύριος ὁ θεός· Ἀκούσατε, πάντες δίκαιοι· ἐὰν κατὰ τὸν νόμον, ὃν δέδωκεν Μωϋσῆς, καὶ κατὰ τὸ εὐαγγέλιον ὃ δέδωκεν Ἰωάννης, καὶ κατὰ τὰς ἐπιστολὰς ἃς ἔφερεν Παῦλος, οὕτως ἃς κριθῶσιν. καὶ οὐκ εἶχον τὸ τί εἰπεῖν εἰ μὴ Ἐλέησον, δικαιοκρίτα.

XXVIII. Καὶ εἶπεν ἡ παναγία θεοτόκος· Ἐλέησον, δέσποτα, τοὺς Χριστιανούς, ὅτι καὶ τὸν νόμον σου ἐφύλαξαν, καὶ τὸ εὐαγγέλιόν σου ἐτήρησαν, ἀλλὰ ἰδιῶται ὑπῆρχον. τότε εἶπεν αὐτῇ ὁ κύριος· Ἄκουσον, παναγία· ἐάν τις ἐποίησεν αὐτοῖς κακὸν, καὶ τὸ κακὸν οὐκ ἀνταπέδωκαν αὐτοῖς, καλῶς λέγεις ὅτι καὶ ἐν νόμῳ μου καὶ ἐν τῷ εὐαγγελίῳ μου ἐμελέτησαν, εἰ δὲ οὐκ ἐποίησαν αὐτοῖς κακὸν, καὶ τὸ κακὸν ἀνταπέδωκαν αὐτοῖς, πῶς εἴπω ὅτι ἄνθρωποί[1] εἰσιν οὗτοι; νῦν ἀποδοθήσεται αὐτοῖς κατὰ τὰ κακὰ αὐτῶν. τότε πάντες ἀκούσαντες τὴν φωνὴν τοῦ δεσπότου τί ἀποκριθῆναι οὐκ εἶχον· καὶ ἰδοῦσα ἡ παναγία ὅτι ἠπόρησαν οἱ ἅγιοι, καὶ ὁ δεσπότης αὐτῶν οὐκ ἀκούει, καὶ τὸ ἔλεος αὐτοῦ [οὐκ] ἀπεκρύβη ἀπ' αὐτῶν, τότε εἶπεν ἡ παναγία· Ποῦ ἐστιν Γαβριὴλ, ὁ μηνύσας μοι τὸ Χαῖρε, ὅτι πρὸ αἰώνων συλλήψῃ τὸν συνάναρχον τῷ πατρὶ, καὶ ἄρτι ἐπὶ τοὺς ἁμαρτωλοὺς οὐκ ἐπιβλέπει; ποῦ ἐστιν ὁ μέγας ἀρχιστράτηγος; δεῦτε, πάντες οἱ ἅγιοι οὓς ὁ θεὸς ἐδικαίωσεν, καὶ πέσωμεν ἔμπροσ<θεν> τοῦ ἀοράτου πατρὸς, ὅπως ἐπακούσῃ ἡμῖν κύριος ὁ θεὸς, καὶ ἐλεήσῃ τοὺς ἁμαρτωλούς. τότε Μιχαὴλ ὁ ἀρχιστράτηγος καὶ πάντες οἱ ἅγιοι ἔπεσαν

[1] Perhaps ἅγιοι: ανοι being misread.

ἐπὶ πρόσωπον ἔμπροσθεν τοῦ ἀοράτου πατρὸς, λέγοντες· Ἐλέησον, δέσποτα, τοὺς ἁμαρτωλοὺς Χριστιανούς.

XXIX. Τότε ἰδὼν ὁ δεσπότης τὴν δέησιν τῶν ἁγίων σπλαγχνισθεὶς εἶπεν· Κάτελθε, υἱέ μου ἀγαπητέ, καὶ διὰ τὴν δέησιν τῶν ἁγίων ἐπίφανον τὸ πρόσωπόν σου ἐπὶ τῆς γῆς ἐπὶ τοὺς ἁμαρτωλούς. τότε κατῆλθεν ὁ δεσπότης ἐκ τοῦ ἀχράντου αὐτοῦ θρόνου· καὶ ἰδόντες αὐτὸν οἱ ἐν ταῖς κολάσεσιν ὄντες ἦραν πάντες μίαν φωνὴν λέγοντες· Ἐλέησον ἡμᾶς, βασιλεῦ τῶν αἰώνων. τότε εἶπεν ὁ δεσπότης τῶν ἁπάντων· Ἀκούσατε ἅπαντες ἁμαρτωλοὶ καὶ δίκαιοι· παράδεισον ἐποίησα καὶ ἄνθρωπον ἐποίησα κατ' εἰκόνα ἐμήν· αὐτὸς δὲ παρέβη καὶ τοῖς ἰδίοις ἁμαρτήμασιν θανάτῳ παρεδόθη· ἐγὼ δὲ οὐκ ἔφερον τὰ ἔργα τῶν χειρῶν μου τυραννουμένων ὑπὸ τοῦ δράκοντος· διὸ καὶ ἔκλινα οὐρανοὺς καὶ κατέβην καὶ ἐτέχθην ἐκ τῆς ἁγίας ἀχράντου θεοτόκου Μαρίας ἵνα ὑμᾶς ἐλευθερώσω· εἰς τὸν Ἰορδάνην ἐβαπτίσθην ἵνα τὴν παλαιωθεῖσαν ὑπὸ τῆς ἁμαρτίας φύσιν διασώσω· (Paul Lat. 44, Esdr. p. 26) τῷ σταυρῷ προσηλώθην διὰ τὸ ἐλευθερῶσαι ὑμᾶς ἐκ τῆς ἀρχαίας κατάρας· ὕδωρ ἐζήτησα καὶ ἐδώκατέ μοι ὄξος μετὰ χολῆς μεμιγμένον· ἐν μνημείῳ ἐτέθην· τὸν ἐχθρὸν κατεπάτησα· τοὺς ἐκλεκτούς μου ἀνέστησα, καὶ (Paul 44) οὐδὲ οὕτως ἠθελήσατέ μου ἀκοῦσαι. νυνὶ δὲ, διὰ τὴν δέησιν τῆς μητρός μου Μαρίας, ὅτι ἔκλαυσεν δι' ὑμᾶς πολὺ, καὶ διὰ Μιχαὴλ τὸν ἀρχάγγελόν μου, καὶ διὰ τὰ πλήθη τῶν ἁγίων μου χαρίζομαι ὑμῖν τὰς ἡμέρας τῆς πεντηκοστῆς ἔχειν ἀνάπαυσιν εἰς τὸ δοξάζειν πατέρα καὶ υἱὸν καὶ ἅγιον πνεῦμα.

XXX. Τότε πάντες ἄγγελοι καὶ ἀρχάγγελοι, θρόνοι, κυριότητες, ἀρχαὶ, ἐξουσίαι, δυνάμεις καὶ τὰ πολυόμματα χερουβὶμ καὶ τὰ ἑξαπτέρυγα σεραφὶμ καὶ πάντες ἀπόστολοι καὶ προφῆται καὶ μάρτυρες καὶ πάντες ἅγιοι ἦραν μίαν φωνὴν λέγοντες· Δόξα σοι, δέσποτα· δόξα σοι, φιλάνθρωπε· δόξα σοι, βασιλεῦ τῶν αἰώνων· δόξα τῇ σῇ εὐσπλαγχνίᾳ· δόξα τῇ σῇ μακροθυμίᾳ· δόξα τῇ σῇ ἀνεκδιηγήτῳ [σου] δικαιοκρισίᾳ, ὅτι ἐμακροθύμησας ὑπὲρ ἁμαρτωλῶν καὶ ἀσεβῶν· σοῦ ἐστιν τὸ ἐλεεῖν καὶ σώζειν. αὐτῷ ἡ δόξα καὶ τὸ κράτος ἅμα τῷ πατρὶ καὶ τῷ υἱῷ καὶ τῷ ἁγίῳ πνεύματι εἰς τοὺς αἰῶνας τῶν αἰώνων. Ἀμήν.

ON THE APOCALYPSE OF SEDRACH.

THE fifth and last of the complete texts which are here printed is at once later in form and earlier in substance than any of the other four. Later in form, for its language degenerates not seldom into modern Greek; earlier in substance, for it is a humble descendant of the Book of Job, the Fourth Book of Esdras and the Apocalypse of Baruch. Like those books, it is an attempt to justify the ways of God to man: and, as in the case of the two last-named books, this attempt takes the shape of a colloquy between God and a man eminent for piety. Of the three ancient books mentioned one is more closely followed in this late Apocalypse than the rest; namely, the Fourth Book of Esdras. In more than one passage, indeed, the lost Greek text of that work has plainly been used. This fact alone would, I think, be some justification for printing the book: another justification is afforded by the consideration that it is necessary to print all documents of an Apocalyptic kind in order to form a complete idea of the development of this branch of literature.

In a former number of this series I have briefly described this book and printed some passages from it[1]. It will be necessary in this place to repeat the particulars there given as to the manuscript source of the text. There is but one copy known to me, in the Bodleian, Cod. Misc. Gr. 56 (Auct. E. 4. 11: olim 3060), given by Tho. Cecill Earl of Exeter in 1618: it is of the xvth century, on paper, and in two hands, of which the second and latest has written only our document—the 11th and last item in the volume.

The text is full of itacisms and in places very corrupt, par-

[1] *Texts and Studies*, II. ii. pp. 31—33, 66.

ticularly in c. xi., which contains a lamentation uttered by Sedrach over the various members of his body. As in the case of the Apocalypse of the Virgin I have tacitly corrected the itacisms, emended where I could the corruptions, and left the neo-Greek forms.

Something has already been said of the sources of this little Apocalypse: in a former publication, referred to above, I have noted two points in which there are resemblances to the Testament of Abraham, namely, the intercession for sinners (c. xiv.) and the reluctance to die (cc. ix.—xi.): mention was also made in the same place of resemblances to Tischendorf's *Apocalypsis Esdrae*, which, as I have elsewhere done, I propose to call the Apocalypse of Esdras, in contradistinction to the old and famous Fourth Book of Esdras. It is now the time to examine some of these resemblances in detail; we will take the Apocalypse of Esdras first.

The Apocalypse of Esdras, like that before us, is preserved in only one copy, likewise a late one (Cod. Par. Gr. 929 of cent. xv.). The name of the seer is also corrupt in both: 'Esdram' and 'Sedrach' are both of them unfamiliar, the one as a form of 'Esdras,' the other as the name of a prophet. These are accidental resemblances, but they serve to bring the two books together in so far as they show a similarity of textual history.

Passing to resemblances in language and subject-matter, we have the following:

Esdras (p. 24 Tischendorf).	*Sedrach.*
It were better for man that he had not been born (and pp. 25, 30).	c. iv. init.
p. 25. Judge me on behalf of the sinners.	c. v. fin.
Ask...what son pleads against his father.	c. iii. init.
p. 26. The 'χεῖρες αἱ ἄχραντοι' of God: the creation of Adam.	c. iv. init.
p. 27. Number the stars and the sand, etc. (and p. 28).	c. ix. fin.
p. 31. 'Whence will ye take my soul?' and the whole scene of the reluctance to die: the word παρακαταθήκη applied to the soul, etc.	cc. ix., x.
p. 32. A prayer for forgiveness of sins for those who transcribe the book.	c. xvi. fin.

Resemblances to the Fourth Book of Esdras also exist, though in smaller numbers.

4 *Esd.* iii. 5—7.	*Sedrach.*
Adam's creation and transgression.	c. iv.
iv. 5—7 (v. 36, 37).	
uade, pondera mihi ignis pondus, etc.	c. ix.
49, 50.	
rain and drops used in a metaphor.	ibid.
v. 23—27.	
ex omni silua terrae et ex omnibus arboribus eius elegisti uineam unam...foueam unam... lilium unum...riuum unum...Sion...columbam unam...ouem unam...populum unum.	c. viii.
vii. 36 sqq., viii.	
Intercession for sinners.	Sedrach *passim.*

The last instance but one is very striking: there is no parallel in the Apocalypse of Esdras, and one is consequently forced to the belief that Sedrach had indeed access to 4 Esdras.

A brief notice of two other points is necessary. The first relates to the name of the seer Sedrach. The view which commends itself to me is that this is a corruption of Esdras. But it should be remembered that the name Sidrac or Sydrac as that of an eminent philosopher is attached to a very popular mediaeval Western romance (*Livre de Sydrac et de Boctus*: see the British Museum *Catalogue of Romances* by Mr G. F. Warner). Further, Sedrach is the LXX. form of Shadrach in the Book of Daniel; and again, Sirach is a possible origin for the name.

The second point is this: the document as it appears in the MS. consists of two fragments, one a Homily on Love, the other the Apocalypse. The first occupies about 3½ pages, and I have only printed a few lines of the beginning and end of it. It is as far as I can judge quite unimportant, and quite irrelevant.

APOCALYPSIS SEDRACH.

[f. 92] Τοῦ ἁγίου καὶ μακαρίου Σεδρὰχ λόγος περὶ ἀγάπης καὶ περὶ μετανοίας καὶ ὀρθοδόξων Χριστιανῶν καὶ περὶ δευτέρας παρουσίας τοῦ κυρίου ἡμῶν Ἰησοῦ Χριστοῦ. Δέσποτα εὐλόγησον.

I. Ἀγαπητοί, μηδὲν προτιμήσωμεν πλὴν τῆς ἀνυποκρίτου ἀγάπης· πολλὰ γὰρ πταίομεν καθ' ἑκάστην ἡμέραν καὶ νύκτα καὶ ὥραν. καὶ διὰ τοῦτο τὴν ἀγάπην κτησώμεθα, αὐτὴ γὰρ καλύπτει πλῆθος ἁμαρτιῶν· τί γὰρ τὸ ὄφελος, τέκνα μου, ἐὰν τὰ πάντα ἔχωμεν, τὴν δὲ σώζουσαν ἀγάπην οὐκ ἔχωμεν[1]; . . . . .

[f. 93 b] Ὦ μακαρία ἀγάπη, χορηγὲ πάντων ἀγαθῶν. μακάριος ἄνθρωπος ὁ τὴν ἀληθινὴν πίστιν καὶ ἀνυπόκριτον κτησάμενος ἀγάπην, καθὼς εἶπεν ὁ δεσπότης ὅτι Μειζότερον τῆς ἀγάπης οὐδέν ἐστιν ἵνα τις τὴν ψυχὴν θῇ ὑπὲρ τῶν φίλων αὐτοῦ.

II. Καὶ φωνὴν ἀοράτως ἐδέξατο ἐν ταῖς ἀκοαῖς αὐτοῦ· Ὧδε, Σεδράχ, ὅτι βούλῃ καὶ ἐπιθυμεῖς ὁμιλῆσαι σὺν θεῷ καὶ αἰτῆσαι παρ' αὐτοῦ ἵνα ἀποκαλύψῃ αὐτῷ ἅπερ βούλῃ ἐρωτᾶν. καὶ εἶπεν Σεδράχ· Τί, κύριέ μου; καὶ εἶπεν αὐτῷ ἡ φωνή· Ἐγὼ ἀπεστάλην πρός σε ἵνα ἀναβάσω σε ὧδε εἰς τὸν οὐρανόν. ὁ δὲ εἶπεν· Ἤθελον λαλῆσαι στόμα ὑπὸ στόματος θεοῦ· οὐκ εἰμὶ ἱκανός, κύριε, τοῦ ἀνελθεῖν εἰς τοὺς οὐρανούς. καὶ ἐκτείνας ταῖς πτερυξὶν αὐτοῦ ἔλαβεν αὐτὸν καὶ ἀνῆλθεν εἰς τοὺς οὐρανοὺς εἰς αὐτὴν τὴν φλόγα, καὶ ἔστησεν αὐτὸν ἕως τρίτου οὐρανοῦ, καὶ ἔστη ἐν αὐτῷ ἡ φλὸξ τῆς θεότητος.

III. Καὶ λέγει αὐτὸν ὁ κύριος· Καλῶς ἦλθες, ἀγαπητέ μου Σεδράχ· τί δίκην ἔχεις πρὸς τὸν θεὸν τὸν πλάσαντά
[f. 94] σε, ὅτι εἶπας Ἤθελον λαλῆσαι πρὸς στόματος θεοῦ; λέγει αὐτῷ Σεδράχ· Ναί, ἔχει ὁ υἱὸς δίκην μὲ τὸν πατέρα· κύριέ

[1] The remainder of the Homily is omitted: see p. 129.

μου, διὰ τί ἐποίησας τὴν γῆν; λέγει αὐτῷ ὁ κύριος· Διὰ τὸν ἄνθρωπον. λέγει Σεδράχ· Καὶ διὰ τί ἐποίησας τὴν θάλασσαν; διὰ τί ἔσπειρας πᾶν ἀγαθὸν ἐπὶ τῆς γῆς; λέγει ὁ κύριος· Διὰ τὸν ἄνθρωπον. λέγει αὐτῷ Σεδράχ· Εἰ ταῦτα ἐποίησας, διὰ τί ἀπώλεσας αὐτόν; εἶπεν δὲ ὁ κύριος· Ὁ ἄνθρωπος ἔργον μου ἐστὶν καὶ πλάσμα τῶν χειρῶν μου, καὶ παιδεύω αὐτὸν καθὼς εὑρίσκω.

IV. Λέγει αὐτῷ Σεδράχ· Κόλασις καὶ πῦρ ἐστιν ἡ παίδευσίς σου· πικροί εἰσιν, κύριέ μου· καλὸν ἦν τῷ ἀνθρώπῳ εἰ οὐκ ἐγεννήθη· τί τάχα ἐποίησας, κύριέ μου; διὰ τί ἐκοπίασας τὰς ἀχράντους σοῦ χεῖρας καὶ ἔπλασας τὸν ἄνθρωπον, ἐπεὶ οὐκ ἤθελες ἐλεῆσαι αὐτόν; λέγει αὐτὸν ὁ θεός· Ἐγὼ ἐποίησα τὸν πρωτόπλαστον Ἀδὰμ καὶ ἔθηκα αὐτὸν ἐν τῷ παραδείσῳ ἐν μέσῳ τοῦ φυτοῦ τῆς ζωῆς, καὶ εἶπα αὐτῷ· Ἀπὸ πάντων τῶν καρπῶν φάγε, μόνον τὸ ξύλον τῆς ζωῆς φύλαξον· ἐὰν γὰρ φάγῃς ἀπ' αὐτοῦ, θανάτῳ ἀποθανεῖ. αὐτὸς δὲ παρήκουσέ μου τὴν ἐντολὴν καὶ ὑπὸ τοῦ διαβόλου ἀπατηθεὶς ἔφαγεν ἀπὸ τοῦ ξύλου.

V. Λέγει αὐτῷ Σεδράχ· Σοῦ θελήματος ἠπατήθη, δέσποτά μου, ὁ Ἀδάμ· σὺ ἐκέλευσας τοὺς ἀγγέλους σου τὸν Ἀδὰμ προσκυνεῖν, αὐτὸς δὲ ὁ πρῶτος τῶν ἀγγέλων παρήκουσέν σου τὸ πρίσταγμα καὶ οὐ προσεκύνησεν αὐτὸν, καὶ σὺ ἐξώρισας αὐτὸν, διότι παρέβη τὸ πρόσταγμά σου καὶ οὐ προσῆλθεν τῶν χειρῶν σου τὸ πλαστούργημα· ἐὰν τὸν ἄνθρωπον ἠγάπησας, τὸν διάβολον διὰ τί οὐκ ἐφόνευσας τὸν τεχνίτην τῆς ἀδικίας; τίς δύναται πολεμεῖν ἀθεώρητον πνεῦμα; αὐτὸς δὲ ὡς καπνὸς εἰσέρχεται εἰς τὰς καρδίας τῶν ἀνθρώπων <καὶ> διδάσκει αὐτοὺς πᾶσαν ἁμαρτίαν· αὐτός σε τὸν ἀθάνατον θεὸν πολεμεῖ, ὁ δὲ ἐλεεινὸς ἄνθρωπος τί ἄρα ἔχει ποιῆσαι αὐτῷ; ἀλλὰ ἐλέησον, δέσποτα, καὶ ἀνάλυσον τὰς κολάσεις· εἰ δὲ μὴ, δέξαι καὶ ἐμὲ μὲ τοὺς ἁμαρτωλούς· ἐὰν τοὺς ἁμαρτωλοὺς οὐκ ἐλεήσῃς, ποῦ εἰσιν τὰ ἐλέη σου, ποῦ ἡ εὐσπλαγχνία σου, κύριε;

VI. Λέγει αὐτὸν ὁ θεός· Γνωστὸν ἔστω σοι ὅτι πάντα εὐδιάλλακτα ἐπέταξα αὐτόν· ἐποίησα αὐτὸν φρόνιμον καὶ κληρονόμον οὐρανοῦ καὶ γῆς, καὶ πάντα αὐτῷ ὑπέταξα, καὶ πᾶν ζῷον φεύγει ἀπ' αὐτοῦ καὶ ἀπὸ προσώπου αὐτοῦ· [f. 95] ἀλλ' αὐτὸς τὰ ἐμὰ λαβὼν ἀλλότριος ἐγένετο μοιχαλὶς καὶ ἁμαρτωλός· ποῖος πατὴρ προικίσας, εἰπέ μοι, τῷ υἱῷ αὐτοῦ, καὶ λαβὼν τὴν οὐσίαν καταλιπὼν τὸν πατέρα ἀπῆλθεν καὶ ἐγένετο ἀλλότριος καὶ δουλεύει ἀλλοτρίῳ, καὶ ἰδὼν ὁ πατὴρ ὅτι ἐγκατέλιπεν αὐτὸν ὁ υἱὸς καπνίζεται τὴν καρδίαν αὐτοῦ, καὶ ἀπελθὼν ὁ πατὴρ λαμβάνει τὴν οὐσίαν αὐτοῦ καὶ ἐξορίζει αὐτὸν ἐκ τῆς δόξης αὐτοῦ διότι ἐγκατέλιπεν τὸν πατέρα αὐτοῦ; πῶς δὲ ἐγὼ ὁ θαυμαστὸς καὶ ζηλωτὴς θεὸς τὰ πάντα δέδωκα αὐτῷ, καὶ αὐτὸς λαβὼν ταῦτα ἐγένετο μοιχαλὶς καὶ ἁμαρτωλός;

VII. Λέγει αὐτῷ Σεδράχ· Σύ, δέσποτα, ἔπλασας τὸν ἄνθρωπον· οἶδας ποταπῆς βουλῆς ἦν καὶ ποταπῆς γνώσεώς ἐσμεν, καὶ προφασίζεις τὸν ἄνθρωπον εἰς τὴν κόλασιν· ἀλλ' ἔκβαλον αὐτόν· μὴ γὰρ ἐγὼ μόνος γεμίσω τὰ ἐπουράνια; <εἰ δὲ μὴ>, καὶ τὸν ἄνθρωπον σῶσον, κύριε· σοῦ θελήματος ἥμαρτεν, κύριε, ἐλεεινὸς ἄνθρωπος. Τί ἀπέβαλες λόγους πρός με, Σεδράχ; ἐγὼ ἔπλασα τὸν Ἀδὰμ καὶ τὴν γυναῖκα αὐτοῦ καὶ τὸν ἥλιον καὶ εἶπα· Ἴδετε ἀλλήλους ποῖός ἐστιν φωτοειδής· ἡ δὲ γυνὴ τοῦ Ἀδὰμ φωτεινοτέρα ἐστὶν ἐν τῷ κάλλει τῆς σελήνης, καὶ τὴν ζωὴν ἐχαρίσατο αὐτῆς. λέγει Σεδράχ· Καὶ τί ὠφελοῦν τὰ κάλλη ἐὰν εἰς γῆν μαραίνωνται; πῶς εἶπας, κύριε, Κακὸν ἀντὶ κακοῦ μὴ ἀποδώσῃς; πῶς ἐστιν, δέσποτα; τῆς θεότητός σου ὁ λόγος οὐδέποτε ψεύδεται, καὶ διὰ τί ἀποδίδως τὸν ἄνθρωπον; ἢ οὐ θέλεις κακὸν ἀντὶ κακοῦ; ἐγὼ οἶδα ὅτι ἄλογόν ἐστιν κακότεχνον ἡμίονος εἰς τὰ τετράποδα—ἄλλον οὐκ ἔστιν· ἀλλὰ τῆς μετὰ χαλιναρίου κόπτομεν αὐτὸ ὅταν ἡμεῖς θέλωμεν· σὺ δὲ ἔχεις ἀγγέλους· ἀπόστειλον τοῦ φυλάξαι αὐτούς, καὶ ὅταν κινήσῃ ὁ ἄνθρωπος πρὸς τὴν ἁμαρτίαν, τὸν πόδα αὐτοῦ τὸν ἕνα κρατῆσαι καὶ οὐ μὴ πορεύεται ὅπου δὲ θέλει.

VIII. Λέγει αὐτῷ ὁ θεός· Ἐὰν κρατήσω αὐτοῦ τὸν πόδα, λέγει ὅτι Οὐκ ἐποίησάς μοι χάριν εἰς τὸν κόσμον. ἀλλὰ ἀφῆκα αὐτὸν εἰς τὸ θέλημά του ὅτι ἠγάπησα αὐτόν. διότι τοὺς δικαίους μου ἀγγέλους ἀπέστειλα τοῦ φυλάσσειν [f. 96] αὐτὸν ἐν νυκτὶ καὶ ἡμέρᾳ. λέγει Σεδράχ· Οἶδα, δέσποτα, ὅτι εἰς τὰ κτήματά σου πρῶτον ἠγάπησας τὸν ἄνθρωπον, εἰς τὰ τετράποδα τὸ πρόβατον, εἰς τὰ ξύλα τὴν ἐλαίαν, εἰς τοὺς καρποὺς τὸ κλῆμα, εἰς τὰ πετόμενα τὸ μελίσσιον, εἰς τοὺς ποταμοὺς τὸν Ἰορδάνην, εἰς τὰς πόλεις τὴν Ἱερουσαλήμ· καὶ ταῦτα πάντα ἀγαπᾷ καὶ ὁ ἄνθρωπος, δέσποτά μου. λέγει ὁ θεὸς τὸν Σεδράχ· Ἐρωτῶ σε ἕνα λόγον, Σεδράχ· ἐάν μοι εἴπῃς, καλῶς με συμαχᾶ σε, εἰ καί τινος ἐπείραζες τὸν πλάσαντά σε. λέγει Σεδράχ· Εἰπέ. <λέγει> κύριος ὁ θεός· Ἀφ' ἧς ἐποίησα τὰ πάντα πόσοι ἄνθρωποι ἐγεννήθησαν, καὶ πόσοι ἀπέθανον, καὶ πόσοι θέλουν ἀποθανεῖν, καὶ πόσας τρίχας ἔχουσιν; εἰπέ μοι, Σεδρὰχ, ἀφ' οὗ ἐκτίσθη ὁ οὐρανὸς καὶ ἡ γῆ πόσα δένδρα ἐγένοντο εἰς τὸν κόσμον, καὶ πόσα ἔπεσον, καὶ πόσα θέλουν πεσεῖν, καὶ πόσα θέλουν γενηθῆναι, καὶ πόσα φύλλα ἔχουσιν; εἰπέ μοι, Σεδρὰχ, ἀφ' οὗ ἐποίησα τὴν θάλασσαν πόσα κύματα ἤγειραν, καὶ πόσα ὑποδιέβησαν, καὶ πόσα μέλλουν ἐγεῖραι, καὶ πόσοι ἄνεμοι πνέουσιν παρὰ τὸ χεῖλος τῆς θαλάσσης; εἰπέ μοι, Σεδρὰχ, ἀπὸ κτίσεως κόσμου τῶν αἰώνων βρέχοντος τοῦ ἀέρος πόσα σταλάγματα ἔπεσον εἰς τὸν κόσμον, καὶ πόσα μέλλουν πεσεῖν; καὶ εἶπεν Σεδράχ· Μόνος σὺ γινώσκεις ταῦτα πάντα, κύριε· μόνος σὺ ἐπίστασαι ταῦτα πάντα· μόνον δέομαί σου ἐλευθέρωσον τὸν ἄνθρωπον ἐκ τὴν κόλασιν, καὶ οὐ χωρίζομαι ἀπὸ τὸ γένος ἡμῶν.

IX. Καὶ εἶπεν ὁ θεὸς τὸν υἱὸν αὐτοῦ τὸν μονογενῆ· Ὕπαγε, λαβὲ τὴν ψυχὴν τοῦ ἠγαπημένου μου Σεδρὰχ, καὶ ἀποθοῦ αὐτὴν ἐν τῷ παραδείσῳ. λέγει ὁ μονογενὴς υἱὸς τὸν Σεδράχ· <Δός μοι τὴν παρακαταθήκην>[1] ἣν παρέθετο ὁ πατὴρ ἡμῶν ἐν τῇ κοιλίᾳ τῆς μητρός σου ἐν τῷ ἁγίῳ σου σκηνώματι ἐκ βρέφους. λέγει Σεδράχ· Οὐ δίδωμί σοι τὴν ψυχήν μου. λέγει αὐτὸν ὁ θεός· Καὶ διὰ τί ἀπεστάλην ἐγὼ καὶ ἦλθα ὧδε, σὺ δέ μοι προφασίζεις; ἐγὼ γὰρ παρηγγέλθην παρὰ τοῦ πατρός μου μὴ ἀναισχύντως λάβω τὴν ψυχήν σου· εἰ <δὲ> μή, δός μοι τὴν ποθεινοτάτην ψυχήν σου.

X. Καὶ εἶπεν Σεδρὰχ τὸν θεόν· Καὶ πόθεν μέλλεις λαβεῖν τὴν ψυχήν μου, καὶ ἐκ ποιοῦ μέλους; καὶ λέγει [f. 97] αὐτὸν ὁ θεός· Οὐκ οἶδας ὅτι χορηγεῖται ἐν μέσῳ τῶν πνευμόνων σου καὶ τῆς καρδίας σου <καί> ἐστι διεσπορισμένη εἰς πάντα τὰ μέλη σου; ἀναφέρνεται διὰ φάρυγγος καὶ λάρυγγος καὶ τοῦ στόματος· καὶ οἵαν ὥραν μέλλει

[1] Supplied from Esdr. (p. 31, Tischendorf).

ἐξέρχεσθαι ἀρχὴν σπάρναται καὶ συνάζεται ἀπὸ τῶν ἀκρονύχων καὶ ἀπὸ πάντων μελῶν, καί ἐστι μεγάλη ἀνάγκη τοῦ χωρισθῆναι ἀπὸ τοῦ σώματος καὶ ἀποσπασθῆναι τῆς καρδίας. ταῦτα πάντα ἀκούσας ὁ Σεδρὰχ καὶ ἐνθυμηθεὶς τοῦ θανάτου τὴν μνήμην ἐξέστη λίαν, καὶ εἶπεν Σεδρὰχ τὸν θεόν· Δός μοι, κύριε, ἴασιν ὀλίγην, ἵνα κλαύσω, ὅτι ἤκουσα <ὅτι> πολλὰ δύνανται τὰ δάκρυα καὶ ἴαμα πολὺ γίνεται τοῦ ταπεινοῦ σώματος τοῦ πλάσματός σου.

XI. Καὶ ἤρξατο κλαίων καὶ ὀδυρόμενος λέγειν· Ὦ κεφαλὴ παράδοξε οὐρανοκόσμητε· ὦ ἡλιοφώτιστε οὐρανοῦ καὶ γῆς· γνωσταὶ αἱ τρίχες σου ἀπὸ Θαιμὰν, οἱ ὀφθαλμοί σου ἀπὸ Βοσόρ, αἱ ἀκοαί σου ἐκ βροντῆς, ἡ γλῶσσά σου ἐκ σάλπιγγος, καὶ ὁ ἐγκέφαλός σου ἐστὶν μικρὸν κτίσμα, κεφαλὴ ὅλου τοῦ σώματος κίνησις· καλοπιστε† καὶ καλλίστατε ἀπὸ πάντων φιλούμενον, καὶ ἄρτι πεσὼν εἰς τὴν γῆν ἄγνωστος γίνεται. ὦ χεῖρες εὔκρατοι καλοδιδακτοὶ καματηροὶ δι' ἃς τὸ σκεῦος τρέφεται· ὦ χεῖρες εὔστοχοι ἀπὸ πάντων οἱ σωρεύοντες τοὺς οἴκους ἐστολίσατε. ὦ δάκτυλοι καλλωπισμένοι καὶ ὑπὸ τῶν χρυσῶν καὶ ἀργυρῶν ἐστολισμένοι· καὶ μέγαλα κτίσματα ὑπὸ τῶν δακτύλων ἄγονται· τὰς παλαμὰς ἁπλονοῦσιν οἱ τρεῖς ἁρμοὶ, καὶ τὰ κάλλη σωρεύουν· καὶ ἄρτι πάροικοι γίνεσθε τοῦ κόσμου τούτου. ὦ πόδες καλοπεριπατητοὶ αὐτόδρομοι ταχύτατοι λίαν ἀνικητοί· ὦ γόνατα συνηρμοσμένα ὅτι πλήν σου τὸ σκεῦος οὐ κινεῖται· οἱ πόδες συντρέχουσιν τὸν ἥλιον καὶ τὴν σελήνην ἐν νυκτὶ καὶ ἐν ἡμέρᾳ τὰ πάντα σωρεύοντες, τὰς τρυφὰς καὶ τὰς πόσεις, καὶ τὸ σκεῦος διατρέφοντες· ὦ πόδες ὠκύτατοι καὶ καλόδρομοι, ἐπὶ προσώπου τῆς γῆς ταρασσόμενοι, τοὺς οἴκους εὐτρεπίζοντες παντὸς ἀγαθοῦ· ὦ πόδες ὅλον τὸ σῶμα βαστάζοντες, εἰς τοὺς ναοὺς ἀνα-
[f. 98] τρέχοντες, μετανοίας ποιοῦντες καὶ παρακαλοῦντες τοὺς ἁγίους, καὶ ἄρτι ἀκίνητοι μένετε. ὦ κεφαλὴ καὶ χεῖρες καὶ πόδες, ἕως ἄρτι σώζω σας. ὦ ψυχὴ, τί γάρ σε ἐνέβαλεν εἰς τὸ ταπεινὸν καὶ ταλαίπωρον σῶμα; καὶ ἄρτι χωριζομένη ἀπ' αὐτοῦ [καὶ] ἀνερχέσαι ἔνθα καλεῖ σε ὁ κύριος, καὶ τὸ σῶμα τὸ ταλαίπωρον ἀπέρχεται εἰς κρίσιν· ὦ σῶμα καλλωπισμένον, τρίχες ἀστερόχαιται, κεφαλὴ οὐρανοκόσμητε ἐστολισμένον· ὦ πρόσωπον καλομύριστον, ὀφ-

θαλμοὶ φωταγωγοί, φωνὴ σάλπιγγος ἦχος, γλῶσσα εὐδιάλλακτε, γένειον καλλωπισμένον, τρίχες ἀστερόμορφοι, κεφαλὴ οὐρανομῆκες, ἐστολισμένον σῶμα, τὸ φωταγωγὸν γλεύφορον πάγγνωστον καὶ ἄρτι πεσὸν εἰς τὴν γῆν, ὑπὸ γῆς κάλλος σου ἀφανὲς γίνεται.

XII. Λέγει αὐτὸν ὁ Χριστός· Παῦσον, Σεδράχ· ἕως πότε δακρύζεις καὶ στενάζεις; ὁ παράδεισός σοι ἠνοίγη καὶ ἀποθανὼν ζήσεις. λέγει αὐτῷ Σεδράχ· Ἔτι ἅπαξ λαλήσω σοι, κύριε· ἕως πότε ζῶ πρὶν ἀποθανεῖν με; καὶ μὴ παρακούσῃς τῆς αἰτήσεώς μου. λέγει αὐτῷ ὁ κύριος· Λέγε, ὦ Σεδράχ. <λέγει ὁ Σεδράχ·> Ἔτη ὀγδοήκοντα ἢ ἐνενήκοντα ἐὰν ζήσῃ ἄνθρωπος ἢ ἑκατὸν, καὶ ζήσῃ αὐτοὺς ἐν ἁμαρτίαις, καὶ πάλιν ἐπιστρέψῃ καὶ ζήσῃ ἄνθρωπος ἐν μετανοίᾳ, πόσας ἡμέρας ἀφίεις αὐτοῦ τὰς ἁμαρτίας; λέγει αὐτὸν ὁ θεός· Ἐὰν ἐπιστρέψας ζῶν τὰ ἑκατὸν <ἢ> ὀγδοήκοντα μετανοήσας τρία ἔτη καὶ ποιήσῃ καρπὸν δικαιοσύνης καὶ φθάσῃ ὁ θάνατος, οὐ μὴ μνησθῶ πάσας τὰς ἁμαρτίας αὐτοῦ.

XIII. Λέγει αὐτῷ Σεδράχ· Πολλά εἰσιν τὰ τρία ἔτη, κύριέ μου, μὴ φθάσῃ ὁ θάνατος αὐτοῦ καὶ οὐ πληρώσῃ τὴν μετάνοιαν αὐτοῦ· ἐλέησον, κύριε, τὴν εἰκόνα σου καὶ σπλαγχνίσθητι, ὅτι πολλά εἰσιν τὰ τρία ἔτη. λέγει αὐτὸν ὁ θεός· Ἐὰν μετὰ ἑκατὸν ἔτη ζήσῃ ἄνθρωπος καὶ μνησθῇ τὸν θάνατον αὐτοῦ καὶ ὁμολογήσῃ ἔμπροσθεν τῶν ἀνθρώπων καὶ εὕρω αὐτὸν, μετὰ χρόνον ἀφίω πάσας τὰς ἁμαρτίας αὐτοῦ. λέγει πάλιν ὁ Σεδράχ· Κύριε, τὴν εὐσπλαγχνίαν σου καὶ πάλιν παρακαλῶ <διὰ> τὸ πλάσμα σου. πολύς ἐστιν ὁ χρόνος μὴ ὁ θάνατος αὐτοῦ φθάσῃ καὶ ἁρπάσῃ αὐτὸν συντόμως. λέγει αὐτὸν ὁ σωτήρ· Ἐρωτῶ σε ἕνα λόγον, Σεδράχ, ἀγαπητέ μου, εἶτα ἀναιτήσεις με· ἐὰν [f. 99] μετανοήσῃ ὁ ἁμαρτωλὸς εἰς ἡμέρας τεσσαράκοντα, οὐ μὴ μνησθῶ πάσας τὰς ἁμαρτίας αὐτοῦ ἃς ἐποίησεν.

XIV. Καὶ λέγει Σεδρὰχ πρὸς τὸν ἀρχάγγελον Μιχαήλ· Ἐπάκουσόν μου, πρόστατα δυνατὲ, καὶ βοήθει μοι καὶ πρεσβεῦσαι ἵνα ἐλεήσῃ ὁ θεὸς τὸν κόσμον. καὶ πεσόντες ἐπὶ πρόσωπον παρεκάλουν τὸν θεὸν καὶ εἶπον· Κύριε, δίδαξον ἡμᾶς πῶς δεῖ καὶ ἐν ποίᾳ μετανοίᾳ σωθήσεται ὁ ἄνθρωπος, ἢ ἐν ποίῳ κόπῳ; <λέγει ὁ θεός·> Ἐν μετανοίαις, ἐν παρακλήσεσιν, ἐν λειτουργίαις, ἐν δάκρυσιν ὀχετοῦ, ἐν στεναγμοῖς θερμοῖς. οὐκ οἶδας ὅτι ὁ προφήτης μου Δαυεὶδ ἐκ δακρύων, καὶ οἱ λοιποὶ οἶδας ὅτι ἐσώθησαν ἐν μιᾷ ῥοπῇ; οἶδας, Σεδρὰχ, ὅτι εἰσὶν ἔθνη τὰ μὴ νόμον ἔχοντα <καὶ τὰ> τοῦ νόμου ποιοῦσιν· ὅτι <εἴ> εἰσιν ἀβάπτιστοι καὶ ἐνέβη τὸ θεῖόν μου πνεῦμα εἰς αὐτοὺς καὶ ἐπιστρέφονται πρὸς τὸ ἐμὸν βάπτισμα καὶ δέχομαι αὐτοὺς μετὰ τῶν δικαίων μου ἐν κολποῖς Ἀβραάμ· καὶ εἰσίν τινες οἱ βαπτισθέντες τὸ ἐμὸν βάπτισμα καὶ τὸ θεῖόν μου μέρος μερισθέντες καὶ γίνονται ἀπογνώστοι τὴν τέλειαν ἀπόγνωσιν καὶ οὐ μέλλουσιν μεταγνῶναι· καὶ ἀναμένω αὐτοὺς μετὰ πολλῆς εὐσπλαγχνίας καὶ πολλοῦ ἐλέους καὶ πλούτους ἵνα μετανοήσωσιν, ἀλλὰ ποιοῦσιν ἃ μισεῖ μου ἡ θεότης, καὶ οὐκ ἤκουσαν τὸν σοφὸν ἐρωτῶντα λέγων Δικαιοῦμεν οὐδαμῶς ἁμαρτωλόν. παντελῶς οὐκ οἶδας ὅτι γέγραπται Καὶ οἱ μετανοήσαντες οὐ μὴ ἴδουν τὴν κόλασιν; καὶ <οὐκ ἤκουσαν> ἀποστόλων οὔτε ἐμοῦ λόγου ἐν τοῖς εὐαγγελίοις καὶ λυποῦσιν τοὺς ἀγγέλους μου, καὶ ἦ μὴν ἐν ταῖς συνάξεσιν καὶ ἐν ταῖς λειτουργίαις μου οὐ προσέχουσιν τὸν ἄγγελόν μου καὶ οὐχ ἵστανται ἐν ταῖς ἁγίαις μου ἐκκλησίαις, ἀλλ' ἵστανται καὶ οὐ προσκυνοῦσιν ἐν φόβῳ καὶ τρόμῳ ἀλλὰ μεγαλορημονοῦσιν ἃ οὐ δέχομαι ἐγὼ οὔτε οἱ ἄγγελοί μου.

XV. Λέγει Σεδρὰχ πρὸς τὸν θεόν· Κύριε, σὺ μόνος εἶ ἀναμάρτητος καὶ πολὺ εὔσπλαγχνος, ὁ ἁμαρτωλοὺς ἐλεῶν καὶ οἰκτείρων, ἀλλ' ἡ σὴ θεότης εἶπεν Οὐκ ἦλθον δικαίους καλέσαι ἀλλὰ ἁμαρτωλοὺς εἰς μετάνοιαν. καὶ εἶπεν ὁ κύριος τὸν Σεδράχ· Οὐκ οἶδας, Σεδρὰχ, τὸν λῄστην, μιᾷ [f. 100] ῥοπῇ ἐσώθη μεταγνῶναι; οὐκ οἶδας ὅτι <ὁ> ἀπόστολός μου καὶ εὐαγγελιστὴς ἐν μιᾷ ῥοπῇ ἐσώθη; <...*peccatores autem non saluantur*>, ὅτι εἰσὶν αἱ καρδίαι αὐτῶν ὡς λίθος σαθρός· οὗτοί εἰσιν οἱ πορεύοντες ἀσεβέσιν ὁδοῖς καὶ ἀπολόμενοι μετὰ τοῦ ἀντιχριστοῦ. λέγει Σεδράχ· Κύριέ μου, καὶ εἶπας ὅτι Τὸ θεῖόν μου πνεῦμα ἐνέβη εἰς τὰ ἔθνη ἃ μὴ νόμον ἔχοντα τὰ τοῦ νόμου ποιοῦσιν. ὁμῶς δὲ καὶ ὁ λῄστης καὶ ὁ ἀπόστολος καὶ εὐαγγελιστὴς καὶ οἱ λοιποὶ οἱ φθάσαντες εἰς τὴν βασίλειάν σου, κύριέ μου· οὕτως καὶ τοὺς ἐπ' ἐσχάτων ἁμαρτήσαντάς σοι συγχώρησον, κύριε· ὅτι ὁ βίος πολύμοχθός ἐστιν καὶ ἀμετανόητος.

XVI. Λέγει κύριος τὸν Σεδράχ· Ἐποίησα τὸν ἄνθρωπον τρισὶ τάξεσιν· ὅτε ἐστὶν νεὸς, ὡς νεοῦ αὐτοῦ ἐπαράβλεπον τὰ πταίσματα αὐτοῦ· ὅτε δὲ πάλιν ἀνὴρ, ἐτήρουν αὐτοῦ τὴν διάνοιαν· ὅταν δὲ πάλιν γηράσῃ, καὶ τηρῶ αὐτὸν ὅπως μετανοήσῃ. λέγει Σεδράχ· Κύριε, σὺ ταῦτα πάντα οἶδας καὶ ἐπίστασαι· μόνον συμπαθῆσαι τοῖς ἁμαρτωλοῖς. λέγει αὐτὸν ὁ κύριος· Σεδρὰχ, ἀγαπητέ μου, ὑπόσχομαι συμπαθῆσαι καὶ κάτωθεν τῶν τεσσαράκοντα ἡμερῶν ἕως εἴκοσι· καὶ ὅστις μνησθῇ τοῦ ὀνόματός σου οὐ μὴ ἴδῃ κολαστήριον ἀλλὰ ἔσται μετὰ τῶν δικαίων ἐν τόπῳ ἀναψύξεως καὶ ἀναπαύσεως· καὶ εἴ τις συγγράψει τὸν λόγον τοῦτον τὸν θαυμαστὸν οὐ μὴ λογισθῇ ἁμαρτία αὐτοῦ εἰς τὸν αἰῶνα τοῦ αἰῶνος. καὶ λέγει Σεδράχ· Κύριε, καὶ εἴ τις ποιήσει φωταγωγίαν τῷ δούλῳ σου, ῥύσαι αὐτὸν, κύριε, ἀπὸ παντὸς κακοῦ. καὶ λέγει ὁ δοῦλος τοῦ θεοῦ Σεδράχ· Ἄρτι λαβὲ τὴν ψυχήν μου, δέσποτα. καὶ ἔλαβεν αὐτὸν ὁ θεὸς καὶ ἔθηκεν αὐτὸν ἐν τῷ παραδείσῳ μετὰ τῶν ἁγίων ἁπάντων. ᾧ ἡ δόξα καὶ τὸ κράτος εἰς τοὺς αἰῶνας τῶν αἰώνων. Ἀμήν.

A FRAGMENT OF THE APOCALYPSE OF ADAM IN GREEK.

THE text of the principal remains of the Apocalypse (or Testament) of Adam is to be found, as students of this literature are aware, in the *Journal Asiatique* for 1853 (sér. v. tom. 2), pp. 427—471. They are there given in Syriac and for the most part also in Arabic with a masterly Essay by Renan. Further light was subsequently thrown on them by Dr Hort in his article on Books of Adam in the *Dictionary of Christian Biography*. Since the date of this last work, not much has been added to the material. I am able to contribute a small fragment here, in the shape of a Greek version of the *νυχθήμερον* or Table of the Hours of the Day and Night which, in Renan's edition, appears as Fragments 1 and 2.

This Greek fragment, to which I have made allusion in another place[1], is not altogether new, though it has not been hitherto recognised as coming from the Apocalypse of Adam. In the notes to his edition of Michael Psellus *de operationibus daemonum*[2], Gilbert Gaulmyn of Moulins quoted part of it from the MS. from which the whole is now printed. This is a great magical MS. at Paris (Cod. Gr. 2419) written at the beginning of the XVIth century in a rather difficult hand. It is a perfect storehouse of Byzantine 'occultism,' containing much Solomonic matter, and would no doubt repay a more careful examination than I was able to give it.

[1] *Texts and Studies*, II. ii. 127.

[2] The text and notes are reprinted in Migne's Cedrenus, vol. ii.

Our extracts appear on f. 247 *b*, under the heading Ἀπολλωνίου μαθηματικοῦ: what particular Apollonius may be meant, whether of Tyana or elsewhere, is not specified. They will be printed here as they occur in the MS., with one reservation: each hour has in the MS. a Hebrew name, exceedingly ill written. I give one or two of these, but the majority yielded no satisfactory result: I have inserted an asterisk in the text where they occur. Renan in a note on p. 461 gives some similar mystic names of the hours from one Arabic copy. They do not occur in the Syriac.

The text of the *νυχθήμερον* follows, together with a collation of the corresponding Arabic and Syriac fragments, and of a parallel quotation in Cedrenus (i. 41 in Migne, p. 18, ed. Par.): this last passage is introduced by words which, as Renan recognised, indicate plainly the source used, as the Μετάνοια or Ἀποκάλυψις Ἀδάμ.

Ἀδὰμ τῷ ἑξακοσιοστῷ ἔτει μετανοήσας ἔγνω δι' ἀποκαλύψεως τὰ περὶ τῶν ἐγρηγόρων καὶ τοῦ κατακλυσμοῦ καὶ τὰ περὶ μετανοίας καὶ τῆς θείας σαρκώσεως, καὶ περὶ τῶν καθ' ἑκάστην ὥραν ἡμερινὴν καὶ νυκτερινὴν ἀναπεμπομένων εὐχῶν τῷ θεῷ ἀπὸ πάντων τῶν κτισμάτων δι' Οὐριὴλ τοῦ ἐπὶ τῆς μετανοίας ἀγγέλου. ὥρᾳ πρώτῃ, κ.τ.λ.

Paris text (Cod. Gr. 2419, f. 247 *b*).

Ἀπολλωνίου μαθηματικοῦ.

ὀνομασίαι ιβ' ἡμερινῶν.

I. (*a*) *ὥρα α' καλεῖται* אִיאָהב *ἐν ᾗ ἀγαθόν ἐστιν προσεύχεσθαι.*

(*b*) Syr. Arab. *First hour of the day.* Prayer of the heavenly beings.

(*c*) Cedren. *ὥρᾳ πρώτῃ ἡμερινῇ πρώτη εὐχὴ ἐπιτελεῖται ἐν τῷ οὐρανῷ.*

II. (*a*) *ὥρα β' καλεῖται* נִכּוּת *ἐν ᾗ εὐχαὶ τῶν ἀγγέλων καὶ ὕμνοι.*

(*b*) *Second hour.* Prayer of the angels.

(*c*) *δευτέρᾳ εὐχὴ ἀγγέλων.*

III. (*a*) *ὥρα γ' καλεῖται* פרש *ἐν ῇ εὐχαριστοῦσιν τὰ πετεινὰ τῷ θεῷ· ἐν αὐτῇ τῇ ὥρᾳ ἀποτελεῖται πᾶν στοιχεῖον.*

(*b*) *Third hour.* Adoration of the birds.

(*c*) *τρίτῃ εὐχὴ πτηνῶν.*

IV. (*a*) *ὥρα δ'* * *ἐν ῇ εὐχαριστοῦσιν πάντα τὰ ποιήματα τοῦ θεοῦ, ἐν ῇ στοιχειοῦνται* (illegible Hebrew) *καὶ πάντα τὰ ἰοβόλα.*

(*b*) *Fourth hour.* Adoration of the animals on earth.

(*c*) *τετάρτῃ εὐχὴ κτηνῶν.*

V. (*a*) *ὥρα ε' καλεῖται* * *ἐν ῇ αἰνεῖ πᾶν ζῶον τὸν θεόν· ἐν ῇ ἀποτελεῖται πᾶν ....*

(*b*) *Fifth hour.* Adoration of the beings that are above the heavens.

(*c*) *πεμπτῇ εὐχὴ θηρίων.*

VI. (*a*) *ὥρα ς' καλεῖται* * <*ἐν*> *ῇ δυσωποῦσιν τὰ χερουβὶμ τὸν θεὸν ὑπὲρ ἀνθρώπων.*

(*b*) *Sixth hour.* Adoration of the Cherubim, who pray on behalf of the sins of men.

(*c*) *ἕκτῃ ἀγγέλων παράστασις καὶ διάκρισις πάσης κτίσεως.*

VII. (*a*) *ὥρα ζ'* * *ἐν ῇ αἰνοῦσιν ἀγγέλων τάγματα καὶ παριστάμενα τῷ θεῷ.*

(*b*) *Seventh hour.* Entering in and going out before God. The prayers of all living beings enter in and cast themselves down and go out.

(*c*) *ἑβδόμῃ ἀγγέλων εἴσοδος πρὸς θεὸν καὶ ἔξοδος ἀγγέλων.*

VIII. (*a*) *ὥρα η' καλεῖται* ן'בַנ.

(*b*) *Eighth hour.* Adoration of the light and of the waters.

(*c*) *ὀγδόῃ αἴνεσις καὶ θυσίαι ἀγγέλων.*

IX. (*a*) *ὥρα θ' καλεῖται* * <*ἐν*> *ῇ εὐχὴ ἀνθρώπων*·[1] *ἐν ῇ οὐδὲν τελεῖται.* (Probably one of these clauses belongs to the VIIIth hour.)

[1] *ἡ χα παυρουν cod.*

(*b*) *Ninth hour.* Prayer of the angels who stand before the throne of the Majesty.

(*c*) *ἐννάτῃ δέησις καὶ λατρεία ἀνθρώπου.*

X. (*a*) *ὥρα ι′, * ἐν ᾗ αἰνοῦσιν τὰ ὕδατα, καὶ πνεῦμα θεοῦ καταβαῖνον ἐπιπολάζει αὐτοῖς καὶ ἁγιάζει αὐτά· εἰ γὰρ μὴ οὕτως ἦν, ἔβλαπτον ἂν οἱ πονηροὶ δαίμονες ἀνθρώπους· ἐν ᾗ ἐ<ὰν> ἄνθρωπος ἄρῃ* נֵרוֹן *(νέρον) καὶ μίξῃ μετὰ ἁγίου ἐλαίου, πᾶν* נוֹשֵׁם *(νόσημα) ἰᾶται· καὶ δαιμονῶντας καθαίρει καὶ δαίμονας ἀπελαύνει.*

(*b*) Syriac. *Tenth hour.* Visitation of the waters: the Holy Spirit comes down and broods upon the waters and the springs. And if the Spirit of the Lord came not down and did not thus brood upon the waters and the springs, the race of men would be destroyed and the demons would cause to perish with a look whomsoever they would. And if at this hour a man take water and the priest of God mingle holy oil therewith and anoint the sick therewith, they recover health immediately.

Arabic. At the tenth hour, the prayer of the waters: and at this hour the Holy Spirit waves his wings and broods upon the waters and sanctifies them and drives away the demons therefrom: and if every day at this hour the Holy Spirit did not brood upon the waters, all that drank of them would perish because of the evil operation of the demons. And if at this hour a man take water and one of the priests of God mingle holy oil therewith and anoint therewith the sick and those that are possessed with unclean spirits, they are healed immediately.

(*c*) *δεκάτῃ ἐπισκοπαὶ ὑδάτων καὶ δεήσεις οὐρανίων καὶ ἐπιγείων.*

XI. (*a*) *ὥρα ια′, * ἐν ᾗ εὐφραίνονται οἱ ἐκλεκτοὶ τοῦ θεοῦ.*

(*b*) *Eleventh hour.* Joy and exultation of the righteous.

(*c*) *ἑνδεκάτῃ ἀνθομολόγησις καὶ ἀγαλλίασις πάντων.*

XII. (*a*) *ὥρα ιβ′ * ἐν ᾗ εὐπρόσδεκτοι αἱ τῶν ἀνθρώπων εὐχαί.*

(*b*) *Twelfth hour, which is that of the evening.* Prayer of men to the Good Will which abideth before God the Lord of all things.

(*c*) *δωδεκάτῃ ἔντευξις ἀνθρώπων εἰς εὐδοκίας.*

ὈΝΟΜΑΣΊΑΙ ὩΡΩ͂Ν ΝΥΚΤΕΡΙΝΩ͂Ν.

I. (*a*) *ὥρα α΄ * ἐν ᾗ οἱ δαίμονες αἰνοῦντες τὸν θεὸν οὔτε ἀδικοῦσιν οὔτε κολάζουσιν.*

(*b*) *First hour of the night.* This is the hour of the adoration of the demons; throughout the time that their adorations last they cease to do evil and to harm men because the hidden might of the Creator of the universe restrains them.

II. (*a*) *ὥρα β΄ * ἐν ᾗ ὑμνοῦσιν οἱ ἰχθύες τὸν θεὸν, καὶ τὸ τοῦ πυρὸς βάθος· ἐν ᾗ ὀφείλει στοιχειοῦσθαι ἀποτελέσματα εἰς δράκοντας καὶ...καὶ πῦρ.*

(*b*) *Second hour.* This is the hour of the adoration of the fish and of all creeping things that are in the sea.

III. (*a*) *ὥρα γ΄, * ἐν ᾗ αἰνοῦσιν ὄφεις καὶ κύνες καὶ πῦρ.*

(*b*) *Third hour.* Adoration of the lower depths, and of the light which is in the depths, and of the lower light which man cannot fathom.

IV. (*a*) *ὥρα δ΄, * ἐν ᾗ διέρχονται δαίμονες ἐν τοῖς μνήμασιν, καὶ ἐρχόμενος ἐκεῖσε βλαβήσεται καὶ φόβον καὶ φρίκην ἐκ τῆς τῶν δαιμόνων λήψεται φαντασίας· ἐν ᾗ ὀφείλει <στοιχειοῦσθαι ἀποτελέσματα...> καὶ παντὸς γοητικοῦ πράγματος.*

(*b*) *Fourth hour.* Trisagion of the Seraphim. Before my sin, O my son, I used to hear the sound of their wings in paradise: for the Seraphim were wont to clap their wings making therewith a melodious sound in the temple consecrated to their worship. But after that I had sinned and transgressed the commandment of God I ceased to see them and to hear the sound of them, as was right.

V. (*a*) *ὥρα ε΄ * ἐν ᾗ αἰνοῦσιν τὰ ἄνω ὕδατα τὸν θεὸν τοῦ οὐρανοῦ.*

(*b*) *Fifth hour.* Adoration of the waters that are above the heavens. At this hour, O my son Seth, we, even I and the angels, used to hear the sound of the great waves lifting up their voices to give praise to God, because of the hidden seal of God that moveth them.

VI. (*a*) *ὥρα ϛ' * ὅτε δέον ἡσυχάζειν καὶ ἀναπαῦσαι, διότι ἔχει φόβον.*

(*b*) *Sixth hour.* Gathering of the clouds and a great holy fear which marks the middle of the night.

VII. (*a*) *ὥρα ζ' * ἐν ᾗ ἀναπαύει πάντα <τὰ> ζῶα [ταῦτα]. ἐάν τις ἄνθρωπος καθαρὸς ἁρπάσῃ* נֵרון *(νέρον) καὶ βάλλει αὐτὸ ὁ ἱερεὺς καὶ μίξῃ μετ' ἐλαίου καὶ ἁγιάσῃ αὐτὸ καὶ ἀλείψῃ ἀπ' αὐτὸ ἀσθενῆ ἀγρυπνοῦντα παρευθὺ τῆς νόσου ἀπαλλαγήσεται.*

(*b*) *Seventh hour.* Rest of the powers and of all natures while the waters sleep; and at this hour if anyone take water and the priest of God mingle holy oil with it and anoint with this oil those who are suffering and cannot sleep, they are healed.

VIII. (*a*) *ὥρα η' * ἐν ᾗ δὲ ἀποτελοῦμεν (? δέον ἀποτελεῖν) στοιχεῖον περὶ * καὶ παντοίων φυτῶν.*

(*b*) *Eighth hour.* Thanksgivings paid to God for the bringing forth of herbs and grain, at the time when the dew of heaven descends upon them.

IX. (*a*) *ὥρα θ' * ἐν ᾗ τελεῖται οὐδέν.*

(*b*) *Ninth hour.* Worship of the angels who stand before the throne of the Majesty.

X. (*a*) Omitted in its proper place, and confused with the Eleventh Hour.

(*b*) *Tenth hour.* Adoration of men: the gate of heaven opens in order to let in thereby the prayers of every living thing: they prostrate themselves and then go out. At this hour, all that a man asks of God is granted him, at the moment when the Seraphim clap their wings and the cock crows.

XI. (*a*) *ὥρα ια΄, * ἐν ᾗ ἀνοίγονται αἱ πύλαι τοῦ οὐρανοῦ καὶ ἄνθρωπος ἐν κατανύξει γενόμενος εὐήκοος γενήσεται· ἐν ταύτῃ πέτονται ταῖς πτέρυξιν σὺν ἤχῳ οἱ ἄγγελοι καὶ χερουβὶμ καὶ σεραφίμ· καί ἐστιν χαρὰ ἐν οὐρανῷ καὶ γῇ· ἀνατέλλει δὲ καὶ ὁ ἥλιος ἐξ Ἐδέμ.*

(*b*) *Eleventh hour.* Great joy in all the earth at the moment when the Sun mounts out of the paradise of the living God upon the creation and rises upon the universe.

XII. (*a*) *ὥρα ιβ΄ * ἐν ᾗ ἀναπαύονται τὰ πύρινα τάγματα.*

(*b*) *Twelfth hour.* Attention and deep silence among all the orders of lights and of spirits until the priests have placed odours before God: then all the orders and all the powers of heaven separate.

The Paris MS. adds:

αὗταί εἰσιν αἱ ὀνομασίαι τῶν ὡρῶν· τῷ οὖν καλῶς ταῦτα νοήσαντι οὐδὲν...τοιούτων ἀποκρυβήσεται ἀλλὰ πάντα ὑποταγήσονται.

and then follow lists of the names of the angels who preside over the days of the week, the months, etc.

The fragments of the Apocalypse of Adam which we possess may be enumerated here. These are, first, those published by Renan: viz. Fragments i., ii. Hours of the Night and of the Day. iii. Prophecy, addressed by Adam to Seth, of the coming of Christ: Christ's promise to deliver Adam: a few lines on the Fall: a prophecy of the Deluge: the Burial of Adam. 'End of the Testament of Adam.' iv. An account of the nine Orders of Angels, containing mention of Sennacherib's defeat, and of the visions of Zechariah: consequently in its present form not Adamic. This fragment is also called the End of the Testament.

The account of the Burial of Adam in fr. iii., short as it is, betrays a decided likeness to the Apocalypse of Moses (so called) printed by Tischendorf: and this book is largely incorporated into the Latin *Vita Adae* of which a good text has been edited by Meyer in the *Abhandlungen d. k. bayer. Akad.* 1889.

The Latin book also shows marked resemblances to the Apocalypse of Adam in parts which are not found in the Apocalypse of Moses.

One more small fragment of the Apocalypse appears to exist in Greek. In the Epistle of Barnabas ii. 10 we have this quotation following soon after the citation of Is. i. 11—14: *θυσία τῷ θεῷ καρδία συντετριμμένη. ὀσμὴ εὐωδίας τῷ κυρίῳ καρδία δοξάζουσα τὸν πεπλακότα αὐτήν.*

Here the Constantinople MS. has the marginal note: *ψαλμ.* N′ *καὶ ἐν ἀποκαλύψει* 'Αδάμ.

Part of this quotation resembles Ps. l. [li.] 19, *θυσία τῷ θεῷ πνεῦμα συντετριμμένον· καρδίαν συντετριμμένην, κ.τ.λ.* But all the rest from *ὀσμὴ—αὐτὴν* is not Biblical. Irenaeus iv. 17 (29). 3 (2), after quoting Is. i. 16—18, goes on: Quemadmodum alibi ait: Sacrificium Deo cor contribulatum; odor suauitatis Deo cor clarificans eum qui plasmauit.

Clement, *Paedag.* iii. 12 (p. 306 Potter) after quoting Is. i. 11—13 has the following: *πῶς οὖν θύσω τῷ κυρίῳ; Θυσία, φησὶ, τῷ κυρίῳ πνεῦμα συντετριμμένον. πῶς οὖν στέψω ἢ μύρῳ χρίσω ἢ τί θυμιάσω τῷ κυρίῳ; Ὀσμή, φησὶν, εὐωδίας τῷ θεῷ καρδία δοξάζουσα τὸν πεπλακότα αὐτήν.*

Again, in *Str.* ii. 18 (p. 470 Potter): *τοιαῦτα καὶ τὰ παρὰ Ἠσαΐᾳ· Τί μοι πλῆθος τῶν θυσιῶν ὑμῶν; λέγει Κύριος. καὶ πᾶσα ἡ περικοπή. Λύε πάντα σύνδεσμον ἀδικίας· αὕτη γὰρ θυσία θεῷ δεκτὴ, καρδία συντετριμμένη καὶ ζητοῦσα τὸν πεπλακότα. ζυγὰ δόλια βδέλυγμα ἔναντι θεοῦ κ.τ.λ.*

This is not the place to work out the relation between these passages. I am only anxious to point out that in the first place we have no reason to distrust the information of the Constantinople MS. of Barnabas, and in the second place, that a quotation such as the one before us would find a very fit place in a book one of whose names was the *Penitence of Adam*, and which contained revelations made to Adam by Uriel, the angel who is over repentance. (See the passage from Cedrenus on p. 139.)

A FRAGMENT OF THE BOOK OF ENOCH IN LATIN.

THE question of the existence of a complete Latin version of the Book of Enoch has more than once been the subject of discussion. It is obvious that several Latin writers have quoted passages from it, as Tertullian, Hilary, Priscillian; but it was not certain that any of these writers were not translating from the Greek text or borrowing their quotations from Greek books. Recently Zahn has called attention to the fact that in the anonymous treatise *Contra Novatianum* we have the passage which S. Jude quotes from the Book of Enoch in a form which seems to be taken from the Book itself, and points to the existence of an Old Latin version[1].

In February of this year I was reading through Casley's Catalogue of the Royal MSS. (now in the British Museum) printed in 1734, and my attention was caught by the description of the MS. 5 E xiii., which reads as follows:

1. Tractatus Theologicus qui incipit: *In nomine sanctae Trinitatis. Amen.......on in ebreica regula in graeca.* Deficit in fine.
2. Cypriani Carthaginis Episcopi Testimoniorum ad Quirinum liber tertius.
3. Quaedam de libro synodali dempta. *Episcopatus autem nomen est Honeris, non* Honoris.
4. Bedae Presbyteri de Remediis Peccatorum tractatus.
5. Bonifacii Moguntini Archiepiscopi Edictum de poenitentibus.
6. Prophetia Enoc de Diluvio.
7. De Vindictis peccatorum. *Initium omnis peccati superbia.*
8. Passio Christi secundum Nichodemum.

[1] Zahn *NTlicher Kanon*, ii. 2. 797.

On Feb. 16 I was able to examine the volume; and my delight was great when I found that the 6th item was really a fragment of Enoch in Latin, containing a shortened text of c. 106.

The volume containing it is decidedly an interesting one on other accounts. It seems to be of English origin, and was certainly in an English monastic library. On the last leaf (f. 100 *b*) is a press-mark which indicates this; this mark seems to be of the XIVth or XVth century.

cxcii

Testimoniale
sci cip'ani R

cxc· xxix

Item penitentiale. Item passio secundum
nichodemum et alia.

The press-mark is not one with which I am familiar. Its position on the last leaf of the volume, and its form, are both unusual. The library to which it belonged must have been of some considerable size. The monasteries which have contributed most largely to the Royal collection are those of Rochester (over 80 volumes) and S. Alban's, but I do not know that the mark in question is that of either of these houses.

As to the date and contents of the MS. It is written in beautiful minuscules of the VIIIth century. The text of the *Testimonia* and of the *Gesta Pilati* contained in it would certainly be worth examination considering their high antiquity: the latter at least does not seem to have been used by any editor.

The Enoch-fragment is preceded in the MS. by a penitential Edict of S. Boniface and followed by an imperfect tract on the punishment of certain sins, especially that of gluttony, which seems to be part of a dialogue, and contains *inter alia* an account of the famine at the siege of Samaria extracted from 2 Kings vii. The Enoch-fragment has no heading. It occupies parts of ff. 79 *b* and 80.

I have communicated the text to Mr Charles for his forthcoming edition of the Book of Enoch: but it seemed not unreasonable to print it in this collection also. The only text with which I have been able to compare it is the Ethiopic: I have used Mr Schodde's

English version (Andover, U.S.A., 1882) and marked in the Latin the corresponding verse-divisions.

Italicised letters show contractions expanded : pointed brackets enclose supplements, square brackets enclose superfluous words or letters. The division into lines is that of the MS.

[1]Factum est autem cum ess*et* lamech annor*um*
tricentorum quinquagenta natus est ei filiu<s>
[2]cui oculi sunt sicut radi solis, capilli autem ei*us*
candi<di>ores in septies niue, corpori autem eius ne-
mo hominum potest intueri: [3]et surexit int*er* man*us*
obstetricis suae et adorauit d*omin*um uiuentem in
secula <et> laudauit. [4]et timuit lamech [6]ne n*on* ex eo
natus e*ss*et nisi n*on*tius d*ei* et uenit ad patrem suum
mathusalem et narrauit illi om*nia*. [7]dixit mathusale*m*
Ego autem non possum scire nisi eamus ad pa-
trem n*ostr*um enoc. [8]q*uu*m autem uidit enoc filium
suum mathusalem uenientem ad se [et] ait
Quid e*st* quod uenisti ad me, nate? [9, 10]dixit Q*uo*d natus e*st*
filio suo no*mine* lamech cui oculi sunt sicut radi solis,
capilli[s] eius candidiores septies niue, corpori aut*em*
eius nemo hominum potest intueri, [11]et surexit f. 80
inter manus obstetricis suae eadem hora qua
*pro*cidit de utero matris suae <et ad>orauit d*omin*um uiuente*m*
in secula et laudauit: [12]et timuit lamech. [13]et dixit enoc.
Nontiatum e*st* mihi, fili, [15]q*uia* post quingentos annos
mitt*et* d*eus* cataclismu*m* aq*uae* ut deleat omnem crea-
tura*m* · xl · <diebus, sicut> ostendit · oculis n*ost*ris, [16]et erunt illi · iii ·
filii, et erunt nomina filiorum ei*us* · sem cham ·
iafeth, [18]et ipse uocabitur noe q*ui* i*n*t*er*pr*et*atur
requies q*uia* requiem prestabit in archam.

CHAP. 106. And after *some* days, my son Methuselah took a wife for his son Lamech, and she became pregnant by him, and gave birth to a son. 2. His body was white as snow and red as the bloom of a rose, and the hair of his head was white as wool, and his eyes beautiful; and when he opened his eyes, they illuminated the whole house like the sun, and the whole house became exceedingly light. 3. And as he was taken from the hand of the midwife, he opened his mouth, and conversed with the Lord of justice. 4. And his father Lamech was afraid of him, and fled, and came to his father Methuselah. 5. And he said to him: "I have begotten a singular son, unlike a man, but similar to the children of the angels of heaven, and his creation is different, and not like ours, and his eyes are like the feet [i.e. rays] of the sun, his face glorious. 6. And it seems to me he is not from me, but from the angels; and I fear that wonderful things will happen in his days over the earth. 7. And now, my father, I am here petitioning and asking of thee that thou shouldst go to Enoch, our father, and hear of him the truth, for he has his dwelling-place with the angels." 8. And when Methuselah had heard the words of his son, he came to me, at the ends of the earth, for he had heard that I was there, and cried aloud, and I heard his voice and came to him. And I said to him: "Behold, here I am, my son, because thou hast come to me." 9. And he answered and said to me: "I have come to thee concerning a great thing, and concerning a disturbing vision it is that I have approached. 10. And now, my father, hear me, for there has been born to my son Lamech a son, whose similarity and kind is not like the kind of men; his color is whiter than snow, and redder than the bloom of a rose, and the hair of his head is whiter than white wool, and his eyes like the feet [i.e. rays] of the sun; and he opened his eyes, and they illuminated the whole house. 11. And when he was taken from the hands of the midwife, he opened his mouth, and blessed the Lord of heaven. 12. And his father Lamech was afraid, and fled to me, and did not believe that he was from him, but that his similarity was from the angels of heaven; and behold I have come to thee that thou shouldst teach me justice [i.e. the truth]." 13. And I, Enoch, answered, and said to him: "The Lord will make new things on the earth, and this I know, and have seen in a vision, and I announce it to thee that in the generations of my father Jared some from the heights of heaven departed from the word of the Lord. 14. And behold, they committed sin, and departed from the law, and united themselves with women, and committed sin with them, and married *some* of them, and begat children from them. 15. And great destruction will be over all the earth, and there will be the water of a deluge, and a great destruction will be for one year. 16. This son who is born to thee will be left on the earth, and his three children will be saved with him; when all men who are on the earth shall die, he and his children will be saved. 17. [They beget on earth giants, not according to the spirit, but according to the flesh, and there will be great punishment on the earth, and the earth will be washed of all its uncleanness.] 18. And now announce to thy son Lamech that he who was born to him is in truth his son, and call his name Noah, for he will be a remnant of you; and he and his children will be saved from the destruction which will come over the earth on account of all the sins and all the injustice which will be completed in his days over the earth. 19. And after that, injustice will exceed that which was first committed on the earth; for I know the mysteries of the holy ones, for he, the Lord, has showed me, and has instructed me, and I have read in the tablets of heaven."

This translation from the Ethiopic version shows that the fragment before us can only be regarded as a shortened text. But there seems no reason to doubt that it is an extract from a complete Latin version of the Book of Enoch. The chapter from which it is taken is generally regarded as one of the Noachian fragments. It is noteworthy that a combination of the Latin and Ethiopic in vv. 2 and 10 gives us a striking parallel to the newly-recovered fragment of the Apocalypse of Peter. Thus

'His body was white as snow and red as the bloom of a rose,' 'oculi eius sicut radi solis, capilli autem eius candidiores in septies niue, corpori autem eius nemo hominum potest intueri.' With this compare the description of the Blessed in *Apoc. Petri*, § 3.

δύο ἄνδρες...οἷς οὐκ ἐδυνήθημεν ἀντιβλέψαι· ἐξήρχετο γὰρ ἀπὸ τῆς ὄψεως αὐτῶν ἀκτὶν ὡς ἡλίου....τὰ γὰρ σώματα αὐτῶν ἦν λευκότερα πάσης χιόνος καὶ ἐρυθρότερα παντὸς ῥόδου....ἥ τε γὰρ κόμη αὐτῶν οὔλη ἦν καὶ ἀνθηρά......

I must leave further discussion of the fragment to other scholars, only remarking that its discovery seems to help us towards answering in the affirmative the question whether there ever existed a complete Latin version of the Book of Enoch.

AN APOCALYPTIC FRAGMENT IN LATIN.

THE accompanying pages contain a Latin Apocalyptic fragment of some interest. It is a description of Antichrist taken from an uncial MS. of the 8th century in the Stadtbibliothek at Trèves, where I read and copied it in April 1891. The MS. in question is no. 36 in the excellent catalogue now in course of publication by the Librarian, Herr Max Keuffer, to whom I should like to express my thanks for his readiness to afford help to me in my work.

The volume is a small folio of 115 leaves of vellum, dated 719 A.D., written in 22 lines to a page, in uncials. Its contents are:

1. S. Prosper Aquitanus *De promissionibus et praedictionibus.* f. 1—112.
2. The fragment here printed. f. 113.
3. *Versus Sybille.* Inc.: Veniet enim Rex omnipotens et aeternus. f. 113[b].
4. Colophon. f. 115.

A facsimile of a page will be found in Zangemeister and Wattenbach *Exempla codicum latinorum*, pl. xlix.

The book came from the Abbey of S. Matthias outside Trèves.

The principal interest of the fragment lies in the fact that it is the literal equivalent of certain sections of the tract known as the *Testament of the Lord*, which is printed in Syriac by Lagarde from the Codex Sangermanensis 38, in *Reliquiae Iuris Ecclesiastici antiquissimae Syriace*; a retranslation into Greek by Lagarde will be found in the *Rel. Iur. Eccl. antiq. Graece*, p. 80. I add a translation of the passages in question, as well as the Syriac text. Of this book and its probable connexion with the Apocalypse of Peter I have said something in my edition of the new fragment of that work (p. 53—58): my view is not accepted at present by Dr Schürer or Dr Harnack, but I hope to be able shortly to adduce fresh evidence on the point.

I have added some further descriptions of Antichrist—the most copious which the apocalyptic literature affords. The book from which the first of these is taken—the Apocalypse of Zephaniah—existed, as it seems, in the 2nd century: the Apocalypses of Esdras and of John (apocryphal) date from a much later period, possibly the 8th and 9th centuries.

Further discussion will be most fitly reserved for the present.

ܝܐ ܡܛܠ ܐܬܘܬܐ ܕܫܝܬܗ ܘܕܕܡ̈ܘܬܗ ܕܐܟܠܩܪܨܐ.
ܕܐܝܟ ܐܝܠܝܢ ܐܝܬܝܗܘܢ. ܘܗܠܝܢ ܐܬܘܬܐ ܕܠܗ. ܪܫܝܥܐ
ܐܝܟ ܚܘܠܕܬܐ ܕܢܘܪܐ. ܚܝܘܗ ܕܡܚܝܠܐ ܡܕܠܝܟܐ ܒܕܘܟܐ.
ܗܝ ܕܝܢ ܕܩܛܠܐ ܐܝܬܘܗܝ ܘܓܙ̈ܪܬܐ. ܕܐܝܬ ܠܗ ܬܪ̈ܬܝܢ
ܟܬ̈ܒܬܐ. ܬܠܬܦܣܝ ܣܓܝ̈ܐܝܢ. ܘܦܬܘܗܝ ܗܝ ܬܫܬܝܬܐ ܙܪܥܐ.
ܚܠܡܗ ܕܝܢ ܕܡܚܝܢܐ ܡܚܝܢܐ. ܬ̈ܠܠܝܗܝ ܩܛܝܢ. ܐܪ̈ܓܝܢ
ܘܠܫܢܐ ܕܝܠܗ ܗܝ ܪܒܬܐ. ܗܝܟܐ ܐܝܬܘܗܝ ܡܚܠܐ
ܕܣܘܪܒܐ.

ܘ ܡܛܠ ܐܬܘܬܐ ܕܒܥܠܡܐ: ܗܟܝܠ ܢܗ̈ܘܘܢ ܒܥܠܡܐ
ܐܬܘ̈ܬܐ. ܟܦܢܐ ܬܬܝܚܪ ܘܦܘܪܢܣܐ ܘܠܡܚܝܕܐ. ܘܩ̈ܛܠܐ
ܕܠܐ ܒܙܒܢܗ ܘܩܠܐ. ܘܦܘܪܫܢܐ ܕܡܛܪܐ ܘܟ̈ܘܟܒܬܐ
ܕܐܪܥܐ. ܙ ܡܛܠ ܗܠܝܢ ܕܥܠ ܐܪܥܐ: ܘܥܠ ܐܪܥܐ ܕܝܢ
ܢܗ̈ܘܘܢ ܐܬܘܬܐ. ܩܛܠܐ ܕܬܢ̈ܝܢܐ ܡܢ ܒܢܝ̈ܢܫܐ. ܒܗ
ܒܕܡܘܬܐ ܐܦ ܕܚܘܬ ܥܢܐ. ܘܫܠ̈ܝܘܬܐ ܕܢܗܘܘܢ ܠܚܒܪ̈ܐ
ܚܕܬܐ. ܬܐܠܕ ܫܒܪ̈ܐ ܕܡܡܠܠܝܢ ܡ̈ܠܐ ܡܫܬܥܠܝܬܐ.
ܘܡܘܠܕܝܢ ܐܒ̈ܗܐ ܐܚܪ̈ܢܝܐ. ܘܡܫܟܚܝܢ ܕܢܬܦܠܓܘܢ ܚܝܬܐ

ܕܝܢ ܕܠܗܘܢ ܬܗܘܐ ܐܬܬܥܝܪ. ܐܟܝܢܐ ܕܗܘܢ ܕܡܠܠܝܢ
ܒܥܢܢ̈ܐ. ܣܘܪ̈ܐ ܠܒܪ ܢܗܘܘܢ ܐܬܚܙܝܬܗܘܢ ܗܢܘܢ
ܕܡܬܬܠܝܢ. ܐܠܐ ܐܦ ܢܒ̈ܝܐ ܢܐܬܘܢ ܥܒ̈ܕܐ ܕܟܕܒܝܢ
ܕܓܠܐ. ܗܠܝܢ ܕܝܢ ܪ̈ܘܚܐ ܟܠܗܘܢ ܢܐܬܘܢ ܗܠܝܢ ܕܝܢ.
ܥܡ ܪ̈ܘܚܐ ܠܦܩܥܬܐ ܢܐܬܘܢ ܒܩܠܝܠܘܬܗܘܢ. ܐܚܪ̈ܢܝܬܐ
ܕܝܢ ܡܘܬܚܢܬܐ ܒܢܘܗܪܐ ܘܡܫܬܠܛ ܒܚܘܪ̈ܐ ܢܗ̈ܘܘܢ.
ܘܡܬܚܙܝܢܘܬܐ ܐܬܘܬܐ ܐܚܪ̈ܢܝܬܐ ܕܫܠܝܛܬܐ ܢܗ̈ܘܘܢ. ܝ ܡܛܠ
ܥܠܡܢܝܐ ܘܒܠܠܐ ܕܡ̈ܫܒܚܐ ܘܕܒܩܪ̈ܬܐ: ܒܥܢܢܐ
ܕܝܢ ܕܡ̈ܫܒܚܐ ܘܡܬܪ̈ܬܐ. ܒܩܠ̈ܠܐ ܘܡܢܟܐ ܢܗܘܘܢ.

Codex Treverensis 36.	Testament of the Lord.
	§ 11. *Concerning the signs of the appearance and the likenesses of the devil, of what sort they are.*
HEC SUNT SIGNA ANTICHR*IS*TI:	And these are the signs of him: his
Caput eius sicut flam*m*a ignis, oculi eius fellini: sed dexter sanguine mixtus erit, sinister autem glaucus[1] et duos pupulos habens: supercilia uero alba,	head *is* as a flame of fire, his right eye minged with blood, but the left is green, having two pupils: his eyebrows white,
labium inferiorem maiorem,	his lower lip large,
dextrum femur eius macrum,	but his right thigh lean,
tibie tenues,	
pedes lati,	his feet broad,
fractus erit maior digitus eius:	broken and thin *is* his great finger:
Iste est falx desolationis[2]	he is the scythe[3] of devastation.
et multis quasi chr*ist*us adstabit.	
	§ 6. *Concerning the signs in heaven.*
Sed ante hec in caelo erunt signa alia.	Then shall there be signs in the heaven:
arcus in caelo parebit et cornum et lampada	a bow shall be seen and a horn and a torch
et sonus et uox et maris Bullitio et terrae rugitus.	and untimely noises and voices and boilings of the sea and roarings of the earth.

[1] *cod.* gaudens. [2] *cod.* fallax dilectionis.

[3] The Syr. text reads 'tower' but a marginal reading is 'scythe': see note.

§ 7. *Concerning those* (i.e. *signs*) *upon earth.*

et in terra erunt monstrua,	And upon the earth also shall be signs:
draconum generatio de homines similiter et serpentium,	births of dragons from men, and likewise of ravening beasts;
et mox nubserit femina pariet filios dicentes sermones perfectos et nuntiantes posteriora tempora, et rogabunt ut interficiantur;	and damsels newly wedded to husbands shall bring forth babes speaking complete words and announcing the last times and entreating to be killed;
uisio enim eorum erit sic quasi seniorum in annis;	and their appearance shall be as of those advanced in years,
cani erunt enim[1] qui nascuntur:	for they that are born shall be white (haired):
et aliae mulieres filios quadr<u>pedes generabunt,	but also women shall bring forth four-footed babes,
aliae aute*m* mulieres uentum solum generabunt,	and some shall bring forth wind[2] only,
aliae aute*m* cum spiritibus inmundis generabunt filios,	and some with unclean spirits shall bear their children,
aliae uero in utero diuinabunt:	and some shall be diviners in the belly and ventriloquists:
et multa alia monstrua erunt.	and there shall be many other fearful signs.

§ 8. *Concerning the disturbance and confusion of the nations and the shepherds.*

<et> in populis et in ecclesiis[3] conturbationes multe erunt.	And in the assembly of the nations and in the churches shall be many confusions.
haec autem omnia ante uentum antichr*isti* erunt.	
Dexius erit nomen antichr*isti*.	
Explicit.	

[1] *cod.* in eis.
[2] Pointed as plural, identical with 'spirits' in the next clause.
[3] *cod.* erunt in populis et in ecclesiis.

ADDITIONAL DESCRIPTIONS OF ANTICHRIST.

I.

Apocalypse of Zephaniah, fragments *e*, *f*.

In the fourth year of that king will the son of wickedness [ὁ υἱὸς τῆς ἀδικίας] appear and say: 'I am the Christ'; although he is not. Believe ye not on him: the Christ when He cometh, cometh in the form of a dove with a ring of doves about Him, hovering upon the clouds of heaven, with the sign of the cross before Him, which shall appear to the whole world like as the sun shining from the regions of the east to the regions of the west. So shall He come with all His angels about Him.

On the other hand the son of wickedness will stand once more upon the holy place: he will say to the sun: 'Be eclipsed!' and it will be so: he will say: 'Shine!' and it will obey him: he will say: 'Be darkened!' and it will be darkened. He will say to the moon: 'Be thou turned into blood!' and it will be so: he will make it vanish from the heaven. He will walk upon the sea and the rivers as upon the dry land: he will cause the lame to walk, the deaf to hear, the dumb to speak, and the blind to see: he will cleanse the lepers, heal the sick, cast devils out of them that are possessed, and will multiply his signs and wonders before all the world. He will do the things that the Christ will do, save only the raising of the dead. Thereby shall ye know that he is the son of wickedness, in that he hath no power over souls.

Lo, I will tell you his marks, that ye may know him: he is somewhat weak, young (*or* tall) and lame: he hath a white place on his forehead; he is bald to his ears, and hath marks of leprosy on his hands. He will change himself before them that look upon him; he will make himself at one time young and at another time old: in respect of all his marks will he change himself, but the marks upon his head will not be able to be changed. Thereby shall ye know that he is the son of wickedness.

[See Stern, in *Zeitschr. f. Ägypt. Sprache*, 1886, p. 124, and Coptic text, ed. Bouriant, in *Mémoires de la Mission Archéol. au Caire* i. 242--304.]

Probably this account may be the source of a passage in the Pseudo-Athanasian *Quaestiones ad Antiochum Ducem* (108), where mention is made of a belief that Antichrist would appear in Egypt, would be one-eyed and one-handed, and would perform all miracles except the raising of the dead.

II.

Apocalypse of Esdras; Tisch. *Apoc. Apocr.*, p. 28.	Apocalypse of John; Tisch. *l. c.* p. 74.
οὗτός ἐστιν ὁ λέγων· Ἐγώ εἰμι ὁ υἱὸς τοῦ θεοῦ καὶ τοὺς λίθους ἄρτους ποιήσας καὶ τὸ ὕδωρ οἶνον. καὶ εἶπεν ὁ προφήτης· Κύριε, γνώρισόν μοι ποῖον σχῆμά ἐστιν, κἀγὼ παραγγέλλω τὸ γένος τῶν ἀνθρώπων, ἵνα μὴ πιστεύσωσιν αὐτῷ. καὶ εἶπέν μοι·	καὶ πάλιν εἶπον· Κύριε, ἀποκάλυψόν μοι ποταπός ἐστιν. καὶ ἤκουσα φωνῆς λεγούσης μοι·

Τὸ εἶδος τοῦ προσώπου αὐτοῦ <ζοφώδες, αἱ τρίχες τῆς κεφαλῆς αὐτοῦ ὀξεῖαι ὡς βέλη, οἱ ὀφρύες αὐτοῦ>[1] ὡσεὶ ἀγροῦ, ὁ ὀφθαλμὸς αὐτοῦ ὁ δεξιὸς ὡς ὁ ἀστὴρ ὁ τὸ πρωῒ ἀνατέλλων, καὶ ὁ ἕτερος ἀσάλευτος[2], τὸ στόμα αὐτοῦ ὡς πῆχυν μίαν, οἱ ὀδόντες αὐτοῦ σπιθαμιαῖοι, οἱ δάκτυλοι αὐτοῦ ὡς δρέπανα, τὸ ἴχνος τῶν ποδῶν αὐτοῦ σπιθαμῶν δύο, καὶ εἰς τὸ μέτωπον αὐτοῦ γραφή, ἀντίχριστος. ἕως τοῦ οὐρανοῦ ὑψώθη[3], ἕως τοῦ ᾅδου καταβήσεται[4].

ποτὲ μὲν γενήσεται παιδίον, ποτὲ γέρων. καὶ εἶπεν ὁ προφήτης· Κύριε, καὶ πῶς σὺ ἀφεῖς, καὶ πλανᾶται τὸ γένος τῶν ἀνθρώπων; καὶ εἶπεν ὁ θεός· Ἄκουσον, προφῆτά μου· καὶ παιδίον γίνεται καὶ γέρων, καὶ μηδεὶς αὐτῷ πιστεύει ὅτι ἔστιν ὁ υἱός μου ὁ ἀγαπητός.	ποιῶν ψευδοφαντασίας.

III.

A Venice MS. of the Apocalypse of John (Marc. cl. ii, cod. xc; E in Tischendorf *l. c.* p. 74) gives further particulars:

αἱ τρίχες τῆς κεφαλῆς αὐτοῦ ὡς βέλη ἠκονημένα, οἱ ὀδόντες αὐτοῦ σπιθαμήν· οἱ δάκτυλοι αὐτοῦ ὡς δρέπανα, τὰ σκέλη αὐτοῦ ὅμοια ἀλέκτορι (*cod.* λεκτούρ)· τὸ ἴχνος τῶν ποδῶν αὐτοῦ σπιθαμῶν δύο· οἱ ὀφρύες (*cod.* ὠσφρὺς) αὐτοῦ <πλήρεις>

[1] om. *Esdr.* [2] ὡς λέοντος *Jo.* [3] ὑψωθήσεται, καὶ *Jo.* [4] καταβήσει *Esdr.*

πάσης δυσωδίας καὶ ἀγριότητος· καὶ εἰς τὸ μέτωπον αὐτοῦ γραφή, ἀντίχριστος· κρατῶν ἐν τῇ χειρὶ αὐτοῦ ποτήριον θανάτου, καὶ ἐξ αὐτοῦ πίνουσιν πάντες οἱ προσκυνοῦντες αὐτόν· ὁ μὲν ὀφθαλμὸς αὐτοῦ ὡς ἀστὴρ τὸ πρωῒ ἀνατέλλων, καὶ ὁ ἕτερος ὥσπερ λέοντος, ὅτε αἰχμαλωτεύθη ὑπὸ τοῦ ἀρχαγγέλου Μιχαὴλ, καὶ ἦρεν ἐξ αὐτοῦ τὴν θεότηταν· καὶ ἀπεστάλην ἐγὼ ἐκ τῶν κόλπων τοῦ πατρός μου, καὶ συνέστειλα τὴν κεφαλὴν αὐτοῦ τοῦ μεμιαμένου, καὶ ἐσβέσθη ὁ ὀφθαλμὸς αὐτοῦ...... καὶ εἶπον· Κύριέ μου, καὶ τί σημεῖα ποιεῖ; Ἄκουσον, δίκαιε Ἰωάννη· ὄρη καὶ βουνοὺς μετακινήσει καὶ διανεύσει τῆς μεμιαμένης χειρὸς αὐτοῦ· Δεῦτε πρός με πάντες. καὶ διὰ φαντάσματα καὶ πλάνης συνάγονται ἐν τῷ ἰδίῳ τόπῳ. νεκροὺς οὐκ ἐγείρει· τὰ δὲ πάντα ἄλλα (*cod.* ὅλα) ὡς θεὸς ὑποδεικνύει.

SUPPLEMENT TO THE ACTS OF PHILIP.

THE eleventh-century manuscript, Codex Baroccianus 180 in the Bodleian Library, is well known to students of apocryphal literature. From it Tischendorf edited the only Greek text of the *Acta Petri et Andreae* which has seen the light. The same volume contains, moreover, an interesting text of the concluding portion of the *Acta Philippi*, of which Tischendorf printed a considerable portion in his *Apocalypses Apocryphae*, pp. 151—156. He did not, however, give the text *in extenso*; in fact, he omitted two portions which seem to me worth printing. The first of these fragments occurs in the course of the text, in a discourse of Philip's dealing with the Serpent. That it formed part of the original Gnostic Acts I have little doubt: its place is in § 24 (ed. Tischdf.) after the words *ἀλλὰ γένους ἐστὶ φθορᾶς καὶ κατηργήθη ὑπὸ τοῦ θεοῦ.* Here the Baroccian MS. has the following paragraph:

καὶ ἐγενήθη ὁ ὄφις ἀπὸ τῆς χολῆς τοῦ ἀέρος· ὅτε γὰρ ἡ πᾶσα ὕλη ἐξηργάσθη καὶ ἐξηπλήσθη (? *ἐξεπλάσθη*) *ἐν παντὶ τῷ συστήματι τοῦ ἀνθρώπου, ἐδεήθησαν τοῦ υἱοῦ τοῦ θεοῦ τὰ δημιουργήματα τὴν ἑαυτὸν* (? *ἑαυτῶν* or *αὐτοῦ*) *δόξαν· καὶ ὅτε ἐθεάσαντο, τότε <τὸ> θέλημα αὐτῶν ἐγένετο χολὴ* (cod. *χολὴν*) *καὶ πικρία· καὶ ἡ γῆ ἐγένετο ἀποθήκη τοῦ πλανηθέντος καὶ συνήχθη τὸ ἀποτέλεσμα καὶ τὸ περισ<σ>ὸν τῆς γῆς, καὶ ἐγένετο ὥσπερ ᾠὸν, καὶ εὐθὺς ἐγεννήθη ὁ ὄφις· ἀλλὰ κατήραται ὑπὸ τοῦ θεοῦ· διὰ τοῦτο εἰληκτός ἐστι καὶ σκολιός· κ.τ.λ.*

The drift of this is not very plain: but it seems to be a version of the well-known legend (which occurs in the Latin *Vita Adae* among other places) that the angels were called upon to adore the newly-created Adam, and that certain of them through pride and envy refused to do so. In this passage, their jealousy is materialised and takes the form of the serpent. The second portion of text which the Baroccian MS. contains is an account of the translation of Philip's body; it follows continuously upon the Martyrdom. It does not seem to come from the author of the Acts, for, to take one crucial point, it distinguishes between the towns of Ophiorymus (so, not Ophioryme) and Hierapolis, which, in the Acts, are identical. But it has points of interest of its own.

First, like the Acts of Xanthippe and Polyxena, it shows a knowledge of more than one Gnostic romance. In c. ii, there is a reference to a visit paid by S. John to Hierapolis on his way to Laodicea. This journey to Laodicea appears to have been recorded in the Leucian *Acta Joannis* (Zahn, *Act. Jo.* p. 225). Again in c. iv, the various countries mentioned by the demons who are flying from Hierapolis point to a knowledge of these same apocryphal romances: Rome, Apamea, Galilee, Achaia, India, Persia occur first; and of these, Rome, Achaia and India at once recall the names of Peter, Andrew and Thomas: while Persia may point to Bartholomew's labours, or to those of Simon and Jude. We naturally find that the author of the supplement is familiar with the complete Acts of Philip. The following countries and cities are mentioned in the passage just referred to as having been visited by that apostle—Greece, Ophiorymus, Gaza, Azotus, Samaria, and the land of the Candacenes; and, while it is true that the canonical Acts are the ultimate source whence most of these names were drawn, it is far more likely that our author had in his mind the Acts of Philip, which give detailed accounts of Philip's journeys and miracles in these regions[1]. The ten Athenian philosophers, who figure in the narrative here printed, are personages borrowed from that section of the Philip romance which is printed by Tischendorf under the name of *Acta Philippi in Hellade.*

In the second place, this short story contains an interesting illustration of an episode in the famous Gospel of Peter. In that document we have the fantastic image of a cross which follows the risen Saviour and gives utterance to a mysterious word. Here

[1] See the newly-discovered portions of these Acts, edited by P. Batiffol in *Analecta Bollandiana*, vol. ix.

(in c. iii) we have an apparition of a cross which accompanies the glorified form of Philip. "And many voices in the heavens sounded the Amen and the Alleluia: and the cross was taken up and spake unto Philip: Behold the place of thy rest until I come in the glory of my Father and awake thee; and now receive thou the crown of thine apostleship in the heavens, where I am sitting at the right hand of my Father." The identification of the cross with the Son is perhaps not to be pressed, for it is clearly not intended in the Acts, where, in many places, the cross of light plays a prominent part: but the occurrence of a speaking cross is by no means a common feature, and any document which contains it is worth some notice. The reader of this narrative should compare it with the latter part of the *Acta Matthaei* in Tischendorf's collection: he will find that the two documents throw some light upon one another, and both show the growth of a tendency among later Gnostics to attach great importance to the burial-places and relics of departed saints.

TRANSLATIO PHILIPPI.

I. Ἐπειδὴ δὲ ἐπὶ τὰ πέρατα[1] τῆς ἀνατολῆς κατὰ τῆς δύσεως καὶ τὰ νότα καὶ τὰ βόρια διέδραμεν ἡ φήμη ὅτι ὁ μακάριος Πέτρος κατὰ κεφαλῆς ἐσταυρώθη ἐν τῇ Ῥώμῃ, ὁ Ἀνδρέας ἐν Πατραῖς[2] ἐν τῷ πόντῳ τῆς Ἀχαίας, ὡσαύτως καὶ οὗτος[3] ὁ Φίλιππος κατὰ τὴν Ὀφιόρυμον καὶ ἀντιστρόφως τὸν τοῦ Χριστοῦ σταυρὸν ἐτίμησεν, πάντες σχεδὸν οἱ πιστεύσαντες ἔσπευσαν ὅπου τὰ σώματα τῶν ἁγίων ἀποστόλων ἔκειντο προσκυνῆσαι· τὰ δὲ τοῦ μακαρίου Φιλίππου μετηνέχθησαν εἰς Ἱερὰν πόλιν ὑπὸ τῶν πιστῶν· ἐπιφανεὶς γὰρ ὁ ἅγιος Φίλιππος μετὰ μʹ ἡμέρας τοῦ σταυρωθῆναι πᾶσιν τοῖς ἀδελφοῖς κατὰ πᾶσαν ἐκκλησίαν ἐφάνη· καὶ ἐν ταῖς Ἀθηναῖς τινῶν φιλοσόφων γινομένων, ἀπὸ Ἱερᾶς πόλεως ὄντες, καθοδηγηθέντες ὑπὸ τοῦ Φιλίππου εἰς τὴν Ὀφιόρυμον ὅπου ἦν σταυρωθεὶς, καὶ ἐπιμείναντες γʹ ἡμέρας καὶ κοινωνήσαντες τοῖς ἐκεῖσε ἀδελφοῖς, λάθρα λαβόντες τοῦ ἀποστόλου τὰ λείψανα, τὰ μὲν διὰ θαλάττης πλεῖς (*sic*), τὰ δὲ δι᾽ ἐρήμου ἀβάτου, ὡς ἂν τὰ τοῦ σώφρονος Ἰωσὴφ ἔφερον τὰ ὀστέα, ὡς καὶ τὸν Ἰησοῦν φαίνεσθαι αὐτοῖς ἐν σχήματι τοῦ Φιλίππου, καὶ τὴν θάλασσαν καὶ τὴν ὁδὸν τῷ λαμπρῷ αὐτοῦ καταλάμπεσθαι φωτί. καὶ ὀλίγαις ἡμέραις οἱ φιλοσόφοι ἦλθον εἰς τὴν Ἱερὰν πόλιν ἔχοντες τοῦ ἁγίου Φιλίππου τὰ λείψανα.

II. Καὶ νυκτὸς οὔσης διηπόρουν, ὅτι ἡ πύλη κεκλεισμένη ἦν· καὶ εἷς ἐξ αὐτῶν ὀνόματι Βασιλεικὸς ἐξεφώνησεν· Ὦ σταυρὲ φωτεινὲ, καὶ ἐν θαλάττῃ γαληνιάσας[4] καὶ ἐν ἐρήμῳ φῶς φωτίζων ὁδηγήσας, ἐλθὲ νῦν, τὴν βαρυτάτην πύλην ἄνοιξον. καὶ εὐθὺς ἠνεῴχθησαν αἱ πύλαι, ἡ δὲ πόλις πᾶσα ὡς ἐν ἀστραπῇ ἐφωτίζετο,

[1] νέρατα [2] Πατρες [3] οὕτως [4] ἐγαλ.

καὶ διὰ πάσης θυρίδος τὸ φῶς τοῦ σταυροῦ εἰσερχόμενον ἐσαλεύετο· καὶ μεσαζούσης τῆς νυκτὸς ἔκθαμβοι πάντες διεγειρομένοι ἐξεπήδων εἰς τὰς πλατείας, λέγοντες πρὸς ἀλλήλους· Καινὸν θάμβος καὶ ξένον φῶς τὴν πόλιν καταλάμπει ἐν μέσῃ νυκτί. καὶ ὡς ἅπαντες διηπόρουν καὶ σχεδὸν τὸ πλῆθος τῆς πόλεως, Ἑλλήνων τε καὶ Ἰουδαίων καὶ πιστῶν ἀδελφῶν, οἵτινες ἦσαν ἐν τῇ διαβάσει τοῦ ἁγίου Ἰωάννου πιστεύσαντες, ἀπερχομένου εἰς τὴν Λαοδικίαν, φωνὴ ἠνέχθη ἀπὸ τῶν οὐρανῶν· Ὦ τὸ πλῆθος τὸ ἔτι ὕπαρχον ἐν τῷ μέσῳ τῆς νυκτὸς ὡς ὅτε νυστάζοντες, ἐπάρατε τοὺς ὀφθαλμοὺς ὑμῶν ἐπὶ τὰ δεξιὰ, καὶ ἐπικλίνατε τὰ ὦτα· καὶ ἵνα τί οὕτως ἔστε ἔκπληκτοι; καὶ ἐστράφησαν ἅπαντες καὶ εἶδον ἐπὶ τινὸς τόπου τῆς πόλεως σταυρὸν ἑστῶτα ἕως τῶν οὐρανῶν, καὶ ἦσαν ὕμνοι κελαδούμενοι καὶ φωναὶ πολλαὶ, καὶ κατὰ ῥῆμα ἐπέλεγον· Ἀλληλουΐα· ἡ δόξα τῷ πατρὶ, ἡ αἴνεσις τῷ ἐσταυρωμένῳ, ἡ τιμὴ τῷ ἁγίῳ πνεύματι.

III. Πολλοὶ δὲ ἠθέλησαν ἐγγίσαι τῷ τόπῳ ἐκείνῳ ἐν ᾧ ἱστήκει ὁ σταυρὸς, καὶ οὐκ ἠδυνήθησαν διὰ τὸ φῶς τῆς ἀστραπῆς· ἦν δὲ ἐκεῖ ἐπίσκοπος ὑπὸ Ἰωάννου κατασταθεὶς, ὅστις μετὰ πρεσβυτέρων κδ' καὶ ψαλτῶν καὶ παρθένων συνκατασφραγίσας ὁ ἐπίσκοπος[1] ἤγγισαν μετὰ φόβου τῷ φανέντι σταυρῷ· καὶ φωνὴ ἠνέχθη ἀπ' οὐρανῶν· Προσέλθατε τῷ τοῦ κυρίου σταυρῷ καὶ φωτίσθητε. προσελθόντες δὲ εἶδον πρὸς τῷ σταυρῷ ἄνδρα ἔκλαμπρον, καὶ τοὺς δέκα φιλοσόφους, καὶ φωνὴ ἐγένετο· Εὐλογημένος εἶ, ἐπίσκοπε Ἐλιφαθὰ, ὅτι τοῦτο τὸ ὄνομά σου· εὐλογημένον τὸ ποιμνίον σου ὅτι ἑόρακάς με· ἐγὼ γάρ εἰμι Φίλιππος ὁ τοῦ Χριστοῦ ἀπόστολος, καὶ ἐν Ὀφιορύμῳ σταυρωθεὶς ἀντικεῖμαι, ἐν δὲ τῇ πόλει ταύτῃ ἡσυχάζω· καὶ ποίησόν μοι οἰκοδόμημα καὶ βλαστήσουσιν ἀκήρατα ἄνθη· καὶ πρόσεχε πῶς ἡ γῆ ἀνοίγει ἑαυτὴν καὶ ἁπλοῖ τόπον ἵνα δέξηταί μου τὰ λείψανα. καὶ πολλαὶ φωναὶ ἤχησαν ἐν οὐρανοῖς τὸ Ἀμήν· καὶ τὸ Ἀλληλουΐα. καὶ ἀνελήμφθη ὁ σταυρὸς καὶ ἐλάλησεν τῷ Φιλίππῳ· Ἰδοὺ ὁ τόπος τῆς καταπαύσεώς σου ἕως ἔλθω ἐν τῇ δόξῃ τοῦ πατρός μου, καὶ ἐξυπνίσω σε· ἀπόλαβε δὲ νῦν τὸν στέφανον τῆς ἀποστολῆς σου ἐν τοῖς οὐρανοῖς, ὅπου εἰμὶ ἐν τῇ δεξιᾷ τοῦ πατρός μου καθεζόμενος.

IV. Καὶ λαμπρᾶς ἡμέρας γεναμένης ἤνοιξεν ἡ γῆ ἄνοιγμα εὐωδίας, καὶ κατέθεντο οἱ φιλοσόφοι τοῦ ἁγίου Φιλίππου τὰ

[1] ? συνκατασφραγισαμένοι ἑαυτοὺς

λείψανα χαίροντες ἐν ἀγαλλιάσει· καὶ συνέδραμον πᾶσα ἡ πόλις καὶ ἐγέμισαν τὸν τόπον ἀρωμάτων πολυτίμων· καὶ συνήγαγεν ἡ γῆ πάλιν τὸ ἄνοιγμα, καὶ ἐσκεπάσθη τὰ ὀστέα τὰ <τι>μιώτερα τῶν ἀρωμάτων. ὁ δὲ ἐπίσκοπος προσήνεγκεν προσφορὰν τῷ πατρὶ καὶ τῷ υἱῷ καὶ τῷ ἁγίῳ πνεύματι, ἐνδόξως εἰπόντες τὸ Ἀμήν· καὶ ὡς ἕκαστος ἐπορεύετο ἀπὸ τοῦ τόπου, φωναὶ θορύβων καὶ κλαυθμὸς πολὺς ἠκούετο καὶ μάστιγες, ὡς ὅτι Πᾶσα ἡ δαιμονικὴ φύσις ὑπὸ τοῦ σταυροῦ κατήργηται, καὶ ὁ πατὴρ ὁ διάβολος ἐξερρίζωται[1], καὶ πανταχόθεν ἠτονήσαμεν φυγαδευόμενοι· ἀπὸ Ῥώμης ἐδιώχθημεν, ἀπὸ τῆς Ἀπαμέας, ἀπὸ τῆς Γαλιλαίας, ἀπὸ τῆς Ἀχαίας καὶ τῆς Ἰνδίας· εἰς τὴν Περσικὴν χώραν ἐπεδημήσαμεν καὶ ὁ σταυρωθεὶς ἠπείλησεν ἡμῖν ἄσβεστον φλόγαν· μέχρι δὲ καὶ νῦν ἀπὸ τῆς Ἱερᾶς πόλεως, ὅθεν ἐκβαλλόμεθα τῶν λειψάνων τοῦ Φιλίππου ἐπιδημησάντων, ὃς τῆς Ἑλλάδος ἡμᾶς καὶ τῆς Ὀφιορύμου καὶ τῆς Γάζης καὶ Ἀζώτου καὶ Σαμαρίας καὶ τῶν Κανδακηνῶν γῆς ἐφυγάδευσεν· καὶ νῦν τὰ τοῦ Φιλίππου λείψανα ἡμῖν εἰς ὄλεθρον ἐληλύθασιν, τῇ δὲ πόλει σωτηρίαν εὐηγγελίσαντο.

V. Πάντας δὲ τοὺς ἀκούσαντας φόβος ἔλαβεν, καὶ λοιπὸν χαρὰ μεγάλη ἦν ἐν τῇ πόλει· διαδραμόντες γὰρ οἱ ἀδελφοὶ πάσας τὰς χώρας τῆς Λαοδικίας[2] διήγγειλαν ὅτι Φίλιππος ὁ τοῦ Χριστοῦ ἀπόστολος ἐπιφανεὶς τῇ Ἱερᾷ πόλει ἀνεπαύσατο διὰ τοῦ ἐπιφανέντος σταυροῦ τοῦ υἱοῦ τοῦ θεοῦ· καὶ ἐν ὀλίγαις ἡμέραις πολλοὶ ἰάσεως καὶ θεραπείας ἐτύχοντο[3], δοξάζοντες τὸν θεὸν καὶ τὴν μνήμην τελοῦντες τοῦ ἁγίου ἀποστόλου Φιλίππου, εἰς δόξαν πατρὸς καὶ υἱοῦ καὶ ἁγίου πνεύματος, ᾧ μόνῳ ἡ μεγαλωσύνη εἰς τοὺς αἰῶνας τῶν αἰώνων. Ἀμήν.

1 ἐξεριζοτε 2 ἀλοδικίας 3 πολλαῖς ἰάσεις καὶ θερ. ἐτοίχωντο

FOUR APOCRYPHAL FRAGMENTS IN LATIN.

THE manuscript from which the four fragments here printed are taken became known to me through the publication of Herr Schenkl's valuable *Bibliotheca Patrum Latinorum Britannica,* the second part of which contains a catalogue of a portion of the great Phillipps collection of MSS. now at Thirlestane House, Cheltenham. Schenkl's description of the volume (l. c. p. 13) may be appended, with additional notes of my own.

391 4° vellum, saec. XI. exeuntis [ff. 92, written in double columns in a fine small hand]. Hieronymi Opera:

1. De quaestionibus Hebraicis libri vii. [There is a fine initial to this on fol. 1 *b*, in red outline.]
2. De decem temptationibus in deserto.
3. In canticum Debore.
4. De quaestionibus hebraicis Regum libri iii.
5. De quaestionibus hebraicis Paralipomenon libri ii. f. 44 *b*.
6. [12 in Schenkl] Hieronymus in abacuc prophetam.
7. De ieiuniis disputatio [f. 45 ; ends on f. 45 *b* col. 2, f. 46 *a* is blank].
8. Cronica succincte scripta de regno hebreorum f. 46 *b*.
9. Isidori liber proemiorum de librorum ueteris et noui testamenti plenitudine, etc. f. 47 *a*.
10. [Quaestiones librorum noui testamenti f. 50 *b*.
11. The Hebrew alphabet, with explanations, f. 51 *b*.]
12. Hieronymi interpretatio nominum hebraicorum.
13. Isidori de ortu de obitu sanctorum f. 74.
14. Epistola Isidori ad Orosium. Defloratio eiusdem in nominatissimis nominibus legis et euangeliorum ad eundem f. 81.
15. Oratio Moysi in die obitus eius f. 87 *b* col. 1.
16. Visio Zenez patris Gothoniel ibid. col. 2.

17. Threnus Seilae Iepthitidis in monte Stelaceo f. 88 col. 1.

18. Citharismus regis Dauid contra demonium Saulis ibid. col. 2.

19. De ponderibus, de liquidis mensuris, de agrestibus mensuris f. 88 *b*.

[20. De termino paschali. De martyriis apostolorum, in two different hands, f. 89 *a* col. 2.

21. Homily on Judas Iscariot in another hand f. 89 *b*, 90 *a*, 91 *b*, 92 *a*.

22. Epistola Eugenii pro liberatione orientalis ecclesiae in a hand of cent. XII. f. 90 *b*, 91 *a*.]

The manuscript was one of a large collection bought from Leander Van Ess by Sir Thomas Phillipps. I am not sure that it did not belong at one time to a monastic library in England. There is a xvth century table of contents on f. 1 *a*, and above it a press mark consisting (like those of the Bury S. Edmund's Library) of a Lombardic capital and an Arabic numeral: it appears to have been C ·1· or ·7·. Above this again have been two lines of writing, now carefully erased, which no doubt contained the name of the monastery.

The names of the items marked 15, 16, 17, 18 were naturally attractive to one on the look out for scraps of apocryphal literature: so, on April 6, I visited Thirlestane House and was enabled by the ready kindness of Mr Fenwick to take a copy of the two pages in question. I think it will be allowed that the matter contained in them has not a few points of interest. It is hardly conceivable that I should be able to elucidate them satisfactorily singlehanded, corrupt as they are and containing matter apparently so little connected for the most part with other uncanonical books. I therefore place them in the hands of scholars, adding only such slight and imperfect comments as I am able to give at the moment.

With regard to the texts: I have printed them as they stand in the MS. with the following alterations: (1) contractions are expanded, (2) proper names have an initial capital, (3) 'ae' is printed for 'e,' (4) colons, commas and semicolons are inserted. The MS. is responsible for the capitals which begin sentences.

1. *The Prayer of Moses.*

The Prayer of Moses bears upon it the marks of being a fragment of a larger work. The word 'adhuc' in the first line seems to show that the speaker is here asking the last of a long series of questions; and again the unexplained word 'tempus' is so introduced as to suggest that it has already been the subject of discussion. There may possibly be a gap between the words 'in gloria' and 'et mortuus est': at least, the MS. indicates the beginning of a new paragraph here by placing the E of 'Et' just outside the line, contrary to its habit.

Next, it appears to me that this fragment is a translation from a Greek original: two words seem to indicate this more especially,—'unanimes' which seems to be a rendering of *ὁμοθυμαδόν*, and 'militum' which means 'the hosts of heaven' and probably stands for *στρατιῶν* or *στρατευμάτων*.

If these two positions be correct, we have further to inquire whether we can determine the source of the fragment, and assign a reason for its occurrence in an eleventh century MS.

I may say at once that I believe it to be a fragment of the conclusion of the *Assumptio Moyseos;* the text has most likely been shortened, just as the text of the Latin fragment of Enoch given above has been shortened, and only just enough has been retained to make the extract intelligible. Probably also, as we shall see, the calculation of dates has been altered from the original text. It is an obvious and a tempting conjecture to assign this new fragment to an old and famous book, but I really do not see any other probable origin for it. And, short as the extract is, it contains several points of connexion with the *Assumptio.*

In the first place, we are sure that a Latin version of that book existed, for we possess a considerable portion of it. The Graecisms of that version find two parallels in our fragment, as was pointed out above. Again, the calculations in the *Assumptio* are frequently expressed in terms of 'tempora'; here the word 'tempus' is twice used in a similar connexion. Further, we have here the striking phrase 'mutata est effigies eius in gloria'; and we know that in the *Assumptio* (as quoted by Clement of Alexandria, Origen and Evodius) Moses was seen in two forms, one of which was glorious. The attendance of angels upon the obsequies of Moses was plainly narrated in the *Assumptio*: this we gather from the authorities just mentioned, and also from a passage of Epiphanius (*Haer.* IX. 4, p. 28) in which he is generally allowed to be quoting the *Assumptio*. The almost superhuman position assigned to Moses in our fragment agrees very well with such assertions as that 'God foreordained me (Moses) before the foundation of the world to be the mediator of his covenant' *Ass. Mos.* I. 14. There seems, then, to be a good deal to connect the *Assumptio* with our fragment; and it would certainly be difficult to suggest the name of any other Greek book which dealt with the death of Moses and introduced apocalyptic calculations of the kind which we find here.

But there is a very serious obstacle in the way of our assigning this fragment to the Assumption of Moses. The first extant words of that book state that the death of Moses took place in the '2500th year from the creation of the world,' or, according to those who are in the east, in the ...th year (the number is lost) from the 'profectio fynicis.' In order to suit the calculation of our fragment, Moses should have died in the 4500th year of the creation. This date is certainly a good deal at variance with most reckonings of early times, which place his death in about 3800 A.M.

This reckoning of the *Assumptio* agrees well enough with that of the *Book of Jubilees*, which would place the entrance into Canaan in the year 2450 A.M.

Further, the *Assumptio* states that 250 'times' are to elapse before the coming of Messiah. These 'times' are commonly taken to be weeks of years: 250 weeks of years make 1750 years, and $2500 + 1750 = 4250$ years for the duration of the world. With this estimate the calculations of 4 Esdras as estimated by Hilgenfeld almost agree; they attribute a duration of 4116 years. But this reckoning of Hilgenfeld's is based on a series of conjectures.

Now, the year 2500 (or 2450) A.M., which according to the *Assumptio* is the date of Moses' death, is somewhere about 350 weeks of years from the creation: and 250 more such weeks are to follow it. It is not much out of the way, I think, to indicate the numbers 350 and 250 by the expressions $3\frac{1}{2}$ and $2\frac{1}{2}$. The sum of them is 6. If then in our fragment we read $3\frac{1}{2}$ instead of $4\frac{1}{2}$ we should get a calculation really identical with that of the *Assumptio;* and we could easily see a reason why a Christian transcriber should have altered his original. By substituting $4\frac{1}{2}$ for $3\frac{1}{2}$ he would get a total of 7 (i.e. 7000 years) for the duration of the world; and, reckoning the date of Moses as circa 1400 B.C. he would get 1000 A.D. as the date of the end of the world.

The belief that the world was to last 7000 years (the last millennium being occupied by the reign of the Messiah) is familiar to students of Jewish lore; and it is equally well known that this belief became a Christian one. Only, in later Christian times, the doctrine of a millennial reign fell into discredit, while the duration of 7000 years was still held. I have said that, according to the calculation of our fragment in its present form, the 7000th year would fall in or near the year 1000 A.D. But was it not an almost universal belief in the West that the end of the world was to come in precisely that year? And have we not here an explanation of the occurrence of our fragment in an eleventh century manuscript? I take it that the passage was copied out of the *Assumptio* by some one about the year 1000 because of its remarkable confirmation of a belief then very widely spread, and that the Cheltenham MS. contains a transcript of this selected fragment. My belief is confirmed when, on turning to the Vision of Kenaz, I find a similar duration of 7000 years predicted for the world.

Until, then, some strong reason to the contrary is adduced, I shall continue to believe that in this short fragment we have recovered a part of the lost conclusion of the *Assumptio Moyseos*. But if this belief be correct, we shall hereafter have to recognise the probability that the Fourth Book of Esdras was directly influenced by the Assumption of Moses. For we can hardly fail to be struck by the similarity of the methods of reckoning and the imagery of the two books. Compare the corrupt clause '†Istic mel; apex magnus:† momenti plenitudo, et ciati (=cyathi) guttum,' with 4 Esdras iv. 48—50. The prophet has asked what proportion of time has yet to come: and in answer to his question a vision is shown to him. A flame passes before him and the smoke remains; a shower passes, and a few drops remain. The smoke and the drops represent the proportion of time as yet unfulfilled. Again, in vi. 9 we are told that there is 'the hand of a man' between this age and the coming one. Compare, again, the 4½ and 2½ 'parts' of our fragment with 4 Esdr. xiv. 11. 'For the world is divided into twelve parts, and ten parts thereof are already past, and half of the eleventh part, and there remains that which follows the half of the eleventh part.' It should be noted, also, that Esdras is said to have been 'assumed' as Moses was. But, after all, is there not a very intelligible reason why the *Assumptio Moyseos* should have had a large share in determining the form of the Fourth Book of Esdras? Esdras, as conceived of by the Jews of the first century, was really a second Moses: he had brought the people out of Captivity and he had restored the Law under the direct inspiration of God. It was, then, a sufficiently obvious course to shape the revelation made to Esdras, and the manner of his departure from the world, on the model of the revelations vouchsafed to Moses at a corresponding point of his career, and of the story of his end as recorded in the Assumption of Moses.

Enough has been said for the present as to the nature of the document. We must pass to a brief consideration of the text. The state of this is not all that could be desired. There is at least one bad corruption, namely, in the words 'Istic mel; apex magnus.' I can at present suggest no satisfactory emendation of these words: the context requires that both phrases should be descriptive of something which represents brief duration. Possibly in the words 'Istic mel' may lurk either 'STIGMA ET' or less probably ICTVS (OCVLI) (cf. 1 Cor. xv. 52) 'the twinkling of an eye,' while for 'apex magnus' I am rather inclined to suggest 'apex manus,' the tip of the hand or finger, comparing the 'hand of a man' in 4 Esdr. vi. 9.

It is specially noteworthy that our fragment shows no trace of being influenced either by the Vulgate or the LXX.: for instance, the phrase 'secundum os domini' corresponds neither to *διὰ ῥήματος κυρίου* of the latter nor to 'iubente domino' of the former, while it is a literal rendering of the Hebrew of Deut. xxxiv. 5. Most likely the reference to God's promise that He would bury Moses would find its explanation in the lost portion of the *Assumptio*.

The description of the great angelic pageant which escorted Moses to his grave has a parallel in the account of the burial of Adam in the book which Tischendorf edited under the name of the 'Apocalypse of Moses.' The obscure phrase at the end of the fragment 'in lumine totius orbis' may perhaps mean that all the luminaries of the universe assisted at the obsequies, as the sun and moon did at those of Adam; but it may also be an obscured hint of the *νεφέλη φωτοειδής* which for ever covered the site of Moses' grave.

Attention should be once more called to this fact, that the MS. leaves nearly half a column blank at the end of this fragment, whereas the three pieces which follow are copied without gaps between them. This may be accidental; but it may also indicate a consciousness on the part of the scribe (or his archetype) that the two groups (No. 1, and Nos. 2, 3, 4) came from different sources.

Before I leave the Assumption of Moses I may as well put on record the suggestion that Cedrenus made use of that book in his Chronicle. We know that he repeatedly quotes the Book of Jubilees, and we know also that the *Assumptio* was circulated in close connexion with the Book of Jubilees. We find two passages in Cedrenus which deal with the death of Moses: one is on p. 93 of the Paris edition (i. 121 of Migne). *Καὶ θάψας αὐτὸν ὁ λαὸς καὶ κλαύσας ἡμέρας μʹ, οὐδεὶς εἶδε τὴν ταφὴν αὐτοῦ.* (This is from the LXX. *ἔθαψαν αὐτόν κ.τ.λ.*, Deut. xxxiv. 6.) *καὶ οὐκ ἀνέστη ἔτι προφήτης ἐν Ἰσραὴλ ὡς Μωϋσῆς. ἔκτοτε οὖν καὶ μέχρι τοῦ νῦν φωτοειδὴς νεφέλη ἐπισκιάζει τὸν τόπον ἐκεῖνον ἀμαυροῦσα καὶ ἀποτειχίζουσα τὰς ὄψεις τῶν ὁρώντων ἵνα μὴ γινώσκοιεν αὐτοῦ* τὸν τάφον εἰς τὸν αἰῶνα. The story about the cloud of light is known to have occurred in the *Assumptio*. The other passage is on p. 140 ed. Par. (171 Migne). Μωϋσῆς δὲ τῷ ια' μηνὶ τοῦ μ' ἔτους τῆς ἐξόδου ἑκατοστῷ δὲ εἰκοστῷ ἔτει τῆς ζωῆς αὐτοῦ εὐλογήσας πάντα τὸν λαὸν ἀναβὰς εἰς τὸ ὄρος Ναβὰν (Ναβαῦ LXX.) ἤτοι Ἀμβρεὶμ κείμενον ἐν τῇ (? γῇ) Μωαβιτίδι πέραν τοῦ Ἰορδάνου κατὰ πρόσωπον Ἱεριχὼ καὶ κατοπτεύσας τὴν γῆν τὴν ἐπηγγελμένην αὐτῷ τῷ Ἰσραὴλ ἐτελεύτησε, καὶ οὐκ εἶδεν οὐδεὶς τὸν τάφον αὐτοῦ καὶ οὐκ ἠμαυρώθησαν οἱ ὀφθαλμοὶ αὐτοῦ οὐδὲ ἐφθάρησαν τὰ χείλη (χελώνια LXX.) αὐτοῦ. ἐπείραζε δὲ αὐτὸν ὁ διάβολος ὡς ἡμαρτηκότα τῷ θεῷ συνελκύσαι μετὰ τῶν ἁμαρτωλῶν. ἀλλ' ἀρχαγγελικῇ διεκρούσθη χειρὶ ὡς προπετὴς καὶ θρασὺς καὶ τῶν τοῦ θεοῦ φίλων δυσμενής· ἐγένετο δὲ νεφέλη καὶ σκότος κατὰ τὸν τόπον, ὡς μὴ ἰδεῖν τινα ποῦ ἐτάφη Μωϋσῆς, καθὼς Ἰώσηπος ἱστορεῖ. According to Jos. *Ant.* iv. 8. 48 προσομιλοῦντος αὐτοῖς ἔτι, νέφους αἰφνίδιον ὑπὲρ αὐτοῦ στάντος, ἀφανίζεται κατά τινος φάραγγος. The statements about the attack of Satan and about the cloud at the tomb evidently came directly or indirectly from the *Assumptio*. The date at the beginning of the extract also reads rather like the opening verses of the same book.

Will not some one investigate the Slavonic legends of Moses? They are already in print, and may very possibly contain the whole text of the *Assumptio*.

I have attempted a retranslation of the fragment into Greek, which may possibly prove useful.

ORATIO MOYSI IN DIE OBITVS SVI.

Domine deus, si adhuc potero petere de te iuxta multitudinem misericordiae tuae, non indigneris mihi. Et ostende mihi quanta quantitas temporis transiit, et quanta remansit. Et dixit ad eum: †Istic mel, apex magnus[1]:† momenti plenitudo, et ciati guttum; et omnia compleuit tempus. Quatuor enim semis transiit, et duo semis supersunt. Et audiens Moyses repletus est sensu, et mutata est effigies eius in gloria.

Et mortuus est in gloria secundum os domini, et sepeliuit eum iuxta quod promiserat ei. Et luxerunt angeli in morte eius, et praecedebant eum fulgura et lampades et sagittae omnes unanimes. Et in illa die non est dictus ymnus militum processu Moysis: nec fuit talis dies ex quo fecit dominus hominem super terram, nec erit talis adhuc in sempiternum ut humiliet pro hominibus ymnum angelorum: quoniam ualde amauit eum. Et sepeliuit eum per manus suas super excelsam terram in lumine totius ORBIS.

[1] *leg.* stigma et apex manus.

ΠΡΟϹΕΥΧΗ ΜΩΥϹΕΩϹ ΕΝ ΗΜΕΡᾼ ΤΟΥ ΘΑΝΑΤΟΥ ΑΥΤΟΥ.

Κύριε ὁ θεὸς, εἰ ἔτι δυνήσομαι αἰτῆσαι παρά σου κατὰ τὸ πλῆθος τοῦ ἐλέους σου, μή μοι ὀργίσθῃς· καὶ δεῖξόν μοι πόσον μέγεθος χρόνου παρῆλθεν καὶ πόσον περίεστιν[1]. καὶ εἶπεν πρὸς αὐτόν· Στιγμὴ καὶ ἄκρον χειρός· ῥοπῆς πλήρωμα καὶ κυάθου σταγών· καὶ πάντα πεπλήρωκεν ὁ χρόνος· τέσσαρα γὰρ καὶ ἥμισυ παρῆλθεν καὶ δύο καὶ ἥμισυ περίεστιν. καὶ ἀκούσας ὁ Μωϋσῆς ἐνεπλήσθη συνέσεως καὶ ἠλλάγη ἡ ἰδέα αὐτοῦ ἐν δόξῃ.

Καὶ ἀπέθανεν ἐν δόξῃ κατὰ τὸ στόμα τοῦ Κυρίου, καὶ ἔθαψεν αὐτὸν καθ' ὃ ἐπηγγείλατο αὐτῷ. καὶ ἐκόψαντο[2] οἱ ἄγγελοι ἐν τῷ θανάτῳ αὐτοῦ· καὶ προῆγον[3] αὐτὸν ἀστραπαὶ καὶ λαμπάδες καὶ βέλη πάντα ὁμοθυμαδόν. καὶ ἐν ἐκείνῃ τῇ ἡμέρᾳ οὐκ ἐλέχθη[4] ὁ ὕμνος τῶν στρατευμάτων ἐν τῇ ἐξελεύσει[5] τοῦ Μωϋσέως· καὶ οὐκ ἐγένετο ἡμέρα τοιαύτη ἐξ οὗ ἐποίησεν Κύριος ἄνθρωπον ἐπὶ τῆς γῆς, οὐδὲ ἔσται τοιαύτη ἔτι εἰς τὸν αἰῶνα, ἵνα ταπεινώσῃ δι' ἀνθρώπους τὸν ὕμνον τῶν ἀγγέλων, διότι σφόδρα ἠγάπησεν αὐτόν. καὶ ἔθαψεν αὐτὸν διὰ χειρῶν αὐτοῦ ἐπὶ ὑψηλῆς γῆς ἐν τῷ φωτὶ ὅλου τοῦ κόσμου.

[1] περιλέλοιπεν? [2] ἔκλαυσαν?

[3] Possibly προῆγον αὐτὸν ἀστραπαῖς κ. λαμπάσιν κ. βέλεσιν πάντες.

[4] ἐλαλήθη? [5] προελεύσει uel ἐκφορᾷ?

2. *The Vision of Kenaz.*

The second of our extracts is as puzzling a document as one could well wish for. What is its meaning, source, date and purpose? Is it merely a mediaeval attempt at imitating Old Testament prophecy, or is it a real relic of pre-Christian or non-Christian Jewish literature? The answers to some of these questions must be attempted by an editor; but the editor has every right, I think, to ask for some indulgence on the part of his critics; for at first sight there seems to be no corner of apocryphal literature into which we can fit this odd fragment, so completely without context or connexions does it come before us.

It may be asked in the first place whether Latin be the original language of the fragment. This question, it seems to me, must be answered in the negative. There are not many indications to guide us, but such as there are point to a Greek original. Thus the name Gothoniel in the title is the LXX., not the Vulgate form of Othniel[1]. The name Zenez is in no way decisive, for Cenez is the Latin, and Κενέζ the Greek form of the name; and neither C nor K seems particularly liable to be corrupted into Z. In l. 19 'ecce dum mutauit' may point to a misreading of ἰδοὺ for ἴδον; in l. 20 'inter medium...fundamentum superioris et inferioris' may be a clumsy rendering of ἀνὰ μέσον with the genitive; in l. 31 'nesciebat quae locutus fuerat neque quae uiderat' does look like the literal rendering of a Greek double negative. Yet, however few the isolated points which betray the fact that we have a translation before us, the impression gained from reading the whole Vision is very strongly in favour of such an idea. One is constantly being tempted to retranslate into Greek; and the effect of the process is to smooth down and simplify the style, if not the meaning, of the rather rugged and certainly obscure Latin; a result which could hardly be expected if Latin were indeed the

[1] In the Latin (metrical) Heptateuch on Judg. 11 his name appears as Crotoniezelus.

original language. The general impression is to me convincing in favour of a Greek original.

We must next inquire whether this Vision is an extract from a larger pseudepigraphic work or whether it is a complete whole in any sense. Reasons have been given for believing that the Prayer of Moses is a fragment of the *Assumptio Moyseos*. But can we assign to this document a similar origin? No apocryphal book whose name is known to us seems to have dealt with the times of Joshua or of the Judges. But it is possible that the opening words of the fragment may help us; in these, the 'seniores' are mentioned, that is, the Elders of Israel. Now, we know that there was a book which contained prophecies or revelations attributed to two of the seventy or seventy-two Elders. This was the book 'Eldad and Modad,' of which a single clause is quoted in the Shepherd of Hermas (*Vis.* ii. 34) ἐγγὺς κύριος τοῖς ἐπιστρεφομένοις, ὡς γέγραπται ἐν τῷ Ἐλδὰδ καὶ Μωδὰτ τοῖς προφητεύσασιν ἐν τῇ ἐρήμῳ τῷ λαῷ: the book was a short one of 400 στίχοι, and apparently existed in Latin, for it was condemned in the so-called Gelasian Decree, as 'Liber Heldam et Modal apocryphus.' It may have been the case that Kenaz was traditionally included in the number of the Elders, and that besides the prophecies uttered by Eldad and Medad, the chief heroes of the book, visions vouchsafed to others of the seventy were therein included.

But for my own part I do not think that this view of the origin of our document is the right one, although at first it attracted me. It seems to me that we ought to take into account the position in which we find the Vision. In the MS. it is separated by a short gap from the Prayer of Moses, and placed in close connexion with the Lamentation of Seila, Jephthah's daughter, which is followed as closely by the Song of David before Saul. Is there anything in the way of the hypothesis that these three writings are really nothing more than supplements to the historical books of the Old Testament? There is certainly a considerable wealth of analogies which favour such an idea. In Job ii. 9 the LXX. put a short lamentation into the mouth of Job's wife, which has affinities, by the way, with the apocryphal Testament of Job. In the Greek version of the Book of Esther it is well known that a number of supplements have been introduced, some of them with the distinct idea of importing a religious element into the story. In the Book of Daniel, besides the additional chapters at the beginning and end, we have the well-known canticle inserted in ch. iii. in both the extant Greek versions. Again, the Prayer of Manasses was very probably written for insertion into the text of 2 Chronicles; certainly it was the mention of such a prayer in the canonical book which gave occasion for the writing of the spurious one. So that the view commends itself to me that all the three documents, Vision, Lamentation and Song, are specimens of similar supplements intended either to fill a seeming gap, or to introduce a markedly prophetic element into the narrative, or to satisfy a not illegitimate curiosity. Thus, the Vision of Kenaz would help to attest the existence of the prophetic spirit in the dark times of the Judges; the Lamentation of Seila would supplement and simplify the somewhat curt conclusion of the story of Jephthah; and the Song of David would satisfy a natural desire to know what was the spell which proved so potent to put to flight the evil spirit that troubled Saul.

If it be asked further why Kenaz was selected as the recipient of this mysterious vision, I would answer that it was in all likelihood because of his relation to Caleb, on whom the Spirit of the Lord had rested, and who is known to have figured as a seer in the Assumption of Moses. Moreover, in Judg. iii. 9 it is said that the Spirit of the Lord came upon Othniel the son of Kenaz, an expression which, though it is applied to many of the Judges, might yet strike the writer of this Vision, and be connected by him with the prophetic gifts of Caleb.

It is curious that in the tract of Ps.-Epiphanius *De vitis et mortibus Prophetarum*, in which so many Jewish traditions and apocryphal prophecies have been used, the name of Kenaz occurs without adequate reason in the section upon Jonah. This prophet *κατοικήσας ἐν γῇ Σαὰρ ἀπέθανε, καὶ ἐτάφη ἐν τῷ σπηλαίῳ Καινεζιοῦ κριτοῦ γενομένου μιᾶς φυλῆς ἐν ἡμέραις τῆς ἀναρχίας.*

The reference becomes more intelligible when we discover that Kenaz was a reputed prophet: what may be the source of the assertion that he was 'a judge of one tribe in the days of the Anarchy' I have yet to learn.

We must pass to the interpretation of the vision, which at first sight seemed desperate, but turns out to be simple enough in its main lines. It is a broad and general view of the Creation of the Universe. The 'flames that are not burning' and the 'springs that are *not* awaked from slumber'—for the insertion of a negative seems to me unavoidable—represent the void chaos which preceded the Creation. There is no foundation, no firmament, no mountains and no over-arching vault of the sky. A spark rises from the fireless flame, and like a spider weaves the hollow shield-like form of the lower firmament: out of the stagnant springs rises a foam and arches itself into the upper firmament; while from the light of the invisible place proceed the forms of the human beings who are to inhabit the space between the two firmaments for 7000 years, after which all the structure will be dissolved.

Such seems to be the drift of the vision. The name which ought to fill the blank left in the MS. I conjecture with diffidence may be Adam, or perhaps a numerical equivalent of that name (46 or 2044).

The language and cast of thought strongly resemble that of 4 Esdras; e.g. 'uenae' in the sense of springs (4 Esdr. iv. 7, quantae uenae sunt in principio abyssi, vi. 24), 'corruptibili saeculo' (4 Esdr. iv. 11, corrupto saeculo), 'uenas non expergefactas a somno' (4 Esdr. vii. 31, excitabitur quod nondum uigilat saeculum): compare, too, the description of chaos with 4 Esdr. vi. 1—5. So that it does not seem an unreasonable guess that the Latin version of this and of 4 Esdras may have been made about the same date.

Closer resemblances to the diction and thought of Ezekiel were pointed out to me by Professor Robinson. For instance, compare 'imagines hominum' with *ὁμοίωμα ἀνθρώπου* Ez. i. 9, also i. 26; 'similitudo...tanquam' with *ὁμοίωσις* i. 10; 'fundamentum' with *στερέωμα* i. 22 etc.; 'ecce uox dicens' with *ἰδοὺ φωνὴ ὑπεράνωθεν τοῦ στερεώματος* i. 25; 'cum sederent seniores' with *καὶ οἱ πρεσβύτεροι Ἰούδα ἐκάθηντο ἐνώπιόν μου* viii. 1; 'subdiuum' with *αἴθριον* ix. 3, x. 4; and the idea of the Spirit's sudden descent upon Kenaz as he sat among the elders with the situation in c. viii.

In this case also I have attempted a retranslation into Greek.

VISIO ZENEZ PATRIS GOTHONIEL.

Cum sederent seniores insiluit spiritus sanctus habitans in Zenez et extulit sensum eius: et coepit prophetare dicens: Ecce nunc uideo quae non sperabam, et considero quae non cognoscebam. Audite nunc qui habitatis super terram. Sicut commorantes in ea prophetauerunt ante me uidentes horam hanc priusquam corrumperetur terra, ut cognoscatis praedestinatas prophetationes omnes uos qui habitatis in ea. Ecce nunc uideo flammas non ardentes et audio uenas <non> expergefactas de somno, quibus non est fundamentum, neque fastigia montium nec suspensorium fundamenti considero; sed omnia inapparentia et inuisibilia, quibus locus non est in totum: et cum oculus meus non sciat quid uideat cor meum adinueniet quae discat. De flamma autem quam uideo non ardentem, uidi, et ecce scintilla ascendit, et quasi substrauit sibi subdiuum; et erat similitudo substrati eius tanquam aranea ortiens[1] in modum scuti. Et dum factum esset fundamentum, uidi de uena illa excitabatur quasi spumam ebullientem, et ecce dum mutauit se tanquam in aliud fundamentum. Inter medium autem fundamentum superioris et inferioris de lumine inuisibilis loci aduenerunt quasi imagines hominum et perambulabant: et ecce uox dicens: Haec fundamenta erunt hominibus habitantibus in eis annis $\overline{\text{vii}}$. Et fundamentum inferius substratum erat, superius autem despumauerat[2]; et qui processerunt de luce inuisibilis loci hii erunt qui habitabunt; et nomen
f. 88 a hominis illius[3]. Et erit cum peccauerit mihi et completum fuerit tempus, extinguetur scintilla et pausabit uena, et sic mutabuntur. Et factum est cum locutus fuisset Zenez uerba haec expergefactus est et reuersus est sensus eius in eum. Ipse autem nesciebat quae locutus fuerat neque quae uiderat. Hoc autem solum dixit populo: Si sic est requies iustorum postea quam defuncti fuerint, oportet eos mori corruptibili saeculo, ut non uideant peccata. Et cum haec dixisset Zenez, defunctus est et dormiuit cum patribus suis: et planxit eum populus xxx diebus.

[1] *sc.* ordiens   [2] *sc.* de spuma erat

[3] A blank of three or four letters in the MS. after the word.

ὅραϲιϲ ζενὲζ πατρὸϲ γοθονιήλ.

Καθημένων τῶν πρεσβυτέρων ἐφήλατο τὸ πνεῦμα τὸ ἅγιον τὸ κατοικοῦν εἰς Ζενὲζ καὶ ἐξέστησεν τὴν σύνεσιν αὐτοῦ, καὶ ἤρξατο προφητεύειν λέγων· Ἰδοὺ νῦν βλέπω ἃ οὐκ ἤλπιζον καὶ κατανοῶ ἃ οὐκ ἔγνων[1]. ἀκούσατε νῦν οἱ κατοικοῦντες ἐπὶ τῆς γῆς· ὥσπερ οἱ διαμένοντες ἐν αὐτῇ ἐπροφήτευσαν πρὸ ἐμοῦ, ἰδόντες τὴν ὥραν ταύτην πρὸ τοῦ φθαρῆναι τὴν γῆν· ἵνα γινώσκητε τὰς προωρισμένας προφητείας πάντες ὑμεῖς οἱ κατοικοῦντες ἐν αὐτῇ. ἰδοὺ νῦν βλέπω φλόγας μὴ καιομένας[2] καὶ ἀκούω πηγὰς <μὴ> ἐγερθείσας ἐξ ὕπνου· οἷς οὐκ ἔστι στερέωμα· οὐδὲ ἄκρα ὀρέων οὐδὲ μετέωρα[3] στερεώματος κατανοῶ· ἀλλὰ πάντα ἀφανῆ καὶ ἀόρατα, οἷς οὐκ ἔστι τόπος καθόλου. καὶ ἐπεὶ ὁ ὀφθαλμός μου οὐ γινώσκει τί βλέπει, ἐξευρήσεται ἡ καρδία μου τίνα μαθήσεται[4]. ἀπὸ δὲ τῆς φλογὸς ἣν βλέπω μὴ καιομένην εἶδον καὶ ἰδοὺ σπινθὴρ ἀνέβη καὶ ὡσεὶ ὑπέστρωσεν ἑαυτῷ ὑπαίθριον· καὶ ἦν τὸ ὁμοίωμα τοῦ ὑποστρώματος αὐτοῦ ὥσπερ ἀράχνη ὑφαίνουσα τρόπῳ θυρεοῦ[5]. καὶ ὅτε ἐγένετο στερέωμα, εἶδον[6] <καὶ ἰδοὺ> ἀπὸ τῆς πηγῆς ἐκείνης ἠγέρθη ὡσεὶ ἀφρὸς παφλάζουσα[7]· καὶ ἴδον ἕως ὅτου ἤλλαξεν ἑαυτὴν ὡς εἰς ἕτερον στερέωμα· ἀνὰ μέσον δὲ τοῦ στερεώματος τοῦ ἀνωτέρου καὶ τοῦ κατωτέρου ἐκ τοῦ φέγγους τοῦ ἀοράτου τόπου προ[σ]ῆλθον ὡσεὶ ὁμοιώματα ἀνθρώπων καὶ περιεπάτουν[8]. καὶ ἰδοὺ φωνὴ λέγουσα· Ταῦτα τὰ στερεώματα ἔσονται ἀνθρώποις τοῖς κατοικοῦσιν ἐν αὐτοῖς ἔτεσιν ͵ζ. καὶ τὰ στερεώματα, τὸ μὲν κατώτερον ὑπεστρωμένον ἦν, τὸ δὲ ἀνώτερον ἐξ ἀφροῦ ἐγένετο· καὶ οἱ προελθόντες ἐκ τοῦ φέγγους τοῦ ἀοράτου τόπου, οὗτοί εἰσιν οἱ κατοικήσοντες· καὶ ὄνομα τοῦ ἀνθρώπου ἐκείνου <ἀδάμ>· καὶ ἔσται ὅταν ἁμαρτήσῃ κατ' ἐμοῦ καὶ πληρωθῇ ὁ χρόνος, κατασβεσθήσεται ὁ σπινθὴρ καὶ παυθήσεται ἡ πηγή, καὶ οὕτως ἀλλαγήσονται. καὶ ἐγένετο μετὰ τὸ λαλῆσαι τὸν Ζενὲζ τὰ ῥήματα ταῦτα ἐξυπνίσθη καὶ ὑπέστρεψεν ἡ σύνεσις αὐτοῦ εἰς αὐτόν· αὐτὸς δὲ οὐκ ἐγίνωσκεν τίνα ἐλάλησεν οὐδὲ τίνα ἑώρακεν· τοῦτο δὲ μόνον εἶπεν τῷ λαῷ· Εἰ οὕτως ἐστὶν ἡ ἀνάπαυσις τῶν δικαίων μετὰ τὸ τελευτῆσαι αὐτούς, συμφέρει αὐτοῖς ἀποθνήσκειν τῷ φθαρτῷ αἰῶνι, ἵνα μὴ ἴδωσι τὰ ἁμαρτήματα. καὶ μετὰ τὸ εἰπεῖν ταῦτα τὸν Ζενὲζ, ἐτελεύτησεν καὶ ἐκοιμήθη μετὰ τῶν πατέρων αὐτοῦ, καὶ ἔκλαυσεν αὐτὸν ὁ λαὸς ἡμέρας λ'.

[1] *ἐπέγνων?* [2] *uel φλεγομένας* [3] *αἰώρημα?* [4] *λαλήσει*, =dicat?

[5] *ἀσπίδος? uel κύτους* cf. Clem. Hom. vi. 4 Orpheus. *οὕτως σφαιροειδὲς πανταχόθεν συνελήφθη κύτος.*

[6] *uel ἰδοὺ* [7] *ἀναζέουσα* [8] *uel ἀνεστρέφοντο*

3. *The Lamentation of Seila.*

The theory advanced above as to the origin and character of the Vision of Kenaz applies to both of the other fragments,—this and the following one. It will not, therefore, be necessary to do more than attempt in these introductory remarks to throw light on the difficult points in the Lamentation of Seila, or to ask others to perform that service for us.

In the first place, I do not find elsewhere any occurrence of the name Seila for Jephthah's daughter[1], or of Stelac for the mountain to which she resorted. In the next place, I would note that the process of retranslation into Greek helps to clear up some difficulties in this case also; thus, lines 7—10 become simpler in the Greek, if we render them as follows; *ἵνα ὁ πατὴρ μὴ βιάσηται τὴν θυγατέρα ἣν ὤμοσεν θῦσαι, ἵνα ὁ ἡγεμὼν ἀκούσῃ τῆς μονογενοῦς αὐτοῦ τῆς ἐπηγγελμένης εἰς ὁλοκαύτωμα;* again 'utor' with the genitive in l. 12 may well be a Graecism, and 'froniuit' is probably an assimilation to an original *ηὔφρανεν.* Further, in l. 22 'conuirgines' corresponds closely to *συνεταιρίδες*, which is the word used in the LXX. of Judg. xi. 37. The words 'ecce quomodo *accusor*' in l. 5, are still obscure to me; very likely they are a rendering of *ἰδοὺ πῶς διαβέβλημαι.*

Perhaps I may be forgiven for introducing here an odd parallel from comparatively modern literature. Giacomo Carissimi, in his little oratorio *Iephte*, written about 1650, has introduced a lament of Jephthah's daughter, which I transcribe here for purposes of comparison, as it happens to be in Latin. No doubt parallels are to be discovered by dozens in the literature of the last three centuries. Carissimi's lamentation runs as follows:

Abiit ergo in montes filia Iephte et plorabat cum sodalibus uirginitatem suam, dicens: Plorate colles, dolete montes, et in afflictione cordis mei ululate. Ecce moriar uirgo et non potero

[1] Handel's librettist called her Iphis, with an obvious reference to Iphigenia. In one of the *Onomastica* (Lagarde p. 185) we have the entry Σεῖλα ἐλπίς.

morte mea meis filiis consolari. Ingemiscite siluae, fontes et flumina, in interitu uirginis lachrimate. Heu me dolentem in laetitia populi, in uictoria Israel et gloria patris mei! Ego sine filiis uirgo, ego filia unigenita moriar et non uiuam. Exhorrescite rupes, obstupescite colles, valles et cauernae in sonitu horribili resonate! Plorate filii Israel, plorate uirginitatem meam, et Iephte filiam unigenitam in carmine doloris lamentamini.

This composition seems to me to give a fair idea of what we should have read, had the *Threnus Seilae* been merely a mediaeval Latin composition on this obvious theme, instead of a version of a comparatively early Greek document, dating perhaps from the first century.

THRENVS SEILAE IEPTHITIDIS IN MONTE STELACEO[1].

Venit filia Iepte in montem Stelac et cepit plorare. Et hic threnus eius in quo plangens plorauit se : et dixit: Audite montes threnum meum, et intendite colles lacrimas oculorum meorum, et testes estote petrae in planctu animae meae. Ecce quomodo accusor sed non in uanum recipietur anima mea. Proficiscantur uerba mea in caelis et scribantur lacrimae meae ante conspectum firmamenti, ut pater non expugnet filiam quam deuouit sacrificare, ut princeps illius unigenitam audiat in sacrificio promissam. Ego autem non sum saturata thalamo meo, nec repleta sum coronis nuptiarum mearum. Non enim uestita sum splendore sedens in ingenuitate mea, et non sum usa preciosi odoramenti mei, nec froniuit animam meam oleum unctionis quod praeparatum est mihi. O mater, inuanum peperisti unigenitam tuam et genuisti eam super terram, quoniam factus est infernus thalamus meus. Confectio omnis olei quam praeparauit mihi mater mea effundatur, et alba quam neuit mihi tinea comedat, et corona quam
f.88a col.2 intexuit mea nutrix in tempore || marcescat, et stratoria quae texuit mihi de iacincto et purpura uermis ea corrumpat. Et referentes de me conuirgines meae cum gemitu per dies pla<n>gant me. Inclinate arbores ramos uestros et plangite iuuentutem meam: uenite ferae siluarum et conculcate supra uirginitatem meam, quoniam abscisi sunt anni mei, et tempus uitae meae in tenebris inueterauit. Et his dictis reuersa est Seila ad patrem suum, et ipse fecit omnia quaecunque iurauit, et obtulit holocaustomata[2]. Tunc omnes uirgines Israel conuenerunt et sepelierunt filiam Iepte et planxerunt eam.

[1] *uel* STELAC. Et uenit

[2] *uel* holocaustoma[ta]. tunc

4. *The Song of David.*

The last of our fragments is by no means the least interesting nor the easiest to interpret. It takes the form of a rebuke addressed to the evil spirit which troubled Saul. It begins with a short description of chaos and creation, which strongly recalls the language of the Vision of Kenaz. The demon is then told that the tribes of evil spirits were created after other things, and is warned not to be troublesome, inasmuch as it is a late creation. 'Were I to mention (thy name) directly (or, perhaps, 'with threats'), thou wouldest be restrained in that wherein thou now movest.' Time will show of what a mighty stock David comes: for out of his loins will spring one who will vanquish the spirits. In this last sentence it seems at first sight as though we had a prophecy of Messiah, and a possible Christian touch. But a little consideration will show, I think, that the 'vanquisher of demons' who is to spring from David is not Messiah, but Solomon the king of the Genies, the wizard whose spells produced such marked effects in the time of Josephus; the hero, too, of the *Testament of Solomon*, where he figures almost solely as the restrainer and chastiser of mischievous spirits.

The impression produced by the fragment upon our mind is that it proceeds from the same hand as the Vision of Kenaz. And it is most probable that the same is true of the Lamentation of Seila: the subject in this latter case gave the writer less opportunity to indulge his fancy. It should be noticed, as favouring the theory advanced above as to the purpose and character of these fragments, that the one before us is not written, as we might have expected, in the form of a Psalm, but apparently, to judge from its concluding sentence, for insertion in a framework of narrative.

The retranslation of the Song of David into Greek will perhaps sufficiently indicate the interpretation which I put upon the text. I will just append one illustration of the difficult passage in line 11, which is afforded by the *Testament of Solomon* (Appendix to Migne's *Cedrenus* ii. 1321). A female demon Ὀνοσκελίς (compare the Greek goblin Empusa) is being questioned by Solomon, who asks her what her origin is. She answers: Ἀπὸ φωνῆς ἀκαίρου τοῦ καλουμένου ἤχου † ἀνθρώπου μολίβδου † ἀφέντος ἐν ὕλῃ ἐγεννήθην. Corrupt as the text is, it is plain that an idea similar to that of the words 'de resultatione in chao' underlies it.

CITHARISMVS REGIS DAVID CONTRA DEMONIVM SAVLIS.

Tenebrae et silentium erant antequam fieret saeculum: et locutum est silentium, et apparuerunt tenebrae. Et factum est tunc nomen tuum in compaginatione extensionis quod appellatum <est> superius caelum; inferius uocatum est terra. Et praeceptum est superiori ut plueret secundum tempus eius, et inferiori praeceptum est ut crearet escam omnibus quae facta sunt. Et post haec facta est tribus spirituum uestrorum. Et nunc molesta esse noli tanquam secunda creatura: si comminus[1] memorarer artare[2] in quo ambulas. Aut non audire tibi sufficit, quoniam per ea quae consonant in conspectu tuo multis psallo? Aut immemor es quoniam de resultatione in chaoma tonata[3] est uestra creatura? Argue<n>t autem tempora noua unde natus sum; de quo nascitur post tempus de lateribus meis qui uos domabit. Et cum ymnizaret Dauid parcebat Sauli spiritus.

[1] *uel* cum minis [2] *sc.* artarere [3] *sc.* in chaomate nata *uel* in chao maturata

κιθαρισμὸς Δαυεὶδ τοῦ βασιλέως κατὰ τοῦ δαιμονίου Σαούλ.

Σκότος καὶ σιγὴ ἦσαν πρὸ τοῦ γενέσθαι τὸν αἰῶνα· καὶ ἐλάλησεν ἡ σιγὴ καὶ ἐφάνη ὁ σκότος. καὶ ἐγένετο τότε τὸ ὄνομά σου ἐν τῇ συμπήξει τῆς ἐκτάσεως, ὅπερ ἐκλήθη, τὸ μὲν ἀνώτερον Οὐρανὸς, τὸ δὲ κατώτερον ἐκλήθη Γῆ. καὶ προστεταγμένον ἦν τῷ μὲν ἀνωτέρῳ ἵνα ὕῃ κατὰ τὸν καιρὸν αὐτοῦ, τῷ δὲ κατωτέρῳ προστεταγμένον ἦν ἵνα ποιήσῃ (παρέχῃ) βρῶμα πᾶσιν τοῖς ἐκτισμένοις. καὶ μετὰ ταῦτα ἐκτίσθη ἡ φυλὴ τῶν πνευμάτων ὑμῶν. καὶ νῦν μὴ γίνου παρενοχλῶν, ὡς κτίσμα δευτερεῦον· ἐὰν κατὰ πρόσωπον[1] ὀνομάσω σε, συσχεθήσῃ[2] ἐν ᾧ ἀναστρέφει· ἢ οὐκ ἀρκεῖ σοι ἀκοῦσαι, ὅτι διὰ τῶν ἐνώπιόν σου συμφωνουμένων ἐγὼ πολλοῖς ψάλλω; ἢ οὐκ ἐμνήσθης ὅτι ἀπὸ τῆς ἐν τῷ χάει ἀνακρούσεως† ἐγεννήθη ἡ κτίσις ὑμῶν; ἐλέγξουσι δὲ καιροὶ καινοὶ ἐκ τίνων ἐγεννήθην ἐγώ· ἐξ οὗ μετὰ χρόνον γεννηθήσεται ἐκ τῶν πλευρῶν μου ὅστις ὑμᾶς ὑποτάξει[3]. καὶ ἐν τῷ ὑμνίζειν τὸν Δαυεὶδ ἀφῆκε τὸ πνεῦμα τὸν Σαούλ.

[1] *uel* ἐν ἀπειλαῖς (=cum minis)

[2] θλιβήσῃ

[3] καταργήσει *Test. Salom. passim.*

ADDITIONAL NOTES.

Visio Pauli.

p. 32, l. 36. †*Nefanda ora*† *genitoribus nostris.* This should be *Vindica nosa genitoribus nostris.* The archetype of the Paris MS. may have been obscure at and near this point; in l. 26 it reads *Magnum est* (or *et*) *scire* for *Agnoscite.*

p. 40, 41. The account of Job here should be compared with that in the apocryphal *Testament of Job*, ed. Mai, *Scriptt. Vett. Nova Collectio*, vii. 180 sqq.

Acta Xanthippae et Polyxenae.

The following illustrations from the Acts of Paul and Thecla may be noted: I quote from the edition of Lipsius.

P. et Th. 7 καθεσθεῖσα ἐπὶ τῆς σύνεγγυς θυρίδος. *X. et P.* vii ἀποσκοπεύουσα διὰ τῶν θυρίδων.

P. et Th. 11 ἀναπηδήσας ἐξῆλθεν εἰς τὸ ἄμφοδον. *X. et P.* viii ἐξεπήδησεν δι' ἑαυτοῦ ἐπὶ τὸ ἄμφοδον.

P. et Th. 18 ἡ δὲ Θέκλα νυκτὸς περιελομένη τὰ ψέλια ἔδωκεν τῷ πυλωρῷ, cf. c. xiii Xanthippe gives money and a girdle to the porter.

P. et Th. 18 εἰσῆλθεν πρὸς τὸν Παῦλον, καὶ καθίσασα παρὰ τοὺς πόδας αὐτοῦ κ.τ.λ., cf. xx ἐκάθισεν παρὰ τοὺς πόδας τοῦ Παύλου.

P. et Th. 22 εἶδεν τὸν κύριον καθήμενον ὡς Παῦλον, cf. *X. et P.* xv μεταμορφωθεὶς ἐν σχήματι Παύλου.

P. et Th. 25 περικαροῦμαι καὶ ἀκολουθήσω σοι, and also § 40. *X. et P.* xxxiii ἄλλαξόν σου τὸ σχῆμα ὡς ἀνήρ.

P. et Th. 26. The Syriarch Alexander ἰδὼν τὴν Θ. ἠράσθη αὐτῆς: *X. et P.* xxxiv an ἔπαρχος carries off Polyxena.

P. et Th. 27 προσέδησαν αὐτὴν λεαίνῃ πικρᾷ...ἡ δὲ λέαινα...περιέλειχεν τοὺς πόδας αὐτῆς. *X. et P.* xxxvii λέαινα πικρά...ἥτις...περιέλειχε τὰ πέλματα τῶν ποδῶν αὐτῆς.

Narratio Zosimi.

p. 100. vi Οἴμοι, ὅτι ἡ ἱστορία τοῦ 'Αδὰμ ἐν ἐμοὶ ἀνεκεφαλαιώθη κ.τ.λ.

These words are found in the *Protev. Jacobi* xiii. 1, where Joseph says μήτι εἰς ἐμὲ ἀνεκεφαλαιώθη ἡ ἱστορία τοῦ 'Αδάμ; ὥσπερ γὰρ ἐν τῇ ὥρᾳ τῆς δοξολογίας αὐτοῦ ἦλθεν ὁ ὄφις καὶ εὗρε τὴν Εὔαν μόνην καὶ ἐξηπάτησεν, οὕτως κἀμοὶ ἐγένετο.

The employment of the word τράπεζα in xviii. and xx. rather recalls the expression in *Didache* 11, ὁρίζειν τράπεζαν ἐν πνεύματι.

Enoch.

See Mr Charles's *Book of Enoch* 372 sqq.

Apocalypse of Adam.

Compare with the whole idea of the fragment Victorinus *De Fabrica Mundi, sub fin.*

Constituti sunt itaque sine dubio diei angeli duodecim, noctis angeli duodecim, pro numero scilicet horarum. Hi sunt namque xxiiii testes dierum et noctium, qui sedent ante thronum Dei.

Victorinus has also an interesting passage in this tract on the duration of the world, which he fixes at 7000 years: cf. Barnabas xv. 4 and Gebhardt and Harnack's note, and see further the newly-found portion of Hippolytus on Daniel, ed. Bratke. Bonn, 1891, p. 19 sqq. (Kennedy p. 24).

Description of Antichrist, p. 153.

oculi eius fellini, i.e. felini: Antichrist has the eyes of a cat.

(*oculus*) *sinister glaucus* (cod. *gaudens*) *et duos pupulos habens.* The Syriac word corresponding to *gaudens* is ܢܓܪܬܐ, which, curiously enough, as printed here would mean 'singing': it is the word used to render ᾄδοντες in Eph. v. 19. For notes connected with the Syriac text I am indebted to Mr McLean, Fellow of Christ's College.

The double pupil is the sign of the evil eye. So Pliny *N. H.* vii. 16, esse eiusdem generis in Triballis et Illyris adicit Isigonus, qui uisu quoque effascinent interimantque quos diutius intueantur...notabilius esse quod pupillas binas in singulis habeant oculis. 17, huius generis et feminas in Scythia, quae Bitiae uocantur, prodit Apollonides. Phylarchus et in Ponto Thibiorum genus multosque alios eiusdem naturae, quorum notas tradit in altero oculo geminam pupillam, in altero equi effigiem. 18, feminas quidem omnes ubique uisu nocere quae duplices pupillas habeant Cicero quoque apud nos auctor est. 24, Choromandarum gentem uocat Tauron siluestrem,...oculis glaucis.

Professor Bevan tells me that among Mohammedans lost sinners are conceived of as 'blue-eyed'.

dextrum femur eius macrum. In the 3rd of the Greek descriptions (p. 156) the legs of Antichrist are said to be like those of a cock. In a number of mediaeval pictures, both early and late, the devil has one fleshless leg, e.g. in a fresco in Eton College Chapel.

Iste est falx desolationis (cod. *fallax dilectionis: Syr.* ܡܓܕܠܐ ܕܚܘܪܒܐ, tower of desolation): strangely enough the Syriac would mean 'fallax dilectionis' if we were to read ܡܕܓܠܐ ܕܚܘܒܐ, while a marginal reading in Lagarde's MS. gives ܡܓܠܐ, which is 'scythe'. So that the only reading which is not supported by the Latin is ܡܓܕܠܐ, 'tower'. Was the Latin version made from the Syriac?

The signs in heaven. Compare *Sib. Orac.* ii. 21—38, viii. 244, 5: also 4 Esdr. vi. 18—24. S. Jerome's xv signs, etc.

Children speaking as soon as born, and prophesying the last times. 4 Esdr. vi. 21, anniculi infantes loquentur uocibus suis. *Enoch* 106. Phlegon *Mirab.* ii (the story of Polycritus' ghost).

Children born grey-headed. Hesiod, *Op. et Dies* 180—1

> Ζεὺς δ' ὀλέσει καὶ τοῦτο γένος μερόπων ἀνθρώπων
> εὖτ' ἂν γεινόμενοι πολιοκρόταφοι τελέθωσιν.

Sib. Orac. ii. 155, ἐκ γενετῆς παῖδες πολιοκρόταφοι γεγαῶτες. *Jubilees* xxiii. 24, 'and the heads of the children will be white with gray hair, and a child of three weeks will appear as old as a man of a hundred years'. Plin. *N. H.* vii. 23, Ctesias scribit in quadam gente Indiae feminas semel in uita parere, genitosque confestim canescere: also § 28.

Dexius erit nomen Antichristi. Two explanations of this occur to me: the first is to read Decius and so get a date either for the composition, or more probably for the excerption from a complete book, of this fragment: the second is to transform DEXIVS into Roman numerals, D · L · X · I · V · C, which gives us the familiar number 666. Both solutions are moderate in their demands on our imagination.

Prayer of Moses, p. 172.

Quatuor enim semis, etc. The conjecture that this number is wrong becomes more probable if we recollect that it is exceedingly likely to have been written in figures (iiii) in the archetype of our MS., just as in the Vision of Kenaz we have the number 7000 in figures. The change of iii to iiii is a very slight one.

ut humiliet pro hominibus ymnum angelorum. Compare *Apoc. Virginis*, p. 123, ll. 5, 6, τοὺς ἀγγέλους τεταπεινωμένους διὰ τοὺς ἁμαρτωλούς.

Lamentation of Seila.

in montem Stelac. For this otherwise unknown name, which seems an impossible transliteration of a Semitic word, the name Gilead has been suggested. The letters ΟΡΟϹΓΕΛΑΑΔ might easily become ΟΡΟϹϹΤΕΛΑΚ.

INDICES TO THE VISIO PAULI.

The first number in each group is that of the page, the second that of the line referred to.

I

Index Nominum

Abraham 26. 6; 38. 22, 25; 39. 29
Aceriosus (-ius) 23. 25, 32; 24. 2
Adam 37. 6, 25
Aerodes 25. 35
Ammos 25. 25
Assirii 37. 12
Augustus 11. 9

Beniamin 39. 3

Christus 11. 2; 12. 1; 22. 22; etc.
Cynegius 11. 10

Dauid 27. 22 sqq.

Ebraẏcus 27. 34
Egyptus 37. 11
Elias (21. 32); 42. 2, 4, 9
Eliseus 42. 2
Enoc 21. 30
Esaẏas 25. 24 (Ae-); 40. 2
Ethiopia 37. 11
Eufrates 24. 19; 37. 12
Euilla 37. 10
Ezechiel 25. 25 (Aezehiel); 40. 5

Fison 24. 19; 37. 9

Geremias 25. 24; 40. 3 (Hier-)
Gion 24. 20; 37. 10 (Ge-)
Gomorra 32. 16

Hierusalem 11. 23 (Ierosolima); 27. 22
Hisaac 26. 6; 38. 22, 25; 39. 29 (Hÿ-)

Iacob 26. 7; 38. 22, 26; 39. 29
Ihesus 22. 25; 37. 34; 38. 15; 39. 27
Iob 26. 7 (Iop); 40. 33, 35
Ioseph 39. 4
Israel 39. 22, 25; 40. 4, 5, 8
Iudeus 25. 6

Lot 26. 7; 40. 15, 18 (Loth)

Manasses 40. 2
Maria 34. 16; 37. 31
Mesophothamia 37. 12
Michael (-o) 17. 7, 19; 23. 31; 25. 31; 26. 2, 11; 34, 34; 35. 2, 9; 36. 14; 39. 28; 40. 11
Micheas 25. 25
Moyses 39. 14, 32

Noe, 41. 15, 18

Oceanus 22. 14; 28. 22

Paulus 11. 11, et passim

Ruben 39. 3

Sodoma 32. 16; 40. 15, 18

Tartaruchus 19. 20; 29. 32
Tartarus 20. 36; 33. 4
Tharsus 11. 11
Theudosius 11. 9, 20
Tigris 24. 20; 37. 11

II

Index Locutionum

abrenunciare 14. 5
adpropriare 40. 16
adspirare in 17. 14
adusque 13. 16; 17. 6
agape 33. 15
agonizare 35. 18
alapa 36. 9
alienigena 13. 5; 39. 24
angustiare 14. 10
autentica 11. 23

butrio 23. 3

canela 32. 1
cirographum 20. 10
cludere 33. 10
coinquinare 13. 6, 8
compsallere 28. 6, 9
congaudere 17. 5
conlugere 14. 12
contaminare 12. 32
contempte 35. 21

destinare 35. 16
detraccio 15. 6
dominica 36. 35; 40. 10

elemosina 32. 21
equidem 30. 9
euacuare 26. 31
eucharistia 34. 16

facultas 20. 30
fantasma 11. 13
fluenter 23. 7

gallicola 11. 17

homicidium 13. 3
hostia 13. 9; 27. 29

ichor (?) 41. 1
incessabiliter 13. 20; 30. 21
indeficienter 13. 34; 31. 23 etc.
inpossibilis 35. 4
inritare 17. 31; 23. 16
insordidare 41. 23
intaminare 12. 23
interpellare 12. 6 etc.

locellus 11. 16

magium 13. 4
maxilla 36. 9
mechare (-ri) 31. 21, 22
memorari 12. 2
minare 18. 3
multipliciter 39. 9; 40. 25

nasus 36. 27

obmiscere 16. 6
oboliscus 32. 23
obquare 26. 28
obuiare (c. acc.) 18. 25
occursio 14. 1 etc.
occursus 14. 3 etc.
orfanus 30. 12; 31. 35

peculiaris 18. 28
pirgus 24. 7
plasma (-ae) 32. 33; 33. 1; 35. 27
possibilis 41. 28
puluerulentus 32. 12
putor 19. 2

quoadusque 14. 30

recesse ab 28. 13
refrigerium 35. 23 etc.

scabellum 17. 8
scemá 16. 9
strangulare 32. 31; 33. 6
studenter 24. 33
subfocare 29. 32
subsanari 41. 26
substollere 20. 30; 21. 8; 38. 7
subtersequi 29. 21
sulfor 32. 14; 33. 8
susurracio 18. 25

tricans 28. 7

uirtus (=δύναμις) 12. 8 etc.
uiuificacio 17. 14

zelus 26. 31

III

INDEX OF ANOMALOUS CONSTRUCTIONS.

ab *c. acc.* 29. 32; 35. 30 note
ante *c. acc.* 32. 4
audire *c. abl.* 35. 9

coram *c. acc.* 27. 9
cum *c. acc.* 22. 26

fluere *trans.* 37. 17

lesus sum *c. acc.* 39. 7

maior *c. gen.* 33. 35

post *c. gen.* 29. 23
prae *c. acc.* 24. 34

retro *c. acc.* 38. 13

IV

ORTHOGRAPHICAL INDEX.

Omission of h.

abere 14. 9 etc.
abitare 14. 11
abitus 33. 14
aderere 18. 13
aduc 33. 33, 34
aereditare 26. 4
aereditas 26. 14
Aerodes 25. 35

detraunt 31. 6

exibere 20. 23; 33. 15

hic: ac 25. 17; 37. 14
aec 20. 10 etc
anc 36. 34
arum 24. 21
as 32. 6
orum 18. 16

ilarens 21. 32
ilaris 21. 25
inabitare 14. 7; 29. 30

odiernus 18. 21; 20. 11
omo 22. 7; 41. 29
ora 15. 15 etc.
ostia 27. 29

proibere 25. 3

traebat 32. 8

umanus 35. 2, 37
umerus 33. 9
umiliare 24. 29; 25. 11

ẙmnus 17. 23 etc.

Insertion of h.

adhorare 17. 8
amichabiliter 24. 36
archanus 11. 6

deseruihentes 25. 9
dracho 33. 8

hab 20. 12
hac 17. 32; 24. 33; 31. 18
hactus 20. 13; 26. 15
hennarrare 22. 8; 27. 1
hii 15. 14 *et passim*
Hisaac 26. 6; Hẙsaac 38. 22, 25; 39. 29
histe 24. 16; 26. 19
hocchasus 34. 18
hoccÿdere 13. 21
hoccīdere 25. 35; 36. 12
hoccurrere 13. 35
hoccursus 21. 23
homnis 25. 16, 19; 27. 34
horare 42. 4, 9
hordo 26. 35
hosculari 21. 25
hostendere 21. 7; 22. 24
hunus 20. 2; 24. 9; 29. 18

ae for e

aecclesia 28. 36; 29. 5; 31. 7
aecquid 36. 6

aeis 36. 32
Aerodes 25. 35
Aesaÿas 25. 24
Aezehiel 25. 25
angelae 20. 14
-quae 20. 18
septiaes 22. 16
speciae 38. 19
usquae 20. 11

g for i.

ganua 21. 9; 22. 11; 25. 14
geiunium 24. 34
Geremias 25. 24

i for g.

ienua 28. 26, 35; 30. 25
ienus 35. 11

d for t.

derelinquid 14. 18
semedipse 14. 11

t for d.

aliut 17. 32; 34. 26; 36. 25
aput 19. 17; 40. 34
set 16. 19; 21. 29; 24. 34; 25. 20 etc.

Omission of t.

comitere 32. 9
mitere 19. 21 etc.

s for x (ex).

iusta 23. 32 etc.
senes 28. 8 note; 29. 34
spansam 16. 4

Assimilation.

al latere 30. 23
al litus 22. 30
ar radice 22. 36
linnea 40. 3

Metathesis.

superlicia 29. 5
umbiculus 28. 27

Reduplication of Consonants or Vowels.

adflicxerunt 23. 8
Ammos 25. 25
apperire 11. 18
cappitulum 27. 6
complexsus 21. 24
dessinuissent 17. 7
etternus 22. 26
hooc 25. 17
oraccio 28. 32

Anomalous Inflections.

A. Nouns.

diademas 26. 34
fructos 23. 1
hactos 20. 13
Michaelo 23. 31 etc.
plasmam (-ae) 32. 33; 35. 27

B. Verbs.

contenebant 33. 9
decinemus † 36. 31
dessinuissent 17. 7
dicebamini (act.) 33. 25
fleueo 35. 21; 39. 18
moriretur 20. 16; 31. 16
praecucurrit 19. 6
responsit 23. 35 etc.
subgerubat 39. 2
tundi 41. 20

Miscellaneous Forms.

aqae 23. 24
mouechus 31. 20
nundum 40. 21
oleÿ 24. 19
treginta 29. 17

INDEX OF GREEK WORDS.

Only the less usual words and phrases occurring in the Greek texts here printed are given in this Index. The following symbols are used:—

X. = Acts of Xanthippe and Polyxena.
Z. = Story of Zosimus.
M. = Apocalypse of the Virgin.
S. = Apocalypse of Sedrach.
P. = Translation of Philip.
A. D. = Apocalypse of Adam, Hours of the Day.
A. N. = „ „ „ „ Night.

The references throughout are to sections.

ἀγοραῖος X. xvii
ἀδημονία X. v
ἀκηδιάζω Z. ii
ἀκήρατος P. iii
ἀκοντίζω Z. xviii
ἀκούμβιτος X. xiii, xvii
ἄληκτος X. xv
ἀλιεύω X. viii
ἀλληλουΐα X. xix, P. ii, iii
ἀλογίζομαι Z. xi
ἀνακεφαλαιόω Z. vi
ἀνακλητικός X. i
ἀνάληψις X. xxvi
ἀνεκτότης Z. xiii
ἀνεπαίσθητος X. xii
ἀνθοφορέω Z. iii
ἄνοιγμα P. iv
ἀντιστρόφως P. i
ἀντίχαρις X. xvi, xxvii
ἀνυπερήφανος X. xiii, xiv, xxx
ἀνυπόστατος X. v
ἀποκάλυψις X. xxxviii
ἀποσκοπεύω X. vii
ἀποστεγάζω Z. ix
ἀποστολή P. iii
ἀποτέλεσμα A. N. iii
ἀποτελέω A. D. iii, v, N. viii
ἀργός Z. x
ἀρχιδιακόνισσα M. xx
ἀρχιΐατρος X. i
ἀτίθασσος X. xxx
ἀτονέω P. iv
αὐτόδρομος S. xi
αὐτοματισμός X. vi
αὐτοπαρουσίως X. ix
αὐχήν (of land) X. xxvi
ἀφαντόω X. xiii, xviii
ἄφλεκτος M. xxiii

βῆμα θυσιαστηρίου Z. xviii

γαληνιάζω P. ii
γεῦμα Z. i
γλεύφορον S. xi
γοητικός A. N. iv

δεῖνα (ὁ) X. iii
δεκακέφαλος M. xx
διαθήκη Z. xxi
διακόνισσα M. xx

διανυκτερεύω Z. ix
διδύσκω Z. vi, xi
διϊππεύω X. i
δικαιοκρισία M. xxx
δικαιοκριτής M. xxiii
διοίκησις Z. v, vi, x, xv, xxi
δόγμα Z. viii
δοξολογία X. xxxvii, Z. xv
δυσωπέω A. D. vi

ἔγγονος X. iv
ἐγκόπτω X. vi
ἔγχρυσος X. ix
ἐναγκαλίζομαι X. vii, xiii
ἐναλλάσσω Z. xii
ἐξαπτέρυγος M. i, xxx
ἐξολοθρεύσιος X. x
ἔπαρχος X. xii, xxxiii, xxxv—xxxix
ἐπενδύτης X. xxv
ἐπιπολάζω A. D. x
ἐπισημειοῦμαι X. xxxvi
ἐργάσιμος Z. x
εὐαγγελισμός Z. xiii
εὐδιάλλακτος S. vi
εὐήκοος A. N. xi
εὐρωστέω X. xxxvi
εὐχαριστία τοῦ κυρίου Z. xv; τοῦ Χριστοῦ X. xxi

ζωαρχικός X. xxi
ζῶσα (=ζωνή) M. v

ἡδύφθογγος X. vi

θανατηφόρος Z. ii, vii
θεατρίζομαι X. xxvi
θήκη Z. xiv
θρησκεία Z. viii

ἰδιώτης M. xxviii
ἰοβόλος A. D. v
ἰός Z. ii
ἱστορία Z. vi

καθοδηγέω P. i
κάθυλος X. i, vii
καλοειδής Z. iii
καλοπεριπατητός S. xi
καπνίζω S. vi
καταγέλος Z. xxi
κατάδηλον ποιεῖν Z. viii
καταντᾶν ἐν X. i, vii
κατανυκτικός X. vi
κατάνυξις A. N. xi
κατανύσσω X. i
καταπάομαι Z. vii
κατατρώγω M. x, xix, xxi
κατεπανίστημι Z. vi
κατώδυνος X. i
κελαδισμός X. vi
κεράμιον (οἴνου) Z. vii, viii
κιννυρίζω X. xiv
κλῆμα (=vine) S viii.
κλῶνος M. xiv
κογχοστάτης X. xxi
κόμης X. xxv
κορμός Z. x
κουβούκλειον X. xi, xxxv
κοχλάζω M. iv
κράσπεδον X. vii
κτηνίτης X. xxxi, xxxiii
κυριακή M. xii, xxvii

λαῖλαψ Z. ii, xvii
λογάριον M. xxi
λόγιον X. xxviii
λοῦτρον X. ii; λ. παλιγγενεσίας X. xxviii
λωβάω X. xxxii

μάννα Z. xii
μάρσιππος X. xxxi
μαρτύριον (of a place) Z. xviii
ματαιότης (τοῦ κόσμου) Z. v, vi, xvi
μεγαλορημονέω S. xiv
μελισταγής X. viii.
μεριμνητής X. xxiv
μεσάζω P. ii
μετεωρίζω X. vi
μιαροφάγος M. xiv
μῖμος X. xxi
μοναχός Z. xxi
μονή Z. xviii
μυλών X. xxiii

ξενίτεια X. xxvi, xxx, xxxiv

ὀλιγοψυχέω Z. ii, vi
ὄνυξ Z. vii
ὀχύρωμα M. i

παιδαγωγέω X. iii
παλάτιον X. xxxvii
πάλλω X. vii
πατριά Z. vi
πατρικός X. xv
πεδινός Z. iii
πειρατήριον Z. xviii
πέλμα X. xxxvii
περιβολή (garment) Z. vii
περιοδεύω (of a physician) X. i
περιτειχίζω Z. ix
πλάξ Z. vii, xviii, xxi
πλαστούργημα S. v
πληροφορέω X. v
πολυόμματος M. xxx
πολυσάλευτος X. vii
ποταμώδης Z. ii
προικίζω S. vi
προνοητής X. viii, ix
προπέμπω Z. xiv
πρώθυπνος X. xiii

σαγήνη X. viii
σίκερα Z. vii
σκάμνιον M. xiii
σκληραγωγία X. xvi
σκύλλω X. iii
σπάρναμαι S. x
στάδιον X. xxxvii
στοιχεῖον A. N. viii
στοιχειόω A. D. iv, N. ii

συμπεριπατέω Z. v
συνάζομαι S. x
συνάναρχος M. xxviii
σύνδεκνος M. vi
συνευδοκεῖν ἐπὶ τραπέζης Z. xx
συνήγορος Z. xxii
συνκατασφραγίζω P. iii
συνκομίζω Z. xxii
συντάσσομαι X. xxxvii, Z. xiv
συντεκνία M. xxiii
σφαιρίζω Z. xix
σφραγίζειν ἑαυτόν X. vii

ταλανίζω X. xxxiv
τερπνότης X. vi
τέρψις X. vi
τεσσαρακοστή Z. xii
τοπάρχης X. xxiv
τράπεζα δικαιοσύνης Z. xviii
τριάς X. xxi
τυπόω X. xvii

ὑμνολογία Z. xv

φθορεύς X. viii
φλεγμαίνω X. v
φωταγωγέω X. xxxvii
φωταγωγία S. xvi

χανότου X. xxi
χαυνόω X. xvii

ψαλτής P. iii
ψύχω Z. ix

INDEX OF PROPER NAMES.

The symbols for the various documents are those used in the Index of Greek Words.

Ἀβραάμ M. iv, S. xiv
Ἀδάμ X. xii, Z. vi, xix, S. iv, v, vii
Ἄζωτος P. iv
Ἀθηναί P. i
Αἰθίοψ X. xvii
Ἀμιναδάβ Z. vii
Ἀνδρέας X. xxviii, xxix, xxx, P. iv
Ἀντιοχεία X. xxxvi
Ἀπαμέα P. iv
Ἀχαία P. i, iv

Βαβυλωνία X. xxiv
Βάρανδος X. xvii, xviii, xix
Βασιλεικός P. ii
Βοσόρ S. xi

Γαβριήλ M. i, xxviii
Γάζα P. iv
Γαλιλαία P. iv
Γνωστέας X. xvii, xviii, xix

Δαυείδ S. xiv

Ἐδέμ A. N. xi
Ἐκρύσεως (?) Z. xxii
Ἐλιφαθά P. iii
Ἑλλάς X. xxv, xxxiii, xxxviii, P. iv
Ἑλλήν X. xxxi, P. ii
Εὔα X. xii, Z. vi
Εὐμέλης Z. ii

Ζώσιμος Z. i etc.

Θαιμάν S. xi
Θέκλα X. xxxvi

Ἰακώβ X. xiv
Ἱερὰ πόλις P. i, iv, v
Ἱερεμίας Z. vii, viii
Ἰερουσαλήμ Z. vii, viii, S. viii
Ἰεσσαί X. xiv
Ἰησοῦς X. xxiv, P. i
Ἰησοῦς Χριστός X. xviii, xxi, xxviii, xl, M. iv, xvi, xxiii
Ἰνδία P. iv
Ἰορδάνης M. xxix, S. viii
Ἰουδαῖος M. xxiii, xxvi, P. ii
Ἰούδας X. xiv
Ἱσπανία X. i, vii, xxiv, xxviii, xxxiii, xxxvii, xxxviii, xxxix (ἡ πόλις Ἱσπ. X. xlii)
Ἰσραήλ X. xiv, xxix
Ἰωάννης M. iv, xxvii, P. ii, iii
Ἰωναδάβ Z. viii
Ἰωσήφ P. i

Κανδακηνοί P. iv
Κρύσεως (?) Z. xxii

Λαοδικία P. ii, v
Λούκιος X. xxxviii

Μαρία X. xiv, M. xxix
Μιχαήλ M. i etc., S. xiv
Μωϋσῆς M. iv, xxvii

Νέρων X. v
Νῶε X. xviii

Ξανθίππη X. i etc.

Ὀνήσιμος X. xxxviii
Ὀφιόρυμος P. i, iii, iv

Πατραί P. i
Παῦλος X. i etc., M. iv, xxvii
Περσική P. iv
Πέτρος X. xxiv, P. i
Πολυξένη X. xxii etc.
Πρόβος X. ii etc.

Ῥεβέκκα X. xxix, xxxv
Ῥηχάβ Z. vii, viii
Ῥώμη X. i, x, xxiii, xxiv, P. i, iv

Σαμαρία P. iv
Σατανᾶς X. xviii, xxxii, Z. xviii
Σεδράχ S. i etc.
Σεραφίμ M. xxiii, xxvi, xxx, A. N. xi
Σίμων X. xxiv

Φίλιππος X. xxv, xxxi, xxxii, xxxiv, P. i, iii, iv
Φιλόθεος X. xi, xii, xiii, xiv, xix

Χερουβίμ X. xii, xiv, M. xxiii, xxx, A. D. vi, A. N. xi
Χριστιανός X. xxxi, xxxii, M. iv, xxiv etc.
Χριστός X. ix, xvi, xviii, xix, xxi, xxv, xxix, xxx, xxxii—xxxix, M. xxiv, S. xii, P. i, iii, v

INDEX OF WORDS TO THE LATIN FRAGMENTS.

E. = Enoch p. 148.
A. = Description of Antichrist p. 153.
M. = Prayer of Moses p. 172.
Ze. = Vision of Kenaz p. 178.
Se. = Lamentation of Seila p. 182.
D. = Song of David p. 184.

The numbers refer to verses in E., to lines in the rest of the fragments.

adinuenire Ze. 13
alba (subst.) Se. 19
apex M. 4
artare D. 9

bullitio A.

cataclismus E. 15
chaoma (?) D. 11
ciatus (κύαθος) M. 5
citharismus D. *Tit.*
comminus D. 8
commorari Ze. 5
compaginatio D. 3
considero Ze. 2, 11
consonare D. 10
conuirgo Se. 22
cornum A.
corruptibilis Ze. 34

demonium D. *Tit.*
draco A.

ebullire Ze. 19
effigies M. 7
extensio D. 3

fellinus A.
firmamentum Se. 7
fronire (εὐφραίνειν) Se. 13
fundamentum Ze. 10, 11, 18, 20, 23, 24

glaucus (?) A.
guttum M. 5

holocaustoma Se. 28
humiliare M. 14

inapparens Ze. 11
ingenuitas Se. 12
insilire Ze. 1
inuanum Se. (5), 14
inueterare Se. 26

lampada A.

macer A.
memorari D. 9
monstruum A. (bis)

nere Se. 19
nontiare E. 13
nontius E. 4

ortiri (ordiri) Ze. 17

pausare Ze. 28
perambulare Ze. 22
petra Se. 4
praedestinare Ze. 7
processus M. 13
prophetare Ze. 2, 5
prophetatio Ze. 7

psallere D. 11
pupulus A.

quadrupes A.
quantitas M. 3

resultatio D. 11

saturare Se. 10
semis M. 6
sensus M. 7, Ze. 1
stigma (?) M. 4
stratorium Se. 20
subdiuum Ze. 16
substernere Ze. 15
substratum Ze. 16, 24
suspensorium Ze. 11

threnus Se. *Tit.*, 2, 3

uena (*πηγή*) Ze. 9, 18, 29
uentus (*ἔλευσις*) A.
uisio (*ὄψις*) A.
unanimis (*ὁμοθυμαδόν*) M. 11
utor *c. gen.* Se. 12

ymnizare D. 14
ymnus M. 12, 14

Proper Names.

Cham E. 16

Dauid D. *Tit.*, 14
Dexius A.

Enoc E. 7, 8, 13

Gothoniel Ze. *Tit.*

Iafeth E. 16
Iepte Se. 1, 30
Iepthitis Se. *Tit.*
Israel Se. 29

Lamech E. 1, 4, 10, 12

Mathusalem E. 7, 8
Moyses (-i) M. *Tit.*, 6, 12

Noe E. 18

Saul (-is) D. *Tit.*, 14
Seila Se. *Tit.*, 27
Sem E. 16
Stelac Se. 1
Stelaceus Se. *Tit.*

Zenez Ze. *Tit.*, 2, 30, 35

GENERAL INDEX TO THE INTRODUCTIONS AND NOTES.

Abraham, Testament of 112
Acta Sanctorum 46
Adam, Apocalypse or Testament of 138 sqq.; extant fragments 144; a new fragment in Greek 139 sqq.
Adam, Life of, in Latin 144, 158
Alexander, Romance of 88, 89, 90
Allatius 46
Andrew, Acts of, their relation to Acts of Xanthippe and Polyxena 51, 52
Antichrist, Descriptions of 151 sqq.; notes on his eyes and on his name 187, 188
Apollonius Mathematicus 139
Aquila, Acts of 56
Assumption of Moses 166 sqq.; its chronology 167; relation to 4 Esdras 169; quoted by Cedrenus 170; perhaps extant in Slavonic 171
Assumption of the Virgin, Syriac legends of 111
Athanasius, *Quaest. ad Antioch.* 155

Barnabas, Epistle of, quotes Apocalypse of Adam 145, 187
Baruch 88
Behemoth, forms of the name 8 note
Berger 43
Bodleian Library, MSS. in the 55, 86, 109, 110, 127, 158
Boniface, S., Edict of 147
Brandes, his edition of *Visio Pauli* 1, 3, 8, 9
Bratke 48, 187
British Museum, MSS. in the 56, 87, 146, 147

Caleb 176
Carissimi, his oratorio *Jephte* 180, 181
Cedrenus quotes Apoc. of Adam 139; quotes Assumption of Moses 170
Cheltenham, MS. at 164, 165
Children born grey-headed 188
Chrysostom, S., quotes Acts of Paul 49
Clementine Recognitions 91 note
Clement of Alexandria quotes Acts of Paul 48, 57; quotation in 145
Commodianus quotes apocryphal Acts 54, 55; on the Lost Tribes 91
Cross, speaking 159, 160
Cyprian's *Testimonia*, MS. of 147

David, apocrypha attributed to him 94; his Song for Saul 183 sqq.
Decius 188
Dexter, forgery under his name 46; its author 47 note
Didache 186

Ebedmelech 88
Eldad and Medad, Book of 93 note, 175
Eldad the Danite 93
Enoch, Book of, a fragment in Latin 146 sqq.; existence of a Latin version 146, 150; similarity to Apoc. of Peter 150
Epiphanius, *De uitis prophetarum* 176
Esdras, Fourth Book of 112, 128, 129, 169, 177, 187
Esdras, Apocalypse of 94, 112, 156
Ess, Leander van, a MS. formerly his 165
Eurippus, his Life of John the Baptist ix

Eyes with double pupils 187
Ezekiel, similarities to Vision of Kenaz 177

Fleury, Abbey of 2

Gaulmyn, Gilbert, quotes Apoc. of Adam 138
Gauzlenus a scribe 2
Gerasimus 89, 90
Gilead 188
Glycas 45
Gregory of Tours, his *Miracula B. Andreae* 51

Handel's *Jephthah* 180 note
Hermas quotes *Eldad and Medad* 175
Hermione, Acts of 56
Hesiod 187
Higuera, Geronimo, his forgeries 47 note
Hippolytus on Daniel 187
Hort, Dr 138
Hours of the Day and Night 139 sqq., 186

Iphis, Jephthah's daughter 180 note
Irenaeus, apocryphal quotation in 145
Isidore, tracts by 164

Jephthah 180 sqq.
Jeremiah 88
Jerome, tracts by 164
Job, Testament of 175
John the Baptist, Life of, by Eurippus ix
John the Evangelist, Acts of 159; apocryphal Apocalypse of 156, 157
John of Salisbury, his use of Acts of Paul 56, 57
Jubilees, Book of 187
Julianus Petri, forgery under his name 45; its author 47 note

Kenaz, Vision of, 174 sqq.; reference to him in Ps.-Epiphanius 176

Libri, his MSS. 2
Lipsius on Acts of Xanthippe and Polyxena 46; on Acts of Paul 48, 49; on Commodianus 55
Martyrologies 43 sqq., 47
Mary, *see* Virgin
Matthew, Ethiopic Acts of 92, 93; Greek Acts 93, 160
Menaea 44
Menology, the Basilian 43, 44, 47
Merton College, MS. at 1
Metaphrast, *see* Symeon
Monastic Libraries 147, 165
Moscow, MS. at 87
Moses, Assumption of, *see* Assumption; Apocalypse of 144, 170; Prayer of, its probable source 166 sqq.; text and retranslation 172, 173
Muratorian Fragment on Acts of Paul 50

Neubauer on the Ten Tribes 86 note, 93 note
Nicephorus Callisti quotes Acts of Paul 49
Nicephorus Homologeta, books condemned by him 94
Nicodemus, MS. of Gospel of 147
Novels, Greek 54

Onesimus author of the Acts of Xanthippe and Polyxena, his labours in Spain 45
Orleans Library 2
Othniel 174, 176
Oxford, *see* Bodleian and Merton College

Paris, MSS. at 2, 43, 51, 86, 88, 90, 138
Paul, Acts of, extant fragments of 48 sqq.; relation to Acts of Xanth. and Pol. 50, 53; additional note on them 54 sqq.
Paul, Apocalypse of, MSS. of 1; Versions 1; comparative table of Greek, Latin and Syriac Versions 4; comparative table of shorter Latin recensions 8, 9; Old German Version 9; full Latin text 11 sqq.; relation of this book to the Apocalypse of the Virgin 111, 112
Paul, Life of, in Arabic and Ethiopic 55
Paul and Thecla, Acts of, their relation

to Acts of Xanth. and Pol. 47, 48, 186; referred to 55, 109
Paul, his journey to Spain 49, 50; his correspondence with the Corinthians 48
Peter, Acts of 49, 50, 55; their relation to Acts of Xanth. and Pol. 51
Peter, Apocalypse of 112, 150, 152
Peter, Gospel of 159
Petronius 56
Philip, Acts of, relation to Acts of Xanth. and Pol. 52; Supplement to the Acts 158 sqq.
Philip, Translation of 161 sqq.
Philonilla, *see* Zenaïs
Phlegon 188
Pliny 187, 188
Polyxena, *see* Xanthippe
Protevangelium quoted in Zosimus 186

Quaestiones ad Antiochum 155
Quartus 50

Rechabites 88, 94
Renan on Testament of Adam 138 sqq.

S. Gall, MSS. at 3
Sambatyon, River 94 note
Schodde, his translation of the Book of Enoch 147 sqq.
Sedrach, Apocalypse of 127 sqq.; MS. of 127; relation to 4 Esdras 128, 129; origin of the name Sedrach 129
Seila, Jephthah's daughter, Lamentation of 180 sqq.
Seth 143
Sibylline oracles 187, 188
Slavonic Apocrypha 87, 109
Solomon, Testament of 183
Spain, Paul's journey to 49, 50
Stelac 180, 182, 188
Stilting, a Bollandist
Supplements to Books of the Old Testament in the LXX. 175, 176
Sydrac et Boctus, Livre de 129
Symeon Metaphrastes, his Life of Paul 44

Tamayo de Salazar, his Spanish Martyrology 45, 47
Ten Tribes, the Lost 90, 91 sqq.
Testament of the Lord 151; an extract from it 152 sq.
Thomas, Acts of 52, 55
Three Children, Exploits of the ix
Tillemont 46
Titus, Acts of 55
Trèves, MS. at 151

Uriel 139, 145

Vatican, MS. in 3
Venice, MSS. at 110, 156
Victorinus 187
Virgin, Apocalypse of the 109 sqq.; MSS. and Versions 109, 110

Webb, Mr 56
Women converted by Paul 49, 50 note, 55, 56

Xanthippe and Polyxena, Acts of 43 sqq.; MS. of 43; notices of them in Menologies 43, 44; by the Metaphrast 44; by Glycas 45; in Spanish authorities 45, 46, 47; in the Acta Sanctorum 46; sources of the Acts 47 sqq.

Yagel, Abr. 94 note
Year of Moses' death 167

Zacharias, death of 89
Zahn on Acts of Paul 48; on Book of Enoch 146
Zenaïs and Philonilla, Acts of 56
Zenas, Acts of Titus by him 55
Zenez, *see* Kenaz
Zephaniah, Apocalypse of, its description of Antichrist 155
Zosimus, Story of 86 sqq.; MSS. 86, 87; Versions 87, 88; account of Ethiopic Version 88 sqq.